本书获暨南大学“华侨华人研究”
优势学科创新平台资助

国家出版基金项目
NATIONAL PUBLICATION FOUNDATION

教育部人文社会科学重点研究基地
Key Research Institute of Humanities and Social Sciences at Universities
暨南大学华侨华人研究院
Academy of Overseas Chinese Studies in Jinan University

·世界华侨华人研究文库·

欧盟非法移民治理研究

文 峰 著

暨南大学出版社
JINAN UNIVERSITY PRESS

中国·广州

图书在版编目（CIP）数据

欧盟非法移民治理研究/文峰著．—广州：暨南大学出版社，2012.9
（世界华侨华人研究文库）
ISBN 978－7－81135－899－5

Ⅰ．①欧…　Ⅱ．①文…　Ⅲ．①欧洲国家联盟—移民问题—研究
Ⅳ．①D750.38

中国版本图书馆 CIP 数据核字(2011)第 123933 号

出版发行：暨南大学出版社

出 版 人：徐义雄
责任编辑：黄圣英　侯丽庆
责任校对：杨海燕

地　址：中国广州暨南大学
电　话：总编室（8620）85221601
营销部（8620）85225284　85228291　85228292（邮购）
传　真：（8620）85221583（办公室）　85223774（营销部）
邮　编：510630
网　址：http：//www.jnupress.com　http：//press.jnu.edu.cn

排　版：广州市天河星辰文化发展部照排中心
印　刷：佛山市浩文彩色印刷有限公司

开　本：787mm×1092mm　1/16
印　张：13.125
字　数：262 千
版　次：2012 年 9 月第 1 版
印　次：2012 年 9 月第 1 次

定　价：32.00 元

总　序

在20世纪，华侨华人问题曾经四次引起学术界关注。第一次是20世纪初关于南非华工的问题；第二次是“一战”后欧洲华工问题；第三次是五六十年代东南亚国家出现的“排华”问题；第四次则是80年代中国经济崛起与海外华侨华人关系的问题。每次华侨华人研究成为研究热点时，都有大量高水平研究著作问世，不胜枚举。

进入21世纪以来，随着全球化进程的加速和中国国际化水平的提升，海外华侨华人与中国的发展日益密切，华侨华人研究掀起了新一轮高潮。华侨华人研究机构由过去只有暨南大学、厦门大学、北京大学、华侨大学等少数几家壮大至目前遍布全国的近百所科研院校，研究领域从往昔以华侨史研究为主，拓展至华人政治、华人经济、华商管理、华文教育、华人文学、华文传媒、华人安全、华人宗教、侨乡研究等涉侨各个方面，研究方法也逐渐呈现出多学科交叉的趋势，融入政治学、历史学、社会学、民族学、教育学、新闻与传播学、经济学、管理学、法学等学科方法与视角。与此同时，政府、社会也愈益关注华侨华人研究。国务院侨办近年来不断加大研究经费投入，并先后在上海、武汉、杭州、广州等地设立侨务理论研究基地，凝聚了一大批海内外专家学者，形成了华侨华人研究与政府决策咨询相结合的科学发展机制。而以社会力量与学者智慧相结合的华商研究机构也先后在复旦大学、清华大学等地成立，闯出了一条理论研究与社会实践相结合的华侨华人研究新路径。

作为一所百年侨校，暨南大学在中国华侨华人研究中具有特殊的地位。暨南大学创立于1906年，是中国第一所华侨高等学府。华侨华人研究是学校重要的学术传统和特色。早在1927年，暨南大学便成立了南洋文化事业部，网罗人才，开展东南亚及华侨华人的研究，出版《南洋研究》等刊物。1981年，经教育部批准，暨南大学在全国率先成立华侨华人研究的专门学术机构——华侨研究所，由著名学者朱杰勤教授担任所长。1984年在国内招收首批华侨史方向博士研究生。1996年后华侨华人研究被纳入国家“211工程”1—3期重点学科建设行列，2000年获批教育部人文社会科学重点研究基地（华侨华人研究）。暨南大学于2006年成立了华侨华人研究院，并聘请全国政协常委、国务院侨务办公室原副主任刘泽彭出任院长和基地主任。2011 年，学校再次整合提升华侨华人研究力量，将华侨华人研究院与国际关系学系（东南亚研究所）合并成立国际关系学院/华侨华人研究院，继续聘请刘泽彭同志出任华侨华人研究院院长和基地主任，由华侨华人与国际问题研究知名专家曹云华教授出任国际关系学院院长兼华侨华人研究院执行院长。同时，学校还加大科研经费投入，努力打造“华侨华人研究优势学科创新平台”。研究院在加强自身科研能力的基础上，采取以研究项目、开放性课题为中心，学者带项目、课题进院的工作体制，致力于多学科和国际视野下的前沿研究，立足于为国家的改革开放和现代化建设服务，为社会服务，为政府决策咨询服务，努力将之建设成为世界一流的学术研究机构和人才培养基地。

值华侨华人研究在中华大地百花齐放、百家争鸣之际，为进一步彰显暨南大学科研特色，整合校内外相关研究力量，发掘华侨华人研究新资源，推动华侨华人研究学科的发展，学校推出“世界华侨华人研究文库”。本套丛书的著作多为本校优势学科的前沿研究成果，作者中既有资深教授、学科带头人，也有学界新秀。他们的研究成果从多学科视野探索了国内外华侨华人研究的一些新问题、新趋势，具有较高的学术价值和现实意义。

本套丛书的出版得到学校领导的大力关心与支持，并拨付专款予以资助。国际关系学院/华侨华人研究院领导与部分教师也付出了艰辛的劳动，他们在策划、选题、组稿、编辑、校对等环节投入大量精力。同时，暨南大学出版社对丛书出版也给予高度重视，组织了最优秀的编辑团队全程跟进，并推荐丛书申报国家级优秀图书。在此，我们对所有为本丛书出版付出宝贵心血与汗水的同仁致以最衷心的感谢！

最后，我们期盼本丛书的出版能在华侨华人研究领域激起一点小浪花，引来国内外同行更加深入、广泛的研究，为学界贡献更多高水平的成果！

《世界华侨华人研究文库》编委会

2012 年 3 月

目　录

绪 论

一、问题的缘起及其研究意义

（一）移民问题已成为全球化时代的研究热点

全球化是当今世界的核心特征，其主要表现为生产空间重新组合，产业跨界相互渗透，金融市场日益扩大，人口迁移愈加频繁等。[①] 全球化进程的加速与科技进步推动了人口的跨境迁移。“人口流动”已成为全球化时代最重要的特征之一。克里奥·斯穆巴（Cleon Tsimbos）曾指出，20世纪的最后二十五年，移民以史无前例的庞大规模和复杂多变性把世界带到了“移民时代”[②]。2006年6月6日，当时的联合国秘书长安南在有关世界移民趋势的报告《国际移徙与发展》中指出，自20世纪末开始，人类便进入了横跨19世纪末和20世纪初的“移徙时代”之后的第二个“移徙时代”。2005年，全世界各国到国外寻找机会的人数增加到1.91亿，约占全球人口（65亿）的2.94%，全世界平均每34人就有1个是移民。[③] 因此，20世纪末至21世纪初被称为“国际移民的时代”（age of migration）[④]。国际移民被称为全球化体系下的一个次级体系。

全球化的加速推动了人口流动，而人类的迁徙又是全球化的推动力量。移民既是全球化的结果，同时也是移民输出国和接受国社会变化的强大动力。劳动力流动是通过市场达到资源有效分配的关键要素。[⑤] 它不但在经济方面的影响立竿见影，而且会影响到国家政治、文化、社会安全和国际关系等。迈伦·韦纳认为，如果存在一个统一的移民法则的话，那便是移民潮一旦开始，它便会自我促

---

① ［美］詹姆斯·H. 米特尔曼著，刘得手译：《全球化综合征》，新华出版社，2001年版，第40页。

② Cleon Tsimbos, The Impact of Migration on Growth and Aging of the Population in a New Receiving Country: The Case of Greece, *International Migration*, 2006, Vol. 44, Issue 4, p. 231.

③ http://china.rednet.cn/c/2006/06/08/911040.htm，2009年2月10日。

④ Stephen Castles, Mark J. Miller, *Age of Migration*, *International Population Movements in the Modern World*, Houndmills: Macmills Press, 1993, p. 23.

⑤ Bill Jordan and Franck Düvell, *Irregular Migration*: *The Dilemmas of Transnational Mobility*, Edward Elgar Publishing, Inc. USA, 2002, p. 8.

进。移民为其亲戚朋友提供信息和经费，使他们能够移民，并帮助他们寻找工作和住房，结果就造成了“全球移民危机”[①]。许多国家兴起的反移民运动的潜在动机一方面是害怕全球化和经济重组造成混乱，另一方面则可能是因为它们是这种变化最明显的符号，而真正原因却隐而不显、复杂难辨，并且难以对其施加影响。[②] 1997 年 6 月，澳大利亚沃隆贡大学社会变迁和紧急情况研究所的教授斯蒂芬·卡斯尔斯在社会转型管理政府间理事会会议上作了题为“全球化与移民：若干紧迫的矛盾”的讲话，指出全球化时代具有代表性的九个基本矛盾：接纳和排斥的矛盾、市场与国家的矛盾、财富增加与贫困化的矛盾、网络和个人的矛盾、全球与地方的矛盾、经济与环境的矛盾、现代性与后现代性的矛盾、作为国家公民和作为全球公民的矛盾、自上而下的全球化和自下而上的全球化的矛盾。[③] 而这些矛盾都能在国际移民身上体现出来，构成当前移民问题的深层原因。如何进一步解读和处理好这些矛盾，是国际社会共同努力的方向。因此，在全球化时代，移民研究始终是一个值得关注的热点话题。

（二）移民与欧洲一体化发展关系密切，是欧洲研究的重要视角

移民在欧洲不是一种新现象。移民问题连接着欧洲的历史与未来。从某种意义上说，欧洲文明正是通过跨国移民浪潮而广泛传播的。从 17 世纪到 20 世纪中叶，欧洲一直是国际迁移最活跃的地区。它曾经是移民外迁的大陆，直到 19 世纪末 20 世纪初，随着资本主义经济的发展，欧洲才成为吸引各国移民的大陆，而真正进入移民净输入时代应该是第二次世界大战经济复苏以后才开始的。伴随着战后难民的遣返与安置以及招募外国劳工政策的实施，殖民地的欧洲移民回迁，殖民地移民大量进入西欧主要国家。1970 年是欧洲移民史上转折性的一年。这一年进入欧洲的外国人超过了离开欧洲的外国人，移民人数从 1950 年的 400 万增至 1 100 万。[④] 这一现象一直持续到 1973 年经济危机爆发之前。之后的经济大衰退给各国就业带来冲击，也使得欧洲各国政府普遍关闭劳工移民大门，并希望已有的外国劳工回国。然而，很多移民已经落地生根，不愿意离开。政府不得不采取严厉的惩罚措施加以驱逐，只允许家庭团聚移民。[⑤] 从 20 世纪 70 年代后

① Myron Weiner, *Global Migration Crisis*, New York: Harper Collins, 1995, pp. 2 - 28.

② ［澳］斯蒂芬·卡斯尔斯著，黄语生译：《全球化与移民：若干紧迫的矛盾》，《国际社会科学杂志》，1999 年第 3 期。

③ ［澳］斯蒂芬·卡斯尔斯著，黄语生译：《全球化与移民：若干紧迫的矛盾》，《国际社会科学杂志》，1999 年第 3 期。

④ “移民，欧洲还需要他们吗?” 人民网，2002 年 8 月 29 日。

⑤ Peter Stalker, Migration Trends and Migration Policy in Europe, *International Migration*, Vol. 40, No. 5, SI 2/2002, IOM.

期开始，家庭团聚移民人数增加，与此同时，来自社会主义国家和第三世界的难民也大量涌现。90 年代欧盟地缘政治中的两次动荡引发大量难民涌向欧洲，使得欧盟各国纷纷收紧难民政策，由此出现了大量难民和非法移民并存的状况。总之，战后欧洲的移民进程经历了劳工移民潮、家庭团聚移民潮、难民潮和非法移民潮等几波大规模人口流入，使得目前欧盟主要国家几乎成为移民国家。据欧盟官方估计，到 20 世纪 90 年代中期，欧盟 15 国的合法移民有 1 800 万，占其人口的 4.8%。① 近十年来，移民的总数还在不断扩大，一般认为欧盟现有移民总数为 2 000 万 ~2 500 万，占总人口的 7% ~8%。整体而言，移民对现代欧洲的发展作出了积极贡献，促进了欧洲的繁荣与发展，但随着移民群体的不断变化以及各国移民政策的不断调整，移民带来的多元主义也对传统社会及其政治模式造成了影响与冲击，并对传统国家主权的有效性构成挑战，成为欧洲上下关注的热点之一。移民问题已成为欧洲研究的重要视角。②

（三）非法移民问题已成为欧盟移民事务中新的突出性问题，是当前欧盟社会关注的核心主题之一

全球化推动了人口流动，但人类的迁移自由却受到日臻完善的各国移民法、国际条约和国际惯例的制约。从目前的发展来看，国际移民更主要是受到限制政策的控制，而不是鼓励政策的支持。③ 在三十年前，全球大约只有 6% 的国家政府对移民实行限制政策，而目前这一比例已经上升至 40%，④ 并且实施这种政策的大多数是欧美发达国家。欧洲各国移民政策的严厉化被认为是全球化时代西方社会反移民情绪上升的反应，其直接动因是移民问题在西方社会日益严重。但各国日益严厉的移民政策又成为非法移民大量出现的直接原因。欧洲一体化也是一个“内部全球化”的过程。它在由煤钢联营到共同市场，由经贸联盟到政治联盟的发展过程中，每一步都与人员的流动和边界的自由紧密联系。由于外国劳工为各国经济复苏和发展作出了积极贡献，因此，在 20 世纪 70 年代以前，移民问题并不受欧洲各界关注。直到 1973 年经济危机爆发以后，失业问题严重，移民的负面影响才被放大。西欧各国一改以往放任的移民政策，开始从无协调、无限制的难民政策向合作性、防御性的难民政策转变，并逐步在欧洲层面上达成共识：反对后殖民主义的大量移民，反对欧洲以外的工作移民，反对来自第三世界

① International Organization for Migration（IOM），2000World Migration Report，Geneva.

② ［意］雷纳托·布鲁内塔等：《安全、移民与发展援助：一种综合方法》，罗红波编：《移民与全球化》，社会科学文献出版社，2006 年版，第 11 页。

③ A. Zolberg，Next Waves：Migration Theory for World，*International Migration Review*，1989，Vol. 23，No. 3，pp. 403 -429.

④ 翁里：《国际移民法理论与实践》，法律出版社，2001 年版，第 22—66 页。

寻求避难的难民，构筑共同的“欧洲防线”，使得家庭团聚移民成为这一阶段合法移民西欧的主要路径。但这样却又从某种程度上加剧了非法移民现象。因为合法进入欧洲的通道，由主要通道变成了旁门小道。那些想迁移到欧洲国家的人，如果在家庭团聚框架内没有机会，便只好通过寻求避难或非法移民方式进入欧洲。20 世纪 90 年代中期以后，鉴于难民大量涌现，政策在一定程度上被滥用，欧盟各国收紧了难民政策，提高了移民门槛。但日趋严格的高门槛移民政策和难民甄别措施也大大减少了合法进入欧盟各国的移民数量，使得偷渡成为寻求庇护者和非法移民进入欧盟各国的首选方式。严控产生的反弹效应促生了更大范围的非法移民群体，冒用和滥用政治庇护的现象越来越多。非法移民问题开始在欧盟逐步凸显。2000 年，欧盟估计有 300 万非法移民。近年来发展迅速，每年新增约 50 万甚至更多，目前估计已达 800 万。[①]

庞大的非法移民群体给欧盟及其成员国带来了巨大挑战，并产生了深刻影响。西欧范围内的非法移民现象的大量出现，使西欧国家对国际的移民浪潮产生一种危及自身安全的感觉。[②] 非法移民的大量出现使得民众对国家的边界控制力提出质疑，给主权让渡带来冲击；非法移民一定程度上冲击了就业市场，降低了福利保障，带来一定的政局动荡，常常成为国内政治炒作的话题之一；非法移民的非法性、无序性、不定性等特征使得他们经常与各种犯罪活动结合在一起，极大地影响了社会稳定；由于欧盟各成员国对非法移民的认识不一，导致移民政策你紧我松、非法移民此消彼长等现象的出现，某种程度上影响了欧盟成员国的内部团结与国际关系。与此同时，欧盟非法移民的特征也发生了一定的嬗变。尤其是随着欧洲一体化的发展，共同市场的建立以及《申根协定》实施后，欧盟绝大部分成员国之间实现内部人口自由流动，使得非法移民具有泛欧盟色彩的超国家性特征，成为地区一体化中移民问题的新动向，给欧盟以及成员国治理都带来了新的挑战。国际的、国内的，经济的、政治的、文化的，历史的、现实的等各方面因素则加剧了欧盟非法移民的大规模出现及其问题的复杂性。如果说 20 世纪 90 年代以前非法移民还只是欧共体的一个边缘性社会问题，那么之后非法移民问题开始逐步影响到欧盟及其各成员国的政治、经济、文化、安全、外交等各方面，对欧盟一体化发展也产生了深远影响。因此，如何治理非法移民问题，是

---

① 李慎明、王逸舟主编：《全球政治与安全报告（2009）》，社会科学文献出版社，2008 年版，第 224—245 页。

② Myron Weiner, On Internaional Migraion and International Relations, *in Population and Development Review*, 1995, pp. 441 – 455.

欧盟各界共同关注的核心问题之一。非法移民已成为当前欧盟政策的重要主题之一。[①]

（四）欧盟的非法移民治理模式对世界其他地区和国家治理非法移民具有重要的借鉴意义

全球化时代的移民问题已经不仅仅是涉及一国主权的问题，而是全球公民社会共同面对和参与的问题。在这个日益相互依存的全球社会里，国际制度、民族国家、非政府组织乃至个人都有可能成为移民问题舞台上的“表演者”。因此，全球性问题的出现，推动了“全球治理”的产生。它是20世纪90年代以来，随着全球化和区域化进程的发展，国际社会成员间相互依赖性的不断加深，国际社会对世界事务的需求而产生发展的。尽管“全球治理”没有一个统一的定义，但一般而言，全球治理就是通过具有约束力的国际规则和行为规范，通过国家、国际组织、跨国公司、私人企业以及公民社会组织的共同参与和协商行动来解决全球性的公共问题，如冲突、生态环境危机、人权、移民等，以维护正常的国际政治经济秩序。[②] 它是一个由多行为体从多层次互动协调、共同解决问题的过程。与全球治理相比，地区治理显得更具活力。它被认为是由地理关系和一定程度的相互依赖性而连在一起的一些国家，就共同关心的某些问题，在特定的组织内实现彼此间的合作。地区治理是全球治理结构体系中的一个中间层次。从长远来看，这种区域的共同治理有利于全球治理，理由很简单，在十几个区域的基础上建立一种治理体系，要比在目前189个会员国的基础上建立一种治理体系容易得多。[③]

欧盟经过数十年的发展历程，已成为地区一体化的一个成功典范，也是未来国际社会发展的样板之一。欧盟在一体化过程中对地区问题形成了独特的治理模式，积累了丰富的经验教训，这对其他地区一体化进程中如何治理地区性问题具有重要的参考价值。从治理的视角看，欧洲一体化的发展史实际上就是欧盟治理体制的形成史，它经历了一个从一维的经济治理走向多维的经济、外交与防务、内务与司法治理，从一元的国家主导治理走向多元的超国家、国家、次国家等多主体参与治理的立体发展过程。它既证明了地区一体化的可行性，也诠释了地区治理的有效性，所以，从欧盟治理的视角研究欧盟非法移民问题对于其他地区和国家的非法移民治理具有重要启示意义。

---

① ［意］雷纳托·布鲁内塔等：《安全、移民与发展援助：一种综合方法》，罗红波编：《移民与全球化》，社会科学文献出版社，2006年版，第11页。

② ［英］戴维·赫尔德等著，杨雪冬等译：《全球大变革：全球化时代的政治、经济与文化》，社会科学文献出版社，2001年版，第70页。

③ 陈玉刚：《国家与超国家》，上海人民出版社，2001年版，第372页。

综上所述，移民与全球化互为动力。欧洲一体化推动了移民流入，移民也促进了欧洲一体化的发展。但由于各方面的诸多原因，导致非法移民在欧盟大规模出现，且成为各界日益关注的问题。那么，作为一个全球化背景下难以回避的地区性问题，欧共体/欧盟及其各成员国又是如何面对非法移民问题并展开治理的呢，各国以及欧盟制定了哪些政策规则，各行为体是如何参与的，采取了哪些举措，治理到底取得了哪些成效，还存在哪些问题，治理发展趋势将如何，等等，这些都是值得深入研究的问题。

因此，本书试从治理的视角出发，结合国际关系学、政治学、民族学、社会学、历史学等相关理论，分析欧共体/欧盟各主体对非法移民的治理问题，以期总结归纳出一些治理方面的不足经验和发展规律与趋势。这对欧盟以及其他地区与国家进一步推动移民/非法移民问题的解决具有一定的积极意义。第一，从理论层面看，尽管移民研究已经有很多视角，但从欧盟治理的视角研究非法移民问题相对而言是一个比较新的切入点，在一定意义上突破了以往的研究思路与框架，有助于更加全面完整地看待欧盟非法移民问题。同时，治理本身就是一个不断发展的理论，将欧盟治理运用于非法移民的分析，在一定程度上也丰富了欧盟治理理论的内容，使理论得到检验和发展。另外，从欧盟视角看非法移民，他们还具有一些与其他地区或国家非法移民不一样的特征，比如超国家性，这对移民理论也有一定的发展。第二，从现实角度看，非法移民问题是一个随着全球化而日益突出的全球性问题，它在一定程度上给社会发展的多个方面带来了深刻影响，已成为有关国家关注的核心问题。非法移民不仅在欧盟大量存在，在美国、日本、加拿大、澳大利亚等发达国家也大量存在，随着经济的发展与跨国人员流动的便利化，在中国内地、中国香港、东南亚等国家与地区也将会大量出现。因此，研究欧盟非法移民治理问题，不仅对促进欧盟社会发展和一体化进程有一定的现实意义，而且对其他地区和国家治理非法移民具有一定的借鉴意义。

二、主要研究文献综述

（一）国外关于欧盟非法移民治理的研究

欧盟移民问题研究力量主要集中在欧美国家。欧盟许多大学一般都有专门的移民问题研究机构，基本上形成了政府和民间、媒体和大众广泛参与的庞大研究队伍。国际移民研究最早可以追溯到 19 世纪末地理学家莱文斯坦

(E. G. Ravenstein) 对人口迁移问题总结出的若干移民规律。① 近三四十年来，根据当代移民潮的新特点，西方学术界又从经济学、政治学、社会学、历史学、人口学、人类学等学科的角度，对当代大规模国际移民做了多方面的探讨。② 对欧洲移民研究的关注始于20世纪六七十年代，主要是因为当时全球经济衰退，致使各国采取限制移民政策，另一方面是经济发展时期吸纳的大量劳工滞留未走成为移民问题。由于“非法移民”的严格定义是在20世纪七八十年代以后才真正出现的，并且常常难以明确界定，因此，在相当长一段时期内，非法移民研究常常包含于移民研究当中。而治理的概念主要是在90年代以后才频繁出现的，所以，之前的治理研究主要被称为政策研究。

20世纪80年代中期到90年代末，国外学者对欧盟移民政策的研究主要集中在两方面：一是国别政策研究，介绍欧洲各国移民政策演变；二是欧共体、欧盟条约研究，对其中的有关移民政策内容进行分析、评介。90年代后期至今，随着全球化对跨国移民的影响加深，学者们开始从全球化角度研究欧盟移民问题，包括：一是从全球的视野研究欧洲移民，把欧盟移民看作世界移民的一部分。主要论著有King，Russell的《1945至1990年欧洲的国际移民：人口数据与地理分布概况》(*European International Migration 1945—1990: A Statistical and Geographical Overview*)，John Salt，Ann Singleton，Jennifer Hogarth的《欧洲的国际移民：资料来源、方式和趋势》(*Europe's International Migrants: Data Sources, Patterns and Trends*)。二是对欧洲各国移民政策研究或比较研究。主要论著为Christian Joppke的《移民与国家：美国、德国与英国》(*Immigration and the Nation-State: The United States, German and Great Britain*)，Christina Boswell的《演变中的欧盟移民政策》(*European Migration Policies in Flux: Changing Patterns of Inclusion and Exclusion*)，Klaus F. Zimmermann的《欧盟移民，我们了解吗?》(*European Migration: What Do We Know?*)。三是移民问题专题研究，从经济、政治、文化、社会融合等不同的角度研究移民或移民群体。例如，Michael Wintle的《欧洲的文化与认同》(*Culture and Identity in Europe*)，Dan Corry主编的《经济学与欧盟移民政策》(*Economics and European Union Migration Policy*)③，Tito Boeri等的《移民政策与福利体系》(Immigration Policy and Welfare System)等。可见，国外对移

① Everett S. Lee, A Theory of Migration, in Robin Cohon, *Theories of Migration*, Edward Elger Publishing Ltd., 1996, pp. 47 - 57.

② Douglas S. Massey et al., *Worlds in Motion*, Oxford: Clarendon Press, 1998, pp. 17 - 59; Ronald Skeldon, *Migration and Development: A Global Perspective*, Longman, 1997, pp. 17 - 40; 李明欢：《20世纪西方国际移民理论》，《厦门大学学报》(哲学社会科学版)，2000年第4期。

③ 傅义强：《欧盟移民政策与中国大陆新移民》，暨南大学博士学位论文，2006年。

民问题研究著述颇丰，涵盖了国际移民（包括非法移民）的原因、文化冲突与融合、移民趋势与过程、移民政策，移民对经济、政治文化的影响等方面。

20 世纪 90 年代以来，一方面全球化进程加速了跨国移民的发展，另一方面由于各种复杂原因，各国移民控制日趋严厉，导致非法移民现象日益增多，而真正比较系统的非法移民研究也是从那时开始的。目前专门针对欧盟非法移民治理方面的论述不多，主要关注非法移民产生的原因、现状、影响以及相关政策等领域。

Bill Jordan 和 Franck Düvell 在 *Irregular Migration: The Dilemmas of Transnational Mobility* 一书中认为，欧盟单一市场的发展要求资本、劳动和货物的自由流动，成员国一方面需要有用人才，但另一方面移民的大量涌入又影响到本国公民的权益保护和社会结构，导致限制性移民政策的出台和非法移民的产生。同时，由于非法移民身份的窘境，很多高素质的非法移民也只能从事简单的低等工作，非法移民治理已经成为一个极其复杂的公平正义问题，全球经济的发展推动了移民的大量出现，政府应该从这个视角在国家与全球之间处理好这个问题。[①] 该著作强调移民动因中的经济因素，并指出非政府组织和移民网络也对非法移民的产生具有重要影响，但忽视了地理、国际政治、来源国背景等外在因素的作用。

Klaus F. Zimmermann 在其专著 *European Migration: What Do We Know?* 中指出，移民问题是全球化给欧洲带来的新挑战。他们来自于各种渠道：非技术移民、技术移民、贸易、欧盟扩大等，而“堡垒欧洲”是导致非法移民出现的主要原因。事实上，移民对当地居民的影响并不严重，主要在经济方面。由于欧洲劳动力市场的一体化进程缓慢，因此，面临着高技术劳动力的短缺和低技术移民饱和的压力。作者还提出，新移民的经济地位脆弱，一个有选择的移民政策比过去更加重要。[②] 在某种程度上，Klaus 低估了政治对非法移民的影响，尤其是难民问题。

Tito Boeri 等在他们的合著 *Immigration Policy and Welfare System* 中提出，欧洲各国的移民结构及其福利制度大相径庭。在某种程度上，这种差别与国家福利的慷慨度有关。如果一国对失业者的救助度较高，往往导致移民压力增大。福利制度影响着移民的结构，某些慷慨的国家似乎是吸引移民的磁石。[③] 显然，福利制

---

① Bill Jordan and Franck Düvell, *Irregular Migration: The Dilemmas of Transnational Mobility*, Edward Elgar Publishing, Inc. USA, 2002, pp. 2 – 8, 255.

② Klaus F. Zimmermann, *European Migration: What Do We Know?* Oxford University Press, 2005, pp. 12 – 13.

③ Tito Boeri, Gordon Hanson & Barry McCormick, *Immigration Policy and Welfare System*, Oxford University Press, 2002, pp. 89 – 90.

度是引致欧盟非法移民的一个因素，但它并不能完全解释政治难民以及地缘政治变化对非法移民的影响。

Christina Boswell 在 *European Migration Policies in Flux: Changing Patterns of Inclusion and Exclusion* 书中揭示了欧盟移民政策的困惑。欧洲的非法移民已经成为一个安全威胁，各国已经在利益共识下加强了合作，包括从构建司法与内务合作框架以及加强与移民输出国的合作两个层面展开。但欧盟的控制政策也面临着尴尬问题：一方面，以控制为导向的政策可能会引发更多像人口偷运一样的有组织犯罪，同时还会影响与难民或非法移民来源国的关系；另一方面，欧盟试图通过援助移民输出国的发展以减少移民流出的政策，这需要强有力的经济实力和官僚政体的支持，而这些在欧盟的选举政治中很难实现，往往使得政策效果大打折扣。另外，欧盟的高技术移民政策可能导致发展中国家人才外流，一定程度上又削弱了移民输出国的发展。①

关于欧盟非法移民的发展趋势，Michael Jandl 指出，欧盟东扩后，边界控制更加困难，欧盟东扩后中东欧边界的非法移民数量与世纪之交时期相比有所下降，但有组织的偷渡行为却有所增加，非法移民现象将长期存在。欧盟应该加强与移民输出国之间的合作，促进其发展，维护其稳定。② Hein de Haas 也认为，除非意外情况出现，否则从西非至马格里布再到西欧的移民现象不可能停止。西欧的移民限制政策与对廉价劳动力的需求存在矛盾。如果仍然没有更多的合法移民渠道出现，那么庞大的非法移民群体将不可避免。打击非法移民政策不仅使得移民犯罪化，而且注定失败，因为有很多理由证明他们是假打击。③

在关于移民外部治理方面，意大利罗马第二大学经济学教授、欧盟议会议员雷纳托·布鲁内塔教授和焦瓦尼·特里亚教授以及欧盟议会法律顾问安东尼奥·普雷托教授联合撰写的《安全、移民与发展援助——一种综合的方法》一文中提出，欧盟必须放弃在移民问题上的“紧急应对”方式，对与其相关的政策和机构进行整合，并将外部援助和内部因素统一起来加以考虑。欧盟睦邻政策应该成为欧盟、各成员国和邻国为实现共同安全与发展目标而合作的重要领域。罗马第一大学人口学教授安东尼奥·格力尼也在其论文《国际移民和移民政策：聚焦意大利与欧洲联盟》一文中提出了“从一维的双边移民政策到多维的多边移民

① Christina Boswell, *European Migration Policies in Flux: Changing Patterns of Inclusion and Exclusion*, Blackwell Publishing Ltd., 2003, pp. 119 – 121.

② Michael Jandl, Irregular Migration, Human Smuggling and the Eastern Enlargement of the European Union, *International Migration Review*, 2007, Vol. 41, No. 2, pp. 310 – 315.

③ Hein de Haas, *Irregular Migration from West Africa to the Maghreband the European Union: An Overview of Recent Trends*, 2008 International Organization for Migration, p. 50.

政策”的政策主张。Ana Becerro 在其“The External Aspect of Migration Policy”一文中通过对欧盟对外政策及其效果的分析指出，欧盟旨在构建一个稳定的外围，但必须正视它在当前移民政策下将要采取的措施和行动与此目标是矛盾的。欧盟在扮演共同移民政策的探索者角色中超越了国家层次，但从治理的效果来看，其选择的路径似乎值得怀疑。欧盟必须开始重视移民的积极影响，在现实可能性的基础上开展与移民及其来源国之间新的合作网络。① 这些研究都对欧盟移民/非法移民的治理具有一定的启示意义。

另外，国际移民组织、国际劳工组织、欧盟以及相关研究机构的网站上也有一些相关的论文。其中，Khalid Koser 在其提交给国际移民全球委员会的研究报告“Irregular Migration, State Security and Human Security”中强调，非法移民是一种复杂而又矛盾的现象。非法移民对国家而言处于两难的境地，呈现出不安全感和脆弱性。目前多数国家未能有效治理非法移民，期待长期有效的新措施。但鉴于诸多条件受限，新的有效措施出台也是一个漫长的过程。因此，非法移民在未来一定时间内仍将存在。各国在非法移民治理中要同时注意其基本权益的保护。② 而国际移民组织每年的年度报告“World Migration”中有一部分“Irregular Migration”专门介绍世界主要地区非法移民现状，具有权威指导意义。维也纳国际移民政策发展研究中心（International Centre for Migration Policy Development）的网站数据库也有部分关于中东欧非法移民问题研究的文章，其中 Peter Futo 和 Michael Jandl 等每年撰写的“关于中东欧的非法移民，人口偷运与贩卖的分析报告”（on Illegal Migration, Human Smuggling and Trafficking in Central and Eastern Europe），详细介绍了当前中东欧各个国家的非法移民情况，包括每年抓获的人数、发展变化及其趋势、偷渡的主要路线与方式、各国采取的措施等，具有重要的史料价值。“Facilitated Illegal Immigration into the European Union”一文指出了地理位置、民族关系、有组织犯罪、合法移民体系的滥用、伪造证件、法律制裁等是导致欧盟非法移民问题的主要原因。“Measures to Prevent or Reduce Irregular Labour Migration”和“Europe's policy options for fighting the illegal employment of the migrat workers”分别简要介绍了欧盟预防和减少非法移民的必要性及其相关措施。John Salt 的 Trafficking and Human Smuggling: A European Perspective 通过研究认为，欧洲人口偷运和贩卖已经形成了一个市场，其中的运作机制和组织形式鲜为人知。这些网络系统具有很强的独立性，贩运者与被贩运者之间往往相互协作。除

① Ana Becerro, The External Aspect of Migration Policy, *EUI Working Paper*, RSCAS, No. 2004/05.

② Khalid Koser, Irregular migration, state security and human security, the Global Commission on International Migration, www. gcim. org, September 2005.

此之外，欧盟委员会网站上也有部分关于欧盟非法移民治理的政策、法规及治理进展情况，反映了欧盟关于非法移民问题的一些政策演变和采取的治理措施。

综合国外关于欧盟非法移民的治理研究现状，主要有以下三个特点：①已有研究多注重一手资料的积累和实证分析，缺乏理论提炼；②研究对象比较具体，突出国别研究或非法移民某一点政策领域研究，整体研究不足；③研究方法上，偏向于历史学、民族学、社会学、统计学等传统方法研究，较少从政治学、国际关系学理论尤其是近年来兴起的治理视角进行分析。

（二）国内关于欧盟非法移民治理的研究

在我国，由于历史的原因，跨国人口迁移一般被纳入“华侨华人研究”范畴。2000 年以后，随着中国自身城市化进程所导致的移民问题，才使中国学者把目光转移到欧盟移民问题，从移民管理、移民社会保障和移民融合角度进行研究。由于起步较晚，部分是与国外研究机构或学者合作。例如，中国社科院欧洲所罗红波编的《移民与全球化》一书是中国第一部由中外学者共同撰写的系统介绍欧盟移民问题的最新研究成果的权威之作。其中涉及欧盟非法移民问题。该书从不同角度对欧盟及意大利外来移民状况进行了深入的分析，并对今后移民政策、移民流动的有效管理提出了有益的建议。另一本由周弘主编、德国贝娅特·科勒—科赫、托马斯·康策尔曼和米歇·克诺特所著的《欧洲一体化与欧盟治理》一书，对欧盟治理结构，尤其是对事关移民问题的欧盟“第三支柱”中的“移民与避难政策”作了专门阐述，提出欧盟治理向“多样化中的统一”转变的观点。

由于研究条件受限，国内已有的欧盟移民研究中很少有关于非法移民的专著研究。山东大学移民问题研究所宋全成的《欧洲移民研究——20 世纪的欧洲移民进程与欧洲移民问题化》被称作中国首部关于欧洲移民研究的专著。该书从移民类型学的独特视角，系统梳理和概括了第二次世界大战以后欧洲移民的历史进程。作者认为，冷战政治思维和摇摆不定的移民政治、各国松紧不一的移民政策、全球化发展的不平衡、欧洲人口的老龄化、移民网络和偷渡组织的介入等原因导致了当今欧洲的非法移民问题。这对理解欧盟非法移民治理具有启示意义。不过，作者偏向于对历史现状的描述，未能就欧洲各行为体对非法移民治理问题展开深入探讨，因此也没有提出解决问题的对策思路。近年来，国际法与国际关系问题的学科交叉研究得到重视。华中科技大学徐军华的《非法移民的法律控制问题》在这方面取得突破，是目前国内第一部从国际法视角研究非法移民的专著。其中第六章专门介绍欧盟在非法移民控制上的区域合作机制。作者认为欧盟非法移民的产生除了有一般非法移民的原因外，还有欧洲一体化、欧盟东扩、苏东地缘政治、殖民历史等深刻背景，文章还对欧盟移民政策的区域机制进行了阐述，并在结论部分从国内和国际两个层次提出了一些对策和建议。但非法移民问题不仅仅是法律问题，还涉及经济、政治、文化、安全等多重利益，所以仅从法律角度控制是难以解决非法移民问题的。同时作者对从法律层面控制非法移民的效果可能难以进行有效的评估，因此其提出的部分对策和建议实施起来有一定难度。

论文方面，李明欢在《“9·11”之后欧洲移民政策的若干思考》一文中分析了欧盟移民政策诸如语言解禁、零宽容政策和捍卫传统价值等倾向，揭示了其自相矛盾的特点，有助于理解非法移民的问题化原因；① 杨烨的《东扩进程中的“微观安全”与欧盟的对策》指出了欧盟东扩后出现的大规模移民浪潮及与之紧密联系的非法移民和跨国界犯罪活动，有可能导致欧盟东部边界出现一种来自“微观安全”方面的威胁，而“9·11”事件后更为凸显，但并不会阻碍欧盟东扩的步伐；② 另外，她与卢祥合作的《欧盟移民治理：建立统一移民政策的尝试》指出欧盟东扩背景下欧盟移民新趋向对欧盟现有移民政策的挑战，并对欧盟目前正在实施的建立在成员国层面、政府间合作以及欧盟超国家基础上的“多层级移民治理”模式进行了分析；③ 宋全成、赵雪飞的《欧洲非法移民现象为何愈演愈烈》则对非法移民的产生原因进行了深入剖析，包括政治因素、经济因素和社会因素等。政治原因是冷战政治、后冷战时代左右摇摆的移民政治、对待非法移民的不利政治因素和种族因素，经济原因是全球化发展不平衡、欧洲国家的经济发展需要外国移民，社会原因是完善的移民网络和国际人口走私集团的强力介入。④ 宋全成、葛谨雁合作的《移民政策中的民族国家主权的部分让渡与欧洲一体化》解析了欧盟共同移民政策中的主权让渡问题。欧盟移民政策的框架规定要求限制民族国家的部分主权，加快一体化步伐。但在移民问题上，民族国家仍然发挥着关键性的作用。从法律意义来看，欧洲移民政策对成员国的国家主权限制很少。⑤ 傅义强的《欧盟国家的移民问题与移民政策》也对欧盟移民问题的影响与产生原因进行了论述，并指出欧盟国家对移民的接收与拒绝、容纳与排斥的矛盾心态构成了其移民政策的基础；⑥ 金旭的《欧盟移民政策探析：管理、政治和法律途径的多元分析》则从公共管理学视角，用管理、政治和法律多元分析途径

① 李明欢：《9·11之后欧洲移民政策的若干思考》，《华侨华人历史研究》，2002年第4期。
② 陈志强：《欧洲移民问题：研究史回顾及中国视角构建》，《上海商学院学报》，2008年第3期。
③ 杨烨、卢祥：《欧盟移民治理：建立统一移民政策的尝试》，《国际观察》，2006年第4期。
④ 宋全成、赵雪飞：《欧洲非法移民现象为何愈演愈烈》，《山东大学学报》，2007年第1期。
⑤ 宋全成、葛谨雁：《移民政策中的民族国家主权的部分让渡与欧洲一体化》，《欧洲》，2000年第5期。
⑥ 傅义强：《欧盟国家的移民问题与移民政策》，《世界民族》，2008年第1期。

来阐释、分析欧盟移民政策，并初步讨论欧盟移民政策对我国流动人口问题的现实启示及政策参考意义。①

近年来，关于欧洲移民/非法移民问题的学位论文也时有出现。2002 年中国社科院王毅博士的《欧洲一体化进程中的移民政策研究》，通过历史分析、比较研究欧共体/欧盟移民政策制定的历史背景、制约政策形成的复杂因素、政策主要内容及历史脉络、政策作用影响等揭示出移民政策的内在机制和发展趋势，认为在欧洲一体化的历史背景下，欧共体/欧盟移民政策的发展，不仅表现在国家层面符合成员国国情的发展，还表现在超国家层面的协调与合作；2007 年华东师范大学陈志强博士的《欧盟移民政治研究》以经济全球化为背景，主要从政治角度对欧盟一体化框架内的移民现象进行研究，将移民问题从社会学领域纳入政治学领域进行研究，从国内、国际政治、全球治理等多角度进行了有益的尝试，论文从欧盟成员国、欧盟和其他地区围绕移民问题展开的地缘政治博弈，将移民来源国—移民中转国—移民输入国统一纳入欧盟移民治理研究范围之内，这在一定程度上拓宽了研究视野。

纵观国内关于欧盟非法移民方面的相关研究可以看出，第一，多数将非法移民问题放到移民政策的框架下研究，注重非法移民问题的现状描述和原因分析，而对非法移民的治理研究相对较少；第二，部分研究也不同程度地涉及欧盟非法移民治理问题，但在某种程度上还不够透彻、全面，更没有结合全球化和欧洲一体化的时代特征，将区域内非法移民作为一个整体研究对象加以分析，这样就难以在整体视角下了解非法移民对欧盟各层级的影响以及各层级的不同反应，更深入地理解欧盟非法移民问题的复杂性；第三，对研究欧盟非法移民的资料分析存在一定不足。

（三）关于欧盟治理/欧盟多层治理及其应用的研究

欧洲一体化历史也被认为是欧盟治理的历史。近年来，欧盟多层级治理是国际关系领域对当前兴起的治理理论的一种回应，并已成为当前欧盟主导性的政治哲学。欧盟委员会前主席普罗迪也认为，应该放弃辅助性原则指导下的等级竞争思想，而转向一种网络安排考虑，即政策的酝酿、提议、执行和监督由不同层次的治理共同完成。②

欧盟多层级治理概念最初是由美国学者盖里·马克斯（Gary Marks）于 1993

---

① 金旭：《欧盟移民政策探析：管理、政治和法律途径的多元分析》，《中国行政管理》，2006 年第 8 期。

② European Commission Working Group，Multi-level Governance：Linking and Networking the Various Regional and Local Level，Report by Governance-Working Group 4a，European Commission，2001.

年在对欧洲共同体的结构政策（structural policy）进行分析时提出来的。随后，经过马克斯本人和里斯贝特·胡格（Liesbet Hooghe）、查理·杰弗里（Charlie Jeffery）、贝娅特·科勒—科赫（Beate Kohler-Koch）、彼特斯和皮埃尔（G. B. Peters and J. Pierre）、艾得伽·葛兰德（Edgar Grander）、托马斯·里斯—凯本（Thomas Risse-Keppen）、西蒙·希克思（Simon Hix）、弗里茨·沙普夫（Fritz W. Scharpf）、安·巴克（Ian Bache）等多位学者的努力使其发展日臻完善。[①] 该理论主要有四大论点：①呈网状结构且无单一模式的决策过程；②成员国权限朝向上的超国家层次、向下的次国家层次和向侧的公民社会（或跨国家组织）三个纬度转移；③成员国政策欧盟化程度不断提升；④公民政治认同的多重性等特征。

欧盟多层治理经过学者们的梳理，也形成了一些共识性的特征，包括：①多种行为体共同参与；②多种行为体之间关系的非等级性；③政治活动在两个或多个层面上进行；④多层级治理体系的动态性；⑤多层级治理体系是一种非多数同意的谈判协商体系。

自 20 世纪末以来，国内学者对欧盟治理也相当关注，其中贝娅特·科勒—科赫等著了《欧洲一体化与欧盟治理》（2004）和《欧盟治理模式》（2008）两本专著，从政治学角度研究了欧洲一体化背景下欧洲国家体制、欧盟社会治理、欧盟外部治理等各个方面的问题，剖析了欧盟治理的特征与发展前景。朱贵昌撰写了《多层治理理论与欧洲一体化》，翔实地介绍了欧盟多层治理的内容、特征、历史、组织结构，以地区政策为例分析了多层治理面临的挑战以及发展，并认为欧洲一体化经过五十多年的发展形成了多层治理体系，其中欧盟超国家治理不断发展和强化，随着欧盟超国家治理的不断扩展，其国家治理的民主性和合法性会有所增强，欧盟超国家治理的效率和效果将得到提高。[②] 田德文的《欧盟社会政策与欧洲一体化》，对如何在超国家层面上的欧盟社会政策与各民族国家采取的措施之间进行合作与协调，以及“欧盟社会政策体系”的“多层治理体系”特征进行了研究，指出：“这个体系的突出特点是将‘治理’与传统民族国家的‘统治’结合起来，具有多层次、多中心、网络化的特点。”[③] 另外，俞可平的《治理与善治》（2000），吴昕春的《论地区一体化进程中的地区治理》（《现代国际关系》2002 年第 6 期），吴志成、李客循的《欧盟治理与其中制度创新》（《马克思主义与现实》2004 年第6 期），刘文秀、汪曙申的《欧洲联盟多层治理

---

① 徐静：《欧洲联盟多层级治理体系及主要论点》，《世界经济与政治论坛》，2008 年第 5 期。

② 朱贵昌：《多层治理理论与欧洲一体化》，山东大学出版社，2009 年版，第 230 页。

③ 陈志强：《欧洲移民问题：研究史回顾及中国视角构建》，《上海商学院学报》，2008 年第 3 期。

的理论与实践》(《中国人民大学学报》2005 年第 4 期), 杨烨、卢祥的《欧盟移民治理: 建立统一移民政策的尝试》(《国际观察》2006 年第 4 期), 李华的《浅析欧盟的治理结构》(《国际问题研究》2005 年第 2 期), 徐静的《欧洲联盟多层级治理体系及主要论点》(《世界经济与政治论坛》2008 年第 5 期) 等论文也都不同程度地分析了欧盟治理或多层治理的历史演进及其主要特征等问题, 杨烨、卢祥的《欧盟移民治理: 建立统一移民政策的尝试》还从多层治理的视角分析了欧盟移民政策的发展。

从国内外关于欧盟治理的研究来看, 学者多重视治理理论研究以及多层治理对欧洲一体化进程中经济、政治、环境等方面的影响的研究。尽管移民治理已经纳入欧盟治理内容之中, 但把移民尤其是非法移民问题放到欧盟治理体系的框架下加以整体性、系统性分析检验的研究还比较少。

上述分析表明, 国内外关于欧盟非法移民治理的相关素材比较丰富, 但多为一手资料, 相对比较零散, 缺乏对非法移民问题的有机梳理, 也缺乏相应的理论架构; 研究注重非法移民的原因和政策措施的分析, 但对非法移民问题的宏观背景原因, 尤其是全球化和地区化的因素关注不多; 已有的研究多从国家、欧盟等单个主体立场出发, 较少涉及成员国、欧盟机构, 以及相关次国家主体在治理非法移民中的角色与互动。不过, 尽管非法移民作为一个研究科目在很多方面缺乏一定的硬证据, 但是这些研究从地理与主题上对于进一步更好地理解该地区的非法移民问题具有重要帮助。因此, 在欧盟非法移民治理研究方面还有一些可努力之处: 一是把"欧盟非法移民"作为一个整体性问题加以考察; 二是突破已有的历史学、社会学、民族学、经济学等研究视角, 从更加全面综合的治理视角加以分析, 减少片面性的认识。鉴于此, 本书试从欧盟治理 (多层治理) 的视角出发, 对欧洲一体化进程中出现的欧共体/欧盟非法移民问题作一综合研究分析。

三、研究思路与研究方法

(一) 研究思路

移民是全球化时代最普遍的现象, 而非法移民又是移民问题中最突出的难题。本书研究对象为欧盟非法移民。欧洲一体化经历了五十余年的发展历程, 面对区域内的各种共同利益问题, 各成员国逐步形成了独特的治理模式, 即欧盟治理。移民问题于 20 世纪 70 年代先后在欧洲各国产生, 至 90 年代初逐步演化为欧盟共同利益问题, 所以, 为了全面了解欧盟非法移民问题, 本书试从治理的视角展开分析。而要理解欧盟非法移民的治理, 首先要认识欧盟的治理模式特征。

欧盟治理模式是在欧洲一体化进程中各行为体不断互动协商而成的。因此，本书先从一体化进程入手推导出欧盟治理模式。欧盟治理模式的形成表现为先有国家治理，接着出现超国家治理、次国家治理，至目前为国家、次国家、超国家等同时并存的多层治理特征。之后，本书结合治理理论的结构特征［即为何治理，谁治理，如何治理，治理产生什么结果（影响），治理的前景如何］，同时考虑各层次治理产生的历史先后次序，分析欧盟非法移民的问题化过程，然后按照主体分类，在国家、超国家、次国家三个层面分别对治理的政策规则以及措施展开论述，最后从欧盟多层治理的整体宏观视角提出非法移民治理面临的挑战和未来发展前景。本书的整体研究思路是依照治理的结构特征展开的，同时考虑了历史时间因素。

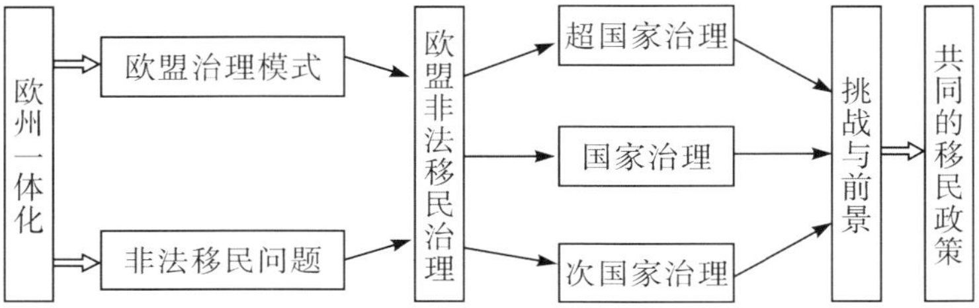

本书的研究思路图

（二）研究方法

本书将在借鉴国内外学者研究成果的基础上，对欧盟多层治理下的非法移民问题进行全面、系统的分析。通过研究，努力达到以下两个目的：一是欧洲一体化背景下欧共体/欧盟的移民与非法移民问题的演变；二是欧盟非法移民多层治理中各层级治理的作用、互动及其发展。为达到以上目的，本书将主要采用以下五种研究方法：①历史分析法，主要是对欧洲一体化及其移民历史进程作一梳理，以了解一体化与非法移民问题之间的相互关系；②比较分析法，主要是从国家、超国家、次国家三个层面对欧盟非法移民的治理分别进行分析，并间接比较各层次之间的作用与不足；③动态分析与静态分析相结合的研究方法，主要是应用于国家及超国家层面的治理分析过程中，通过动态和静态分析可以进一步了解各成员国、欧盟等行为体参与治理的效果及其政策演变的因果关系；④个案分析法，主要是在第五章通过对移民政策团体参与治理实践的历史过程进行解析，以得出次国家行为体参与非法移民治理的作用与欠缺；⑤归纳法，最后一章对整个欧盟多层治理的经验、不足以及未来发展趋势进行归纳总结，并得出相关结论。总之，由于非法移民治理问题的复杂性，本书试图通过多种研究方法达到对政策演变及关系互动的清晰解读。

四、研究创新与不足之处

全球化促进了移民时代的到来，移民问题也由“潜问题”演变为“显问题”。它由单一的或局部的经济问题逐步上升到涉及各国政治、经济、外交和社会等各方面的综合问题，在政府主导国际移民流向、流量和政策制定的情况下，移民的方式及其影响也越来越具有复杂性。传统的人口学、经济学、地理学、社会学、民族学、政治学等任何一门学科都难以单独解读移民问题，更难以提出适宜的解决对策。非法移民问题已经演变成一个受政治、经济、文化、宗教、历史、地理等多重因素影响的复合问题，解决这一问题极其困难，传统的民族国家已经无法独立完成这一重任，尤其是在欧盟地区，在全球化与区域化的双重压力之下，政府推动、国际干预、公民社会和其他跨国团体等多主体参与的多层治理形式必将取代原有的治理模式。因此，本书在研究非法移民方面试图有所创新，主要表现在以下三个方面：

一是研究视角的不同，即从治理的视角出发研究非法移民问题。由于非法移民产生的历史较短，已有的研究多从民族学、历史学解读欧洲非法移民，新近也鲜有从国际法、管理学视角介入。相比较而言，从多层次、多角度出发的治理视角对欧盟非法移民问题进行的分析将更加全面、完整。

二是分析结构上的突破，当然这一突破是建立在视角创新的基础之上的。本书在研究思路上遵循了解答治理的四个问题的顺序，即为何治理，谁治理，如何治理，治理产生什么结果（影响）和治理的前景如何。在推导出欧盟非法移民的治理模式后，先从问题入手，之后将层次分析法与历史分析法相结合，从不同主体和不同层次叙述评价了非法移民的治理情况，最后从整体上对多层治理的不足与发展提出了相关看法。

三是将欧盟非法移民看作一个整体研究对象。这与以往多数研究把非法移民看作国别问题或少数相关国家问题有所不同。这一研究对象的提出与欧盟的一体化发展，尤其是《申根协定》的实施有关。自20世纪90年代以来，非法移民逐步发展成为欧盟各国的共同问题，由此也进一步推导出国家层面治理非法移民的不完整性、次国家治理的有限性和超国家治理的必然性。

不足与创新总是并存的，本书也不例外。首先，由于研究条件有限，作者不可能前往欧洲各国或对非法移民来源地进行田野调查，因此缺乏有针对性的第一手材料，只是借助于大量的外文资料或其他二手材料进行分析与归纳。在研究感受上，缺乏对非法移民问题的切身体会。其次，由于个人搜集资料的能力有限，对某些章节的论证缺乏足够有力的材料支撑，尤其是在次国家治理方面。最后，由于本书涉及多学科的综合研究，但受限于作者知识水平，或许并没有完全掌握一些学科的理论与研究方法，应用中难免出现生搬硬套之嫌，未能做到有机结合。

五、本书结构与主要内容

本书从欧盟治理角度入手，首先回答了为什么治理的问题，即欧盟非法移民的产生及其问题化；然后回答了谁治理和如何治理的问题，即通过国家、超国家、次国家等三个层次对欧共体/欧盟非法移民治理的规则与措施展开了深入分析，同时对各层次的治理成效与不足进行了述评，回答了治理产生什么结果（影响）的问题；最后，从整体性角度对欧盟非法移民多层治理的挑战及前景提出了相关看法，回答了治理的前景问题。

本书共八部分，包括绪论、结语和六章主体内容。在结构安排上受到了治理所要回答问题的启示，同时考虑到了治理的特征以及欧盟治理的发展顺序等要素。

绪论主要阐述了研究欧盟非法移民治理的动机与意义、当前主要相关研究文献的简要梳理与评介、研究思路、研究方法等，同时对相关的概念作了解释。

第一章主要从治理的角度入手论述了欧洲一体化进程中欧盟治理模式的形成与发展。欧洲一体化的历史其实就是欧盟治理的历史，是一个国家主权逐步向上、向下及向侧让渡或转移权力的过程。因此，随着欧洲一体化的不断发展，欧共体/欧盟也逐步形成了以从某一领域治理为主，进而过渡到多领域、多主体、多层次，同时复杂的多层治理体系。相应地，非法移民问题也被纳入欧盟多层治理体系当中。

第二章从移民入手，分析了欧盟非法移民成为一个治理核心问题的过程。“二战”后，欧洲经济复苏，各国大量招募移民，但 20 世纪 70 年代经济危机以后，移民大门迅速缩紧。与此同时，全球化、欧洲一体化、地缘政治、世界经济的不平衡发展等因素又导致国际移民的产生，欧盟日趋严厉的移民政策与此形成悖论，导致非法移民大规模出现，影响着欧盟社会发展的方方面面。

第三章主要论述了欧共体/欧盟非法移民在国家层面的治理历程。非法移民问题分别就成员国和欧盟视角而言，既有相似，又有差别。由于历史、政治、经济、文化、地理等多方面的因素，非法移民问题在各成员国的影响和表现也大相径庭。法国、德国、意大利三国皆为欧洲一体化的发起国，但三国的移民治理模式不一，各国对非法移民问题的看法也有所不同。长期以来，法国采取共和模式，德国采取无移民政策模式，意大利则采取多元模式。不过，作为欧盟主要成员国，三国的非法移民治理具有一定的代表性。从移民治理政策看，非法移民的治理分为外部治理和内部治理两部分，且都有相应的政策措施。就目前状况而言，国家依然是非法移民治理的主体，但已经存在一定的不完整性。

第四章主要论述了欧共体/欧盟非法移民在超国家层面的治理发展。这是本书的论述重点。欧共体/欧盟非法移民的发展以及国家层面上的治理不足推动了超国家治理的产生与发展。欧共体/欧盟制定的一系列相关条约构建了超国家治理的规则体系。欧共体/欧盟及其成员国在此基础上采取了一系列行动，并取得了一定成效。共同移民政策是欧盟移民治理的发展趋势，但目前还存在诸多局限性。

第五章主要论述了欧共体/欧盟非法移民在次国家层面的治理现状。全球化与地区主义的发展推动了欧共体/欧盟次国家行为体的兴起。相应地，以地方政府和非政府行为体为代表的次国家行为体在非法移民治理中的作用也不同程度地显现。移民政策团体是欧盟地区较有影响力的移民非政府组织之一。它在欧盟非法移民治理上的一些实践表明，次国家治理仍然只是欧盟非法移民治理的有益补充，相对而言，效果比较有限。

第六章主要分析了欧盟非法移民多层治理面临的挑战及发展前景。欧盟非法移民的多层治理模式是适应当前治理的有效范式之一，但欧盟在非法移民多层治理上面临的挑战很多。这不仅表现在欧盟治理模式本身的有限性方面，也受制于欧盟非法移民问题本身的复杂性。欧盟各层次行为体将在未来的治理当中不断地改革发展，以推进有效治理的实现。

结语部分总结了欧盟非法移民发展的主要特征以及欧盟各层次治理的相互关系。欧盟非法移民经历了一个由“国家问题”至“欧盟问题”的发展过程。但在当前的非法移民治理体系中，国家依然是最重要的主体，超国家机构的作用日益凸显，而次国家主体则只是起着补充的作用。欧盟在非法移民问题上的超国家治理将越来越重要，并且将逐步走向共同的移民政策。

第一章 欧洲一体化与欧盟治理模式

第一节 多样性的“治理”

政治社会的一个重要功能，就是设法解决私人及群体之间的矛盾和冲突，在合作中形成集体力量以应对各种共同问题，争取实现最美好的理想。[①] 20 世纪 90 年代以来，随着全球化的快速发展，相互依赖性日益加深，国际政治结构发生了深刻的变化。国际社会各个问题领域的多样性、交叉性和跨国性增加了解决问题的难度，各国为维护共同利益，必须进行多层次、多样性的合作。各种跨国非政府组织和市民社会组织在国际政治经济事务中扮演着越来越重要的角色。全球化的推进创造了一种新的世界经济和世界社会。正是在这种情况下，出现了“治理”与“全球治理”的概念，这被喻为“目前世界上最大的智力挑战”。[②] 与此同时，地区主义在经历了七八十年代的徘徊后再度兴起，“地区治理”也成为人们更加关注的话题。欧盟作为当今地区一体化的典范，它的地区治理模式有何特征，地区问题又是如何在地区治理模式下解决的，这些都是令人颇感兴趣的话题。

一、治理：概念的历程

治理是一个极富模糊性和争议性的概念。英语中的治理可以追溯到古拉丁语和古希腊语中的“操舵”一词，原意主要指控制、指导或操纵，与 government 的含义交叉。Governance 与 government 的主要区别是，前者重点指治理的方式、方法，后者指负有治理之责的机构，指各种组织，而 governing 则用来指治理行为本身。[③] 长期以来，governance 一词专用于与国家公务相关的宪法或法律的执行问

---

① 韦红：《地区主义视野下的中国—东盟合作研究》，世界知识出版社，2006 年版，总序。

② ［德］迪尔克·梅斯纳：《全球化、全球治理和发展政策》，《政治和社会》，1999 年第 1 期。转引自沈红文：《德国学者谈全球化和全球治理》，《国外理论动态》，2000 年第 5 期。

③ 乔卫兵：《全球治理及其制度化》，《欧洲》，2002 年第 6 期。

题，或指管理利害关系不同的多种特定机构或行业。[①] 20 世纪 90 年代以来，随着全球化和区域化进程的发展以及相互依赖的不断加深，国际社会对世界事务治理的需求才日益强烈。[②]

1989 年，世界银行在概括非洲情形时首次使用了“治理危机”一词。之后，“治理”开始广泛应用于政治发展研究中，但对这个术语至今仍然没有一个共同认可的定义。

现代治理理论的主要创始人之一，詹姆斯·罗西瑙（J. N. Rosenau）将治理定义为一系列活动领域里虽未得到正式授权，却能有效发挥作用的管理机制。它有共同目标支持，这个目标未必出自合法或正式规定的职责，也不一定需要依靠强制力量克服挑战而使别人服从。治理既包含政府机制，也包含非正式、非政府机制，其内涵比统治更加丰富。[③]

罗茨（R. Rhodes）认为，治理是一种新的管理过程，或是一种改变了的有序统治状态，或是一种新的管理社会的方式，它标志着政府管理含义的变化。[④]他还列举了关于治理的六种不同定义：①作为最小国家的治理，指的是国家削减公共开支，以最小的成本取得最大的效益；②作为公司管理的治理，指的是指导、控制和监督企业运行的组织体制；③作为新公共管理的治理，指的是将激励机制和私人部门的管理手段引入政府的公共服务；④作为“善治”的管理，指的是强调效率、法治、责任的公共服务体系；⑤作为社会——控制论系统的治理，指的是政府与民间、公共部门与私人部门之间的合作与互动；⑥作为自组织网络的治理，指的是建立在信任与互利基础上的社会协调网络。[⑤] 此外，还探讨了治理的几个基本特征：①组织之间的相互依存；②网络成员之间的持续互动；③互动以信任为基础，由网络参与者协商和同意的游戏规则来调节；④保持相当程度的相对国家的自主性。网络是自组织的，不对国家负责，但是国家能够间接地并且在一定程度上调控网络。[⑥]

德国著名学者贝娅特·科勒—科赫（Beate Kohler-Koch）认为：“治理的本

---

① ［英］鲍勃·杰索普著，漆燕译：《治理的兴起及其失败的风险：以经济发展为例的论述》，《国际社会科学杂志》，1999 年第 1 期。

② Oran R. Young, *Governance in World Affairs*, Cornell University Press, 1999, pp. 1 – 3.

③ ［美］詹姆斯·罗西瑙主编，张胜军译：《没有政府的治理》，江西人民出版社，2001 年版，第 5 页。

④ ［英］罗伯特·罗茨：《新的治理》，见俞可平：《治理与善治》，社会科学文献出版社，2000 年版，第 86 页。

⑤ 俞可平：《治理与善治》，社会科学文献出版社，2000 年版，第 2—3 页。

⑥ ［英］罗伯特·罗茨：《新的治理》，见俞可平：《治理与善治》，社会科学文献出版社，2000 年版，第 96—97 页。

质特征就是有意识地确定并努力实现一个政治目标，并确保行为者的行为是在朝这个方向努力的。这个过程如何进行，取决于参与的行为者、议事日程上的主题，特别是取决于实施这一进程的各种制度。”①

皮埃尔将治理划分为两种宽泛的含义。第一种涉及20世纪后期出现的国家适应其外部环境的经验表现，治理可以被看作是公私行为体都参与到对社会关系和冲突的有目的的管理中的进程和状态。第二种把治理作为对社会系统的协调概念或理论的表示。从后一种治理定义中又衍生出两组主要的研究问题。第一组采用了“国家中心”的角度，指出了国家及其机构的“指导”能力以及国家与非国家—私人—利益和行为体的关系。第二组研究问题以“社会中心”为出发点，集中关注“协调以及各种正式或非正式类型的公私互动”，主要表现在不同类型的网络和公私合作关系中。②

联合国全球治理委员会对治理的概念也提出了自己的看法，指出治理是各种公共的或私人的个人和机构管理其共同事务的诸多方式的总和，既包括有权迫使人们服从的正式制度和规则，也包括各种人们同意或认为符合其利益的非正式的制度安排。③ 它有四个特征：①治理不是一整套规则，也不是一种活动，而是一个过程；②治理过程的基础不是控制，而是协调；③治理既涉及公共部门，也包括私人部门；④治理不是一种正式的制度，而是持续的互动。④

中国学者俞可平认为，治理就是指在一个既定的范围内运用权威维持秩序，满足公众的需要。其目的是在各种不同的制度关系中运用权力去引导、控制和规范公民的各种活动，以最大限度地增进公共利益。⑤

通过对以上治理概念的简要分析可以发现，治理被越来越广泛地运用，但是它的概念还是比较模糊的。概言之，治理就是各个层面的行为体在既定的范围内为实现共同利益最大化，通过民主协商的方式，建立一系列正式和非正式的规则以维持正常社会秩序的一种社会管理过程。各国政府并不完全垄断一切合法的权利，除政府之外，还有一些其他社会组织和个人参与经济和社会调节活动。治理的要素可以转化为四个问题，即：谁治理？为何治理？治理者如何治理？治理产

---

① ［德］贝娅特·科勒—科赫等著，顾俊礼等译：《欧洲一体化与欧盟治理》，中国社会科学出版社，2004年版，第176—177页。

② ［德］贝娅特·科勒—科赫、波特霍尔德·利特伯格著，吴志成，潘超译：《欧盟研究中的“治理转向”》，《马克思主义与现实》，2007年第4期。

③ The commission on Global Governance, *Our Global Neighbourhood*, Oxford University Press, 1995, pp. 2－3.

④ ［瑞典］英瓦尔·卡尔松、［圭］什里达特·兰法尔主编：《天涯成比邻——全球治理委员会的报告》，中国对外翻译出版公司，1995年版，第2页。

⑤ 俞可平：《治理与善治》，社会科学文献出版社，2000年版，第5页。

生什么结果（影响）？[①] 这些问题实际上就是关于地区治理的主体、治理的内容与目标、治理的机制和制度、治理的效果等最基本的要素。

（1）治理的主体。治理理论超越了以国家为中心的传统政治思维。它虽然承认国家仍然是社会政治活动最重要的行为体，但是由于相互依赖的加深和公共性问题的凸现，国家的主权遭到削弱，自主性降低。

（2）治理的内容与目标。这是治理的动力与基础。治理的本质特征就是有意识地确定并努力实现一个政治目标，并确保行为者的行为是在朝这个方向努力。治理主体为了增进彼此利益而根据具体情况可能不断地相互调试目标，但目的是为了达到治理的任务，治理好问题，实现共同利益。

（3）治理的机制和制度。“一个治理体系就是一个不同集团的成员对共同关心的问题制定集体选择的特别机制。”[②] 治理体系主要由两个部分组成：治理的基本机制和治理的主要组织。治理的基本机制与主要组织相辅相成，前者确立组织的身份与行动的法律范围，后者落实并将机制转化为实际行动。治理过程中既有正式的强制性的制度管理，也有行为体之间的民主协调谈判和妥协，在一定程度上，治理更加重视彼此的协商和谈判，更加强调权力的民主性和社会性。

（4）治理的效果。治理体系一般满足三个核心功能。一是安全功能，至少能够在防止或威慑内部集团之间的冲突方面提供规则和程序以及应付外来威胁的机制。二是经济功能，力图使体系内成员的物质福利最大化。三是公民—政治功能。治理体系确定集体及成员身份，为日常活动和集体行动提供目的性含义。通过治理所产生的经济、社会效益，既是对治理体系合理性的评价，也是各行为体继续进行合作和发展的基础及依据。

二、从全球治理到地区治理

全球化使我们现正处于一个“以边界迁移、权威重构、民族国家衰弱和非政府组织在地区、国家、国际和全球等诸层次上的激增为主要特征和标志的时代”[③]。科学技术的不断创新与快速传播，使得世界范围内的货物、资本、信息和人员的交往变得日益便捷、频繁，但与之相伴的环境卫生、走私贩毒、核武器

---

① ［美］詹姆斯·罗西瑙主编，张胜军译：《没有政府的治理》，江西人民出版社，2001 年版，第 35 页。

② Oran R. Young, *International Governance: Protecting the Environment in a Stateless Society*, Ithaca: Cornell University Press, 1994, p. 26.

③ ［美］詹姆斯·罗西瑙：《面向本体论的全球治理》，见马丁·休逊等编：《走向全球治理理论》，纽约大学出版社，1999 年版，第 295 页。

扩散、恐怖主义、非法移民等大量公共问题也不断滋生、扩展，形成问题的全球化。[①] 在解决这些公共问题上，世界市场一定程度上失灵，民族国家也越来越表现出能力的不足。而全球治理就是在已有国际机制失灵的情况下，试图通过改革重建一套全新的更有效的管理和解决全球性问题的国际机制或国际制度。[②]

在全球治理中，多元化、多层次的行为体互助合作，体现出各自不同的特色与优势。就治理运作而言，全球治理呈现多元关系网络，治理运作呈现多元向度而非传统的管制性功能。对政府部门来说，治理就是从统治到掌舵的变化；对非政府部门来说，治理就是从被排斥到主动参与的变化。

表 1－1　全球治理的层次

	私人	政府	第三部门
超国家层次	跨国公司	国际政府间组织	国际非政府组织
国家层次	公司	中央政府	非营利组织
次国家层次	地方	地方政府	地方

资料来源：Keohane and Nye，Introduction，in Nye and Donahue eds.，*Governance in a Globalizing World*，Washington，D. C. Brookings Institution Press，2000，p. 13；Thomas Rise，Global Governance and Communicative Action，in *Government and Opposition*，Published by Blackwell Publishing，Ltd.，2004.

全球治理因其多主体、多层次的结构特征以及上下互动的运行机制而表现为多元的治理模式。目前，全球治理的模式主要包括：[③] ①国家中心治理模式。它是以主权国家为主要治理主体的治理模式。②有限领域治理，即以国际组织为治理主体的治理模式。很多治理运行规则需要依托国际组织来创设并予以执行，国际组织是实现全球治理的一个重要载体。③网络治理模式。网络治理是以非政府组织为主要治理主体的治理模式。非政府组织通过各种信息传递、资源共享、共同行动等展开活动，构成一种非机构体系的网络化治理新模式。[④] 全球政治作为一个术语，非常形象地描绘了政治关系在空间和时间上的扩展与延伸，以及政治权力和政治活动跨越现代化民族国家的界限、无处不在的这样一种现象。[⑤] 作为

① ［日］星野昭吉著，刘小林、张胜军译：《全球政治学》，新华出版社，2000 年版，第 4—5 页。

② ［瑞士］皮埃尔·德·塞纳克伦斯：《治理与国际调节机制的危机》，转引自俞可平：《治理与善治》，社会科学文献出版社，2000 年版，第 238 页。

③ 吕晓莉：《全球治理：模式比较与现实选择》，《现代国际关系》，2005 年第 3 期。

④ 刘贞晔：《国际政治视野中的全球市民社会》，《欧洲》，2002 年第 5 期。

⑤ ［英］戴维·赫尔德著，杨雪冬等译：《全球大变革：全球化时代的政治、经济与文化》，社会科学文献出版社，2001 年版，第 69 页。

一种新的解释世界的范式，全球治理提供了一个全新的、综合的管理世界的模式，促进了民主化的进程。[①] 尽管全球治理暂时还难以改变国家与政府的主导地位，但它毕竟突破了传统的国家中心，构建了一个由国家、政府间国际组织、非政府间国际组织、公民运动等共同参与的治理模式。

但全球治理无论在理论上还是现实上都存在着难以避免的困境。其描绘是高度分散的，许多空间向度出现重叠，不是一个高度一体化和秩序表示，而是对高度复杂而广泛的全新行为的一种总结。这些行为极有可能在全世界达成小范围内的一致，也可能导致陷入普遍的混乱。[②] 其缺陷与不足主要表现为：第一，概念模糊；第二，缺乏有效的全球治理机制；第三，全球治理存在着被实力强大的行为体所利用，推行新的殖民主义和霸权主义的潜在危险。

面对全球治理的尴尬，地区治理或许是更为理性和现实的治理途径。在国际政治中，地区是由地理关系和一定程度的相互依赖而连在一起的一些国家。戴维·赫尔德认为，地区（或区域）是指这样一组民族国家，他们处于同一地域，共同关心某些问题，这些共同关心的问题可能使它们通过成员资格在特定的组织（如欧盟、东盟）实现彼此间的合作。[③] 正是基于地区内国家间交往以及相互依存度的加深，在各国利益“共性”逐渐增加的背景下，催生了地区主义。它是指一些政治、安全、经济与文化联系相对密切的地区，通过建立某种地区性国际组织或某种非机制性安排，形成一种利益相关、相互依赖的特定的国际关系现象，即由部分组成整体，将原来相互分离或独立的单位转变为一个紧密系统的复合体。[④] 随着全球化的发展，地区主义还被认为是民族国家利用或对抗全球化的重要手段和维护安全、谋求发展的重要途径。

20 世纪 50 年代，地区主义首先在西欧兴起。60 年代，非洲和拉美也涌现出一大批地区一体化组织，但是由于种种问题，一体化进程受挫。80 年代，地区主义重新崛起，90 年代进入新阶段，并形成了分别以西欧、北美、东南亚三个地区组织为核心的地区经济圈，几乎所有国家都不同程度地卷入到不同程度的地区主义浪潮中。外在环境的压力与内在利益需要经常被认为是构成地区一体化发展的驱动力，但这不足以解释地区一体化的稳定性和体现于过程之中的整合与运作状况。在地区主义的发展过程中，对地区公共事物的共同治理的要求和安排也相应提出。地区治理就是治理理论在地区层次上的运用，它通常是指在具有某种

① 乔卫兵：《全球治理及其制度化》，《欧洲》，2002 年第 6 期。

② ［美］詹姆斯·罗西瑙：《面向本体论的全球治理》，参见俞可平：《全球化：全球治理》，社会科学文献出版社，2002 年版，第 62 页。

③ ［英］戴维·赫尔德著，燕继荣等译：《民主的模式》，中央编译出版社，1998 年版，第 448 页。

④ 苏浩：《地区主义与东亚区域合作机制的建立》，《外交学院学报》，2003 年第 1 期。

政治安排的地区内，通过创建公共机构、形成公共权威、制定管理规则来维持地区秩序，满足和增进地区共同利益所开展的活动和过程，它是地区内各种行为体共同管理地区各种事物的诸种方式的总和。① 各成员基于共同治理所作出的制度安排和构建机制成为稳定和强化地区一体化的重要根据。

从近年来欧盟与北美自由贸易区的发展来看，全球化与地区一体化并行不悖，后者在政治上更具合法化，在社会上更易于被接受。② 与全球治理涉及主体的多样性和差异性相比，地区内的国家具有共同或相似的历史、文化、宗教、民族等背景，这种临近性、相似性、包容性、重叠性和互动性等特点容易形成共同的经济、安全利益等治理基础。另外，治理比较容易在有限的地区范围内，在一个或多个领域建立公共机构，通过具有一定约束力的规则解决地区性的公共问题，以增进地区公共利益，实现治理目标。

与全球治理相似，地区治理所要回答的问题也包括地区治理的主体、机制和制度、内容与目标和效果等基本要素。一是地区治理的范围，主要是地区内各行为体通过一定的机制和规则共同管理政治、经济和其他社会事物；二是地区治理的主体，民族国家仍然是地区治理最重要的行为体，但各种地区性组织、政党、团体等作用日益显现；三是治理的规制，即治理主体之间的承诺或协定；四是治理的内容，是对地区内共同事务的一种管理，包括政治、经济、社会等事务。自20世纪90年代以来，随着相互依存的加深，人类共性问题愈益增加，地区治理在内容方面已跨越了以经济贸易为主的阶段，逐步扩展到安全合作、疾病预防、环境保护、移民治理等诸多领域。

第二节　欧洲一体化与欧盟治理模式的形成

一、欧洲一体化进程的简要回顾

“欧罗巴”一词来自于古希腊神话。从8世纪以后，这个词即用来指代当前欧洲地区拥有基督教文化传统的地域。③ 欧洲统一的思想，在20世纪以前就已出

---

① 吴昕春：《论地区一体化进程中的地区治理》，《现代国际关系》，2002年第6期。

② 汉斯·莫尔著，郎平译：《地区主义和全球主义：相互矛盾还是相互推动的进程?》，《世界经济与政治》，2000年第9期。

③ Dimian Chalmers, Christos Hadimmanuil, Giorgio Monti, Adam Tomkins, *European Union Law*, Cambridge University Press, 2006, pp. 3 – 4.

现。中世纪时期，法兰克帝国和神圣罗马帝国等都曾将欧洲许多地区统一在其疆域之内。1453 年，拜占庭帝国的首都君士坦丁堡被奥斯曼帝国攻破，波希米亚国王波杰布拉迪于 1466 年提议，欧洲基督教国家组成联盟，以对抗奥斯曼土耳其帝国的扩张。

1776 年，美国独立战争爆发，当时就有人设想仿效美国建立欧洲合众国。19 世纪初期，拿破仑也曾经在欧洲大陆封锁期间实行关税同盟。

第二次世界大战后，欧洲各国整体实力削弱。西欧国家感到，面对威胁各国的危险，要在美苏两大国之间周旋，只有通过创造性的努力才能保卫和平。欧洲只有取得以实现事实上的团结为首要目标的具体成就和建立经济发展的共同基础，才能增强经济实力，提高国际地位。欧洲真正的联盟由此开始萌芽。

1950 年 5 月 9 日，法国外交部部长罗伯特—舒曼（Robert Schumann）在事先与美国国务卿艾奇逊商谈后，与经济学家、外交家、法国现代化和设备计划总专员莫内（Jean Monnet）向国际社会公布了“舒曼计划”。该计划主张以法国和联邦德国煤钢工业为基础，把西欧各国的煤钢工业部门联合起来，由一个超国家的高级机构共同管理“联营”。这一计划得到法国、联邦德国、意大利、比利时、荷兰和卢森堡六个欧洲国家以及美国的赞同。1951 年 4 月 18 日，上述欧洲六国在巴黎签订《欧洲煤钢共同体条约》，旨在缔约国之间建立一个以共同市场、共同目标和共同机构为基础的欧洲煤钢共同体。1952 年 7 月 25 日，条约正式生效，8 月，正式成立超国家的“欧洲煤钢共同体”。舒曼计划、欧洲煤钢共同体是西欧一体化的发端，也由此开启了欧洲一体化的大门。

1957 年 3 月 25 日，法国、联邦德国、意大利、荷兰、比利时、卢森堡在罗马签署《欧洲经济共同体》和《欧洲原子能共同体条约》，这两个条约又称《罗马条约》。1958 年 1 月 1 日，《罗马条约》生效，六国创设了“欧洲经济共同体”和“欧洲原子能共同体”。其中“欧洲经济共同体”处于核心地位，旨在创造共同市场，取消会员国间的关税，促进会员国间劳动力、商品、资金、服务的自由流通。

1960 年 1 月 4 日，为了与上述几个欧洲共同体抗衡，英国、丹麦、奥地利、挪威、葡萄牙、瑞士、瑞典等七国签订了《建立欧洲自由贸易联盟公约》，成立欧洲自由贸易联盟（EFTA），旨在减少壁垒，促进自由贸易。之后，列支敦士登、芬兰、冰岛等国加入该联盟。

1965 年 4 月 8 日，欧洲煤钢共同体、欧洲经济共同体和欧洲原子能共同体各成员国签订《布鲁塞尔条约》，决定将三大机构合并，统称为欧洲共同体。1968 年 7 月 1 日，欧洲共同体诸国实现了关税同盟。1973 年 1 月，英国、丹麦离开欧洲自由贸易联盟，加入欧洲共同体。之后，葡萄牙、瑞典、芬兰等也于 1994 年退出欧洲自由贸易联盟。

建成一个没有国界、商品、人员、资本和劳务完全自由流通的统一市场一直是欧共体各国的理想。20 世纪 80 年代后，欧洲经济一体化得到新的发展。1986 年签署的《单一欧洲文件》，致力于 1992 年 12 月 31 日前完成共同体内部大市场的建设。

20 世纪 80 年代末，国际关系发生深刻变化，苏联解体、德国统一、中东欧国家的民主化以及世界贸易条件的改变，迫使共同体必须更加努力发展经济与货币的联盟和政治联盟。1990 年 4 月 19 日，科尔与密特朗发出共同信息，呼吁召开一次政府间会议，以实现《单一欧洲文件》中所提到的"将成员国之间的关系的整体转化为一个欧洲联盟并赋予欧盟以必要的行动手段"。1992 年 2 月 7 日，欧洲共同体 12 国外长和财政部部长共同签署了《马斯特里赫特条约》（以下简称《马约》），并于 1993 年 1 月 1 日开始生效。欧共体统一大市场基本实现，除人员流动还存在一定限制外，商品、资本、服务实现了自由流动。欧盟的成立意味着欧洲的国家联合逐步由区域性经济共同开发转为区域政治经济综合整合。[①] 之后，欧盟经过 1995 年、2004 年和 2007 年的数轮扩张，由成立时的 12 国发展到现在的 27 国。截至 2008 年 1 月 1 日，欧盟共有人口 4.97 亿，GDP 为 18.14 万亿美元。[②]

纵观欧洲的一体化进程，从 1951 年的煤钢联营开始，既而又成立欧洲经济共同体和欧洲原子能共同体，之后合并为欧洲共同体，再到欧洲联盟的建立与扩张，实际上是通过"溢出效应"实践了一种从低级政治到高级政治的发展模式。欧洲一体化进程被认为是上层政治运作的结果。这一运作的出发点是从某些经济部门出发，逐渐过渡到其他的经济部门，并上升到政治上的合作以至最终达到政治联盟。

二、地区一体化与欧盟治理模式的发展

欧洲共同体的历史被认为是两种力量长期冲突的历史：一方面是共同体本身赋予的一致性特征，另一方面是一致性与区分性的冲突。[③] 从今天的政治现实来看，欧洲一体化过程中成员国向欧盟一级让渡主权的规模在扩大，层次在加深，

---

① 何志鹏编著：《欧洲联盟法发展进程与制度结构》，吉林大学出版社，2007 年版，第 8 页。

② 欧盟年度报告，http：//epp. eurostat. ec. europa. eu/cache/ITY_ OFFPUB/KS – HA – 09 – 001 – 01/EN/KS – HA – 09 – 001 – 01 – EN. PDF。

③ ［法］德尼·西蒙著，王玉芳、李滨等译：《欧盟法律体系》，北京大学出版社，2007 年版，第 19 页。

但决定一体化进程的核心力量仍然是民族国家，欧盟还没有发展成为一个完全自主的行为体，与民族国家还没有形成完全的属辖关系，对民族国家的下级机构——地方政府的政治影响更为薄弱。[①] 欧盟成员数量由最初的6个发展到现今的27个，使得原本各国内部就高度异质的联合体更具多样性。欧盟面临的内外部问题更加复杂，来自各成员国的利益诉求与欧盟的发展目标也常常存在一定的冲突。

为保证一体化的顺利推进，欧共体/欧盟要求成员国政府让渡权力，并受到更多约束。在这一过程中，权威和对政策制定的影响被多层政府分享——次国家、国家和超国家等，即政治控制的中心已发生变化，国家主权被欧共体/欧盟成员国间的集体决策和欧洲议会、欧共体/欧盟委员会及欧洲法院的自治角色所稀释；[②] 另外，欧洲各国公民并不希望在已有的权力金字塔上再添加一个权力等级。自20世纪50年代欧洲一体化启动以来，研究主要集中在如何解释欧洲一体化进程中国家主权从国内转向欧洲层级方面。80年代后期和90年代初期，伴随着《单一欧洲法令》和单一市场计划的实行，欧洲层级决策能力得到巨大提升。至90年代末，欧洲一体化研究逐渐摆脱了联邦主义、邦联主义以及功能主义之间的范式之争，开始从治理这种更为综合的视角切入来解析欧盟一体化建设的复杂特征。《马约》签署后，欧盟的制度化和超国家主义建设得到了很大的加强，人们开始探讨欧洲一体化是否会带来欧盟层次上治理的变化，以及欧盟新治理的特征等问题。欧盟治理开始成为欧洲一体化研究中的一个热门话题。

治理理论不仅在学者中产生很大影响，还被欧盟的官方机构所认可和采纳，成为欧盟的官方语言。何谓欧盟治理？欧盟委员会在2001年发布的《欧盟治理白皮书》中这样定义：“（在欧盟层面上）行使权力产生影响的规则、程序和行为，特别是从开放、参与、责任性、效率和协调性角度来看。”[③] 欧盟治理将更多关注如何更好地解决问题，使现存的欧盟制度更加完善。政策与法律的制定允许有更多的社会伙伴参与，国家政府的角色由行政命令的制定者与执行者转变为参与者和协调者。治理内涵所体现的“去国家化”、“多主体性”恰好与欧盟多元决策主体、多重沟通协商体系相符合。在欧盟自身的推动下，运用治理理论来探究欧盟如何进行多层决策运作及与行为者权力的互动已成为欧盟研究的热点。研究认为，“欧盟治理模式”是特有的，其之所以成为一种“模式”，源自其独特性，不同的和平与发展模式通过“软实力”来塑造和建构世界秩序与规则的

---

① 李华：《浅析欧盟的治理结构》，《国际问题研究》，2005年第2期。

② G. Marks, L. Hooghe & K. Blank, European Integration from the 1980s: State-Centric vs. Multi-level Governance, *Journal of Common Market Studies*, 1996, Vol. 34, No. 3.

③ European Commission, European Governance: A White Paper, Brussels, COM (2001) 428 final, 25 July 2001.

对外关系模式。①

欧盟被视为全球治理的典范。在欧洲治理这一总概念下，学者们提出了“多层治理”（multi-level governance）、“集体治理”（collective governance）、“网络治理”（network governance）、“复合治理”（complex governance）等新提法。有关欧盟治理的模式，当前存在三种看法，第一种模式指出欧盟是个“没有政府的治理”（governance without government）体系模式；第二种是“开放方法的协调机制”（open method of co-ordination）治理模式②；第三种是多层级的网状（multi-level network governance）治理模式。③

多层治理是当前欧盟治理的最显著特征。它是在“治理”、“全球治理”兴起的大背景下提出的，是全球化和欧洲一体化发展的逻辑结果，也与学者们的主观努力和理论探讨密不可分。多层治理的概念最初是盖里·马克斯于1992年在对欧洲共同体的结构政策进行分析时提出的。④ 随后，里斯贝特·胡格（Liesbet Hooghe）、贝娅特·科勒—科赫（Beate Kohler-Koch）、彼特斯和皮埃尔（G. B. Peters and J. Pierre）、艾德伽·葛兰德（Edgar Grande）、弗里茨·沙普夫（Fritz W. Scharpf）等多位学者也对欧洲联盟的性质和构成，欧洲议会和重要的非政府组织（商业组织、大公司、环保组织等）在欧洲联盟利益分配中的作用进行了研究，完善了多层级治理的理论。在关于多层治理的论述中，马克斯和胡格的阐述比较系统。他们根据等级强弱的程度将多层治理区分为两类。

表1－2　多层治理的类型

类型一	类型二
多种任务治理	具体任务治理
治理层面排斥不重叠	治理层面交叉重叠
治理层面数量有限	治理层面数量不限
治理体制稳定持久	治理体制灵活多变

资料来源：G. Marks and L. Hooghe, Contrasting Vistions of Multi-level Covernance, in I. Bache & M. Flinders eds., *Multi-level Governance*, Oxford University Press, 2004, p. 17.

① 周弘、［德］贝娅特·科勒—科赫主编：《欧盟治理模式》，社会科学文献出版社，2008年版，第11页。

② Hodson, Maher, The Open Method as a New Mode of Governance: The Case of Soft Economic Policy Co-ordination, *Journal of Common Market Studies*, 2001, Vol. 39, No. 4: pp. 719－746.

③ G. Marks, L. Hooghe & K. Blank, European Integration from the 1980s: State-Centric vs. Multi-level Governance, *Journal of Common Market Studies*, 1996, Vol. 34, No. 3.

④ Gary Marks, Structural Policy in the European Community, in Alberta Sbragia, *Euro-Politics: Insititutions and Policy-making in the "New" European Community*, Washington: Brookings, 1992, pp. 191－224.

第一种多层治理接近联邦主义的治理，管辖权力分散在有限的几个层面，不论哪个层面，其管辖的事务也是综合性的。各治理层面界限比较明确，互不干涉。治理权限的划分以领土和地域为基础，不同领土范围内的治理是相互排斥的。因此，这种多层治理基本上是以联邦制国家为基础的，分析的单位是单个政府而不是单个政策，关注的核心是中央政府与地方政府的关系，等级性比较强。

第二种多层治理是具体任务的治理。它不是以领土而是以功能任务来划分的，在治理层面上是可以重叠的。治理层面的数目也非常多，治理体制灵活多变，并且治理的主体也多，属于多中心的治理，等级性比较弱。

以上两种治理结构的特点决定了两种治理模式的倾向性和适用范围。第一种治理管辖体现了共同体的内在认同，这些内在共同体一般建立在国家、地区、地方认同的基础上，但也可能建立在宗教、部落、种族的基础上。这种治理可以满足共同体要求集体自治的偏好，倾向于意见表达和政治竞争，有利于把公民的偏好变成政策。它也适合于处理具有“零和”性质的问题，因为它便于跨问题之间的交易，即通常所说的一揽子交易和互投赞成票。第二种治理结构是一种工具性的安排，以解决个人间所共同面临的需要协调的问题。该治理模式非常适合于以寻求帕累托最优为特点的决策。因为它强调问题的解决和效率。①

表 1－3　两种治理模式的倾向性

类型一	类型二
内在的共同体	外在的共同体
发言	退出
冲突表达	冲突避免

资料来源：G. Marks and L. Hooghe, Contrasting Vistions of Multi-level Covernance, in I. Bache & M. Flinders eds., *Multi-level Governance*, Oxford University Press, 2004, p. 27.

第一种治理主要存在于联邦制国家中，随着国家权力下放和非集中化的发展，这种治理模式会在更多的中央集权制国家出现。第二种治理主要存在于各种国际组织、国际体制、地方社区等组织中，但在欧盟中这两种治理模式都存在。因为大多数欧盟政策是在统一的欧盟层面下管辖，而欧盟的柱式治理结构又非常灵活。欧盟的多样化要求欧盟治理的灵活性进一步增强，但一体化的发展又要求第一种治理模式占主导地位。这两种治理模式还将在欧盟治理中长期并存。

多层治理是在一个新的民族国家联合体中，包括国家与超国家甚至包括次国

① 朱贵昌：《多层治理理论与欧洲一体化》，山东大学出版社，2009 年版，第 36—38 页。

家行为体的一种非等级的、协商的“多层治理”的独特政治构架。欧盟成员国政府权限是向三个纬度转移：向上的超国家层次、向下的次国家层次和向侧的公民社会（或跨国家组织）（见图1－1）。虽然成员国政府的权限出现了向上、向下和向侧的转移，但国家仍然是主要的行为体，即使它已不是次国家和超国家行为体之间的唯一中介。从涉及的行动参与者角度来看，多层次治理包括：①超国家治理（欧盟层次）；②国家治理（成员国层次）；③地方治理（各级地方政府层次）；④跨国社会与经济治理（公民社会、行业组织层次）等四个层面。在这一治理框架中：①决策过程呈网状结构且无单一模式；②成员国不再是地方治理与超国家治理之间的唯一中介点；③国内政策欧盟化程度升高；④多重政治认同并存。在这四个层次的治理中，各成员国政府仍居主导地位，其他三个层面各自发挥重要的互补作用，层次之间并非完全的上下级关系，彼此可以直接互动。①

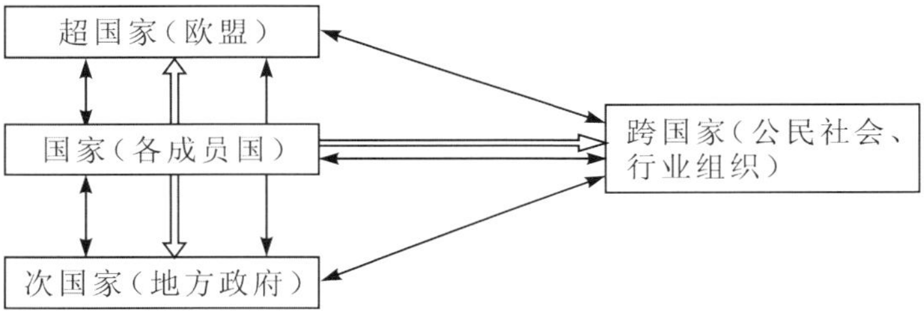

图1－1　国家权限的转移模式与多层次治理互动图

注：“⟹”表示权限转移；“⟷”表示层次互动。

总之，在欧盟多层治理这一架构下，政治活动在多层面上进行，如国家层面、超国家层面、次国家层面等。同时政治的中心也发生了变化，有多种行为体共同参与，欧盟决策由不同层次的行为体共享，而不是像政府间组织所坚持的那样由成员国政府垄断，形成权力非集中的、开放的运用。

三、欧盟多层治理的特征

（一）治理主体的多元性

治理与统治的差异首先是主体的不同，统治的主体必定拥有权威的政府以推

① 蓝玉春：《欧盟多层次治理：论点与现象》，《政治科学论丛》，2005年第24期；张惠堂：《多层次治理与欧盟公共领域之建构，地方自治与民主发展》，2008年台湾大选后台湾地方政治学术研讨会论文。

行其政策，而治理的主体既包括政府，也包括各种公共、私人机构以及个人。欧盟治理的主体既包括欧盟治理层面的超国家机构，如欧盟委员会、部长理事会、欧洲法院、欧洲议会等，也涵盖了以地域为界的成员国政府，还包括各区域行为体（如地方各州政府）、拥有执行权力的代理机构以及各种社会伙伴角色，等等。

（二）治理层次的多级性

多层级治理是“在以地域划分的不同层级上，相互独立而又相互依存的诸多行为体之间所形成的通过持续协商、审议和执行等方式做出有约束力的决策的过程，这些行为体中没有一个拥有专断的决策能力，之间也不存在固定的政治等级关系”[①]。欧盟的多层治理体系由国家主义、政府间主义、超国家主义、泛欧主义四个层次和向度组成。[②] 也有人把它理解为“超国家—国家—次国家—跨国家”四个层次。其特征主要体现在基于多层级的决策主体、非等级的制度设计上的动态权力分布。首先，欧盟的多层级治理体制不能准确界定各个层级在治理中的功能，因为它会随着时间和政策领域的不同而发生动态变化。国家政府不能垄断各个层级与欧洲层级的联系渠道，区域内行为体可以随时越级寻求在超国家层级的利益。其次，治理结构的多层性体现在功能过程的阶段性上，即政策的制定与执行两大功能过程。行为体与功能过程是彼此渗透的，行为体通过功能过程实现自身的预期和利益，功能过程也只有在行为体的参与下才能达到预设的目标。[③] 此外，超国家层次与跨国家层次也发生联结，例如，由于经济贸易和单一市场的共同政策已经转移到超国家层次，因此国家已无法满足私人部门的需求，私人部门的利益游说自然也转移到超国家机构上。

（三）治理模式（方式）的多样性

组织原则（多数决定原则和协商一致原则）与宪政观念（公共福祉和个人福祉）是区分政治体系的两个构成性要素，将两者中的四个因素以不同的方式组合起来，可以得出四种不同体系类型的治理方式：国家主义、和谐主义、多元主义和交织主义。欧盟政治体系是交织主义的实例。因为欧盟的社会结构要比单个成员国复杂得多，各成员国都有自身根深蒂固的认同意识。这符合欧盟顺应成员国的利益要求和对政治做出功利主义的理解。在欧洲一体化的发展进程中，不同

---

① P. Schmitter, *How to Democratize the European Union ... and Why Bother*? Lanham, MD: Rowman & Littlefield, 2000, p. 35. 转引自吴志成、李客循：《欧盟治理与制度创新》，《马克思主义与现实》，2004 年第 6 期。

② 张迎红：《试论欧盟多重治理结构中的民主机制》，《德国研究》，2006 年第 2 期。

③ 刘文秀、汪曙申：《欧洲联盟多层治理的理论与实践》，《中国人民大学学报》，2005 年第 4 期。

的行为主体在不同的层级上互动，不同的制度涉及不同的组织机构。因此，在欧盟治理的实践当中，不同的政策领域展现出不同的治理运作模式。有学者提出，欧盟多层级治理可以分为五种模式，即相互调整模式、政府间协商谈判模式、超国家/等级方式模式、共同决策模式以及公开协调方法。①

1. 相互调整模式

该模式是在国际机制尚未建立或不能建立的领域、国家之间所采取的一种互动模式。国家间没有共同行动的义务，每个国家都自主地支配自己的行为，并不断调整。

2. 政府间协商谈判模式

此模式通过定期召开部长理事会和政府间首脑会议，成员国政府相互协商，制定条约，对成员国行为进行共同约束。这一模式主要应用于“第二支柱”和“第三支柱”。

3. 超国家/等级模式

超国家行为体在没有国家政府参与的情况下控制和掌握决策权，决策和执行能力完全集中在欧盟层级。欧洲法院、欧盟委员会、欧洲中央银行等超国家机构治理都属于此模式。尽管超国家机构的行动能力最强，决策效率最高，但其职权范围却是有限的，并始终处于理事会的监控之下。

4. 共同决策模式

共同决策模式是政府间协商和超国家治理相结合的模式。在欧盟政策的提案、决策、实施与监督的各个环节中，任何超国家机构、政府间组织或国家政府都不能单独左右形势。由于欧盟多元化的体系结构没有类似政党的利益聚合机制，治理更能摆脱权威，在合议协约基础上实现稳定。

5. 公开协调方法

它是为了弥补共同决策和政府间协商模式决策能力低下以及合法性不足等缺陷而提出的一项更具分散性和多元性的治理模式。它要求成员国预先以“国家行动计划”的形式确定共同目标，最终由委员会组织评估各国的行动结果并由理事会向各国传达，以加强协调，使得各种分散的政策能够有效衔接，避免摩擦，增进合作。②

---

① F. W. Scharf, What Have We Learnd? —Problem-Solving Capacity of the Multi-level European Polity, 2001. http: //www. mpi-fg-koeln. mpg. de/pu/work-pap/wp01 - 6/wp01 - 6. html. 转引自吴志成、李客循：《欧盟治理与制度创新》，《马克思主义与现实》，2004 年第 6 期。

② 吴志成、李客循：《欧盟治理与制度创新》，《马克思主义与现实》，2004 年第 6 期。

（四）行为体之间的无等级性

超国家机构并不凌驾于成员国之上，成员国政府与次国家政府对超国家机构并不存在隶属关系。[1] 例如，欧洲中央银行、欧洲法院这样的超国家机构在其政策管辖范围内拥有较大权限，但任何国家层级或次国家层级的行为体都有权不接受超国家机构的管辖，即不参与国际机制合作。区域、环保、社会、农业等共同政策使欧盟委员会与次国家（区域及地方政府）和跨国家（私人部门和利益团体）的行动者发生直接和密切的接触。欧盟成员国有150多个区域政府及地方政府（如邦、省、区、各国首都的市政府等）在布鲁塞尔设常驻代表处，可以直接与欧盟执委会交涉，而无须通过本国中央政府代理。《阿姆斯特丹条约》（以下简称《阿约》）改革后，更是给予了欧盟多层次治理的法律基础。

（五）非多数同意的协商谈判体系

治理的目的不是尽可能无阻碍地实现多数人的利益，而是要顾及少数人的利益。如果只是采用由多数人进行治理的多数决定原则，少数人的利益就会受到损害。因此，尽可能让所有人都参加尝试的协商一致原则可以使少数人阻碍多数人谋求利益。同时，通过积极参与、做出妥协会提高决策的适应度，并更好地贯彻实施政治决策。[2] 由于体制具有非等级的特性，不同等级的行为体之间显然缺乏实行多数表决机制的前提条件，而非多数同意的表决机制则有助于多层级治理形成一个灵活的谈判体系。“协商”是学术界一个有相当争议的概念。于尔根·奈那从规范、理性和功能的视角归纳了对“协商”的理解，分别是：一个理想对话情景下寻求真相的过程，一种汇集偏好、达成共识的工具，以及产生有效和合法治理的方式与方法。[3] 欧盟的谈判协商体系涉及的范围非常广泛，所有的决策几乎都要由许多大大小小的委员会事先进行商议。经验证明，欧盟作为一个多层面和多舞台体系的特殊结构，不是通过权威机构的表决而是通过一种十分艰难的共识管理来进行控制。人们对两个原则已产生广泛共识：第一，决策应该立足于取得共识，多数通过原则虽然有用，但是因为采用表决作为威慑会迫使人们超越局部利益进行谈判协商，因此应该尽量避免采用表决的方式。第二，欧盟的治理

① E. Grande, Institutions and Interests: Interest Groups in the European System of Multi-level Governance, Chair for Political Science, TU Muenchen, *Working Paper*, 2001, No. 1, p. 7.

② ［德］贝娅特·科勒—科赫等著，顾俊礼等译：《欧洲一体化与欧盟治理》，中国社会科学出版社，2004年版，第180页。

③ Christian Joerges and Jürgen Nfyer, The Deliberative Turn in Integration Theory, and Deliberative Supernationalism' Revisited, *EUI Working Paper Law*, 2006, No. 20, p. 11.

需要合法性。部长理事会和欧洲议会现有的代表机制是不够的，需要通过其他的因素加以补充，如专家负责制、制度化的磋商和功能性利益代表制。总之，“良好治理”应该少用从上到下的方法，而应该更加“兼收并蓄”，使“公民社会”和地方及地区利益的代表广泛地参加进来。它需要建立一种强大有力的磋商机制、对话文化与广泛的伙伴关系。①

治理的本质就是多个行为体有意识地确定并努力实现一个政治目标。在多层治理的政治架构下，政治活动在国家层面、超国家层面和次国家层面等数个层面进行。不同层面的行为体和决策方式也不相同。但各个层面之间并不是彼此分离的，而是在功能上相互补充，在职权上交叉重叠，在行动上相互依赖，在目标上协调一致，以形成新的集体决策模式。在这一模式下，人们对共同目标的向外和对共同利益的追求使得各层次治理协调行动趋向完善。

多层治理体制为欧洲一体化提供了一个新的视角，它也是应欧盟本身的复杂性和独特性要求而产生的。多层治理吸收了诸多学科的理论知识，具有很强的整合性和包容性，弥补了传统理论仅局限于某一方面的不足。有学者认为，多层治理对欧盟研究应该有两种功能：一是解释功能，多层治理可以解释为什么成员国政府权力垄断性降低，分析欧盟如何克服国家与超国家之间的矛盾；二是建构功能，多层治理有助于欧盟积极建构多层次的政治参与和治理机制。② 总之，多层治理对欧洲一体化的发展具有描述、解释和建构的作用，受到学术界和欧盟官方的欢迎。

第三节　欧盟非法移民的治理视角

从多层治理的视角看，欧洲一体化的发展史实际上就是欧共体/欧盟多层治理政治体制的形成史，它经历了一个从一维的经济治理走向多维的经济、外交与防务、内务与司法治理，从一元的国家主导治理走向多元的超国家、国家、次国家等多主体参与治理的立体发展过程。（见表 1－4）

① ［德］贝娅特·科勒—科赫等著，顾俊礼等译：《欧洲一体化与欧盟治理》，中国社会科学出版社，2004 年版，第 178—179 页。

② 田德文：《欧盟社会政策与欧洲一体化》，社会科学文献出版社，2004 年版，第 162—164 页。

表 1－4　欧盟的历史、结构和条约

<table>
<tr><td>1952 年</td><td>1958 年</td><td>1967 年</td><td>1993 年</td><td>1999 年</td><td>2003 年</td><td>2004 年</td><td>2009 年</td></tr>
<tr><td></td><td></td><td>EC——欧洲委员会</td><td colspan="5">欧洲联盟（EU）</td></tr>
<tr><td colspan="6">欧洲煤钢共同体（ECSC）</td><td></td><td></td></tr>
<tr><td rowspan="4"></td><td colspan="3">欧洲经济共同体（EEC）</td><td colspan="2">欧洲共同体（EC）</td><td></td><td></td></tr>
<tr><td colspan="7">欧洲原子能共同体（Eur ATOM）</td></tr>
<tr><td rowspan="2"></td><td rowspan="2">欧洲委员会 ECSC，EEC（EC，1993 年）Eur ATOM</td><td>司法和内政事务部门</td><td colspan="2">刑事领域的警察和司法合作</td><td rowspan="2">未通过</td><td rowspan="2">改革机构，简化决策程序</td></tr>
<tr><td colspan="3">共同外交和安全政策（CFSP）</td></tr>
<tr><td>《巴黎条约》</td><td>《罗马条约》</td><td>《布鲁塞尔条约》</td><td>《马斯特里赫特条约》</td><td>《阿姆斯特丹条约》</td><td>《尼斯条约》</td><td>《欧盟宪法条约》</td><td>《里斯本条约》</td></tr>
</table>

资料来源：何志鹏编著：《欧洲联盟法发展进程与制度结构》，吉林大学出版社，2007 年版，第 10 页。

与此同时，随着欧洲一体化的深入，欧盟介入的政策范围也日益广泛，在很多方面开始与各成员国分享甚至独享治理权限。（见表 1－5）

表 1－5　欧盟政策介入的范围

<table>
<tr><td>欧盟广泛介入的政策领域</td><td colspan="2">欧盟与成员国共享的政策领域</td><td>欧盟有限介入的政策领域</td><td>欧盟实际上不介入的政策领域</td></tr>
<tr><td>贸易
农业
渔业
市场规则
货币（对欧元区国家）</td><td>地区
竞争
工业
外交
环境
同等机会
工作条件</td><td>消费者保护
跨越外部边界流动
宏观经济（特别是欧元区国家）
能源
交通
跨边界犯罪</td><td>健康
教育
防务
社会福利</td><td>住房
公民自由
国内犯罪</td></tr>
</table>

资料来源：Neill Nugent, *The Government and Politics of the European Union*, Fourth Edition, London: The Macmillan Press, 1999, p. 347.

欧共体/欧盟的移民和非法移民问题是与欧洲一体化的发展紧密相关的。20世纪50年代，西欧经济快速复苏，一体化进程开始，移民大量流入。移民从60年代中期后开始出现，主要是移入欧共体的人口大量增加，影响了其社会政治、经济、安全等方面。70年代，欧共体各国开始限制新移民，同时促进现有移民的融合。80年代末90年代初，欧洲一体化发展要求欧共体内必须实行更加自由的人口流动政策，但地缘政治格局的变动却引发了大规模的难民和非法移民潮，使得欧共体各国又收紧移民政策。事实是，欧共体各国奉行的移民政策已经不能适应国际移民模式的变化和国际社会对移民问题态度的变化。各成员国之间在对新安全形势下的边界控制、保护人权与避难系统滥用、限制移民与人口老龄化等意见不一，各国管理移民的法规和措施方面充满着矛盾。经验证明，欧共体任何一国的非法移民问题是难以单独解决的，需要发挥共同体的协调和均衡作用。1993年，欧盟实现了单一市场内人员的跨界自由流动，意味着原来的国家疆域和治理边界已经难以应对新的移民状况，对欧共体的效能和权威也构成潜在的挑战。同时也给共同体出面解决各成员国双边或多边问题提供了现实需要的条件。“各国需要一个共同的欧盟政策作为国家政策的补充，因为这些国家在无边界状况下有效应对移民问题已经力不从心。”① 欧盟开始发出走向共同的移民和救济政策的呼声：“通过欧共体向欧盟的演变，欧盟开始被非欧盟公民视为一个‘东道国’，拥有了自己的权利。”② 但这些崇高的目标不仅仅需要政府间的合作，还需要与其他领域的政策联结起来。要充分考虑各方的利益，并把第三国也拉进来一起讨论。成功的移民管理需要对话。③ 唯有采取一套综合的方法，即通过设计出令人满意的管理移民流动的方案，才能使移民与安全政策得以应对“移民压力”。④

从治理的视角出发看待欧共体/欧盟及其各成员国的移民政策发展历程，其实就是一个治理的过程。当非法移民问题与移民政策最初出现在各成员国层面，当非法移民问题成为各国普遍面对的问题后，就有了治理合作，再当非法移民问题成为欧盟层面的问题后，就开始有了欧盟共同移民政策的发展。因此，欧盟非法移民治理就是欧盟地区内各行为体为控制非法移民，通过各种正式或非正式的机构，逐步形成公共权威、制定管理规则，以维持地区秩序，满足和增进共同利

① Thomas Straubhaar, New Immigration Needs a NEMP (A New European Migration Policy), 95 HWWA Discussion Paper, 2000.

② European Diversity and Autonomy Papers, http: www. eurac. edu/document/edan/2004-edap 02. pdf.

③ The Netherlands' Ministry of Justice, The Presidency Conference on Future European Union Co-operation in the Field of Asylum, *Migration and Frontiers*, 31 August - 3 September 2004, Amsterdam Hilton, p. 4.

④ 罗红波编：《移民与全球化》，社会科学文献出版社，2006年版，第6页。

益所展开的活动和过程。有学者将欧盟四十年移民政策发展历程划分为四个阶段：1975 年至 1985 年为政府间合作时期，此时期欧盟制度尚未介入，以国家治理为主，移民、避难及警察司法合作以成员国元首或部长集会为主；1986 年至 1992 年为欧洲政治合作时期，单一欧洲法将人员移动领域事务纳入欧共体规范，在共同体的架构下，司法与内政部长理事会定期召开，并且设立许多移民相关小组；1993 年至 1998 年为政府间合作制度化时期，司法与内政合作开始具备欧盟法律依据；1999 年后为移民政策共同体化时期，借由《阿约》建立自由、安全与公正区域之目标，将庇护、移民及民事司法合作事项由第三支柱移至第一支柱。[①] 非法移民问题最初产生于各成员国，各国基本上主导了非法移民的治理。随着欧洲一体化的深入，共同市场的建立以及《申根协定》的实施，欧盟内部非法移民问题的跨国界性日益显现，治理成为各国共同关注的利益问题，这为欧盟层次上的超国家治理提供了观念基础和动力。与此同时，随着 90 年代以来全球化进程的加速，公民社会的发展、非政府组织以及地区政府在整个欧盟治理地位中的崛起，也对欧盟非法移民的多层治理转向起了积极的推动作用。上述欧共体/欧盟移民政策历史的前两个阶段治理主要属于国家治理模式，后两个阶段才逐步扩展为多层次治理，并向超国家模式发展。

欧盟成立后，欧盟治理逐步朝多层治理体系发展。无论是第一支柱欧共体的政策，还是第二支柱共同外交与安全政策以及第三支柱的内政与司法合作，都是在这一基本治理架构下运作的。欧盟非法移民的治理也逐渐体现出多层级治理特征，主要表现在决策主体多元性、治理主体之间的无等级性以及移民治理的多层级性三个方面。首先，决策主体的多元性。欧盟组织、国家政府以及地方政府和非政府组织都可能参与移民决策的制定与执行。尽管国家仍对欧洲移民政策具有重要影响，但不同层次的行为者共同决定移民政策发展。其次，治理主体之间的无等级性。《阿约》给予欧盟移民多层级治理的法律基础，移民决策程序包含政府间合作的限制多数表决与超国家治理的共同决定程序。各层次间的互动方式并非低层次政治单元依附于高层级政治单元的关系，而属于一种互相联系的关系。次国家团体可直接超越国家层次向超国家机构游说，工会等团体也可影响欧盟决定，迫使国家实行某些政策。最后，移民治理的多层级性。在不同层级主体的推动下，非法移民的治理在国家、超国家与次国家层面不分高低共同推动移民政策的发展。各个层级在欧盟治理中的功能也可能会随着时间和政策领域的不同而不断变化，具有一定的动态性。

从政策功能的视角看，治理结构的多层性还体现在功能过程的阶段性上，政

① 杨烨、卢祥：《欧盟移民治理：建立统一移民政策的尝试》，《国际观察》，2006 年第 4 期。

策的制定与执行是相互联系的，行为体提高功能过程实现自身的预期和利益，功能过程也只有在行为体的参与下才能到达预设的目标。[①] 欧盟移民政策主要形成于各国政府间合作机制和超国家机制的综合治理中。欧盟理事会和欧盟委员会是欧盟内的两大决策体系，分别代表成员国的主权国家权力与超国家权力，各代表着国家与欧盟的利益，两者相互依存又相互制衡。近年来，欧盟的民主性和合法性问题备受关注，政策制定必须体现成员国的共同利益和更加广泛的利益集团的利益需求。因此，多层治理结构也为地方政府和非政府行为体的参与搭建了平台，从不同的角度以不同的途径对欧盟移民政策的制定和实施发挥作用。

小　结

地区一体化无论在广度上还是深度上都已进入一个新的阶段，并继续彰显出蓬勃生机。因此，无论从全球化的角度，还是从地区一体化的内在动因来考察，欧盟治理都具有存在的合理性和进一步发展的必然性。欧洲一体化从早期仅限于煤钢领域，而后扩大到原子能和整个经济领域。1992 年《马约》的签署和欧盟的建立，标志着欧洲一体化的活动领域进一步扩展至经济、货币、外交和防务、内务与司法等各个领域。一体化的体系也从起初煤钢共同体单一的结构发展至“三大支柱”结构。三大支柱的组织结构和运作机制各不相同，同一支柱内部不同领域机制的运作方式也各不相同。政府间主义、超国家主义、次国家主义三种方式或途径在三大支柱以及每个支柱内部各个领域的运作机制中同时并存，逐渐形成一种复杂的多层治理体系。[②] 非法移民是一个与欧洲一体化发展紧密相关的问题。在日渐成为欧共体/欧盟关注的共同利益问题后，非法移民的治理也逐步在欧盟多层治理框架下展开。

① 刘文秀、汪曙申：《欧洲联盟多层治理的理论与实践》，《中国人民大学学报》，2005 年第 4 期。

② S. George, *Politics and Policy in the European Union*, Oxford University Press, 1996, pp. 52 – 54.

第二章 欧盟非法移民及其问题化

在全球化时代，人口迁移已成为一种普遍现象。只要世界经济是在全球的贸易、信息和生产网络中运行，它们自然要接纳国际移民。理论和实践都已证明，在减少资本、信息和货物流通障碍的同时，设置障碍限制人口流动是困难的。[①] 2006 年联合国经济发展与社会事务报告显示，至 2005 年，全球移民达到 1.91 亿人，占全球人口总数的 3%。从 2000 年至 2005 年，每年平均约有 260 万移民从欠发达地区流向发达地区。[②]（见图 2－1）与此同时，由于发达国家人口老龄化加速，自 20 世纪 80 年代以来，一些发达国家的出生率低于一个世纪以前，儿童数量开始少于 60 岁以上的老人数量。如果没有人口流动，到 2050 年，发达地区 20～64 岁的劳动力将由 2005 年的 7.41 亿减至 5.71 亿。

移民是未来发展不可阻挡的趋势之一，对发达地区而言，更是如此。但移民特别是非法移民的大量涌入，也给世界各国带来了很多问题。在欧洲，移民曾经是各国欢迎的对象，他们为欧洲的复兴作出了巨大贡献。可是，近年来非法移民问题却在欧盟地区越演越烈，影响到社会的各个方面。

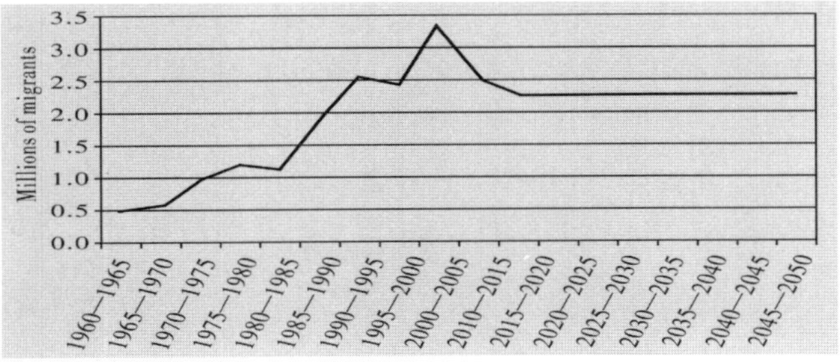

图 2－1 每年进入发达地区的移民总数（1960—2050）

资料来源：International Labour Mobility in the Evolving Global Labor Market，World Migration 2008，p. 36.

---

① D. Assey，J. Arango，G. Hugo，A. Kouaouei，A. pellegrino，E. Taylor，*Worlds in Motion：Understanding International Migration at the End of the Millennium*，Oxford：Clarendon Press，1998，p. 289.

② United Nations，Department of Economic and Social Affairs，Population Division，International Migration 2006，http：//www. unpopulation. org.

第一节 移民与非法移民的概念及特征

一、"移民"概念浅析

已有的学术研究已从不同角度对"移民"的概念进行了论述。《大美百科全书》中对移民的定义是人类的迁徙，是指个人或一群人穿越相当的距离而作的永久性移动。[①]《社会科学大辞典》将移民定义为，人口在地理上或空间上的流动，从原住地移动到目的地而发生改变，这种人口的期限是属于永久性的。[②]《中国大百科全书（社会学卷）》指出，人口迁徙是人们离开原住地，超过一定行政界限，到另一个地方居住的移动，实行迁徙的人口则称为移民。另有学者认为，迁移乃为在特定行政区或统计区域居住地点有较永久性的改变。[③] 它是迁移者在衡量各种价值，作出决定后从一个地方迁到另一个地方，而导致迁移者互动系统发生改变。[④] 以上几种概念主要强调"移民"作为一种迁移行为的界定，在时间的限定上没有完全概括当代移民的特征。

中国学者葛剑雄等认为，移民是具有一定数量、一定距离，在迁入地居住了一定时间的迁移人口。[⑤] 但此定义在界定移徙主体或行为的空间与时间上比较模糊。澳大利亚著名的移民研究学者斯蒂芬·卡斯尔斯认为，移民是超越政治或行政单元的边界，并至少定居一段时间的人。[⑥] 著名移民问题专家托马斯·哈马尔（Tomas Hammar）和格瑞特·布罗克曼（Grete Brochman）认为，移民是指移居到一个国家并在那里定居超过特定的一段时间（3 个月）的人。移民的迁入或迁出都是跨越国界的人口流动，移居一个国家并在这个国家居留超过一段时间（3 个月）的人，对于接受国来说就是自外国迁入的移民（immigrant），同时对于原

---

① 外文出版社大美百科全书编辑部：《大美百科全书》（第 19 卷），外文出版社，1994 年版，第 61 页。

② 《社会科学大辞典》（社会学卷），（台北）商务印书馆，1973 年版，第 170 页。

③ Henry S. Shryock, Jacob S. Siegel and Associates, *The Methods and Meterials of Demography*, Condensed Edition by Edward G. Stockwell, New York: Academic Press, 1978, p. 349.

④ J. J. Managalam, *Human Migration: A Guide to Migration Literature in English*, Lexington: University of Kentucky Press, 1968, p. 8.

⑤ 葛剑雄等著：《简明中国移民史》，福建出版社，1993 年版，第 11 页。

⑥ ［澳］斯蒂芬·卡斯尔斯著，风兮译：《21 世纪初的国际移民：全球性的趋势和问题》，《国际社会科学杂志》，2001 年第 3 期。

籍国（出国）来说，就是已移居他国的移民（emigrant）。[①]

国际移民组织认为在国际层面上还没有一个被普遍接受的定义，移民通常被认为是指所有情势下基于“个人便利”的理由，并且没有对外驱逐因素而自由决定迁徙的人，其目的是为了改善其物质或社会条件，并促进他们或其家庭的发展。[②]

由此可见，移民包含两层含义：一是指迁移行为，二是指迁移者。前者指行为主体的行动或导致的社会现象，后者指行为主体本身。移民的概念要从不同的语境来分析。在英文语境里，移民概念容易区别：“migration”指移徙行为，“migrant”则指移民者。在中文语境里，也存在这两层意思，但在具体判断时要结合使用背景。

移民的类型可以从不同角度划分，按其迁移是否跨越国界，可分为国内移民与国际移民；按其移徙是否合法，可以分为合法移民与非法移民；从移民规模划分，可分为个人移民、集体移民和大规模移民；按移民时间长短，可分为短期移民、中期移民和永久移民；从移民动机划分，可分为生存型移民和发展型移民。这些划分有助于说明不同时期、不同区域移民现象的特点。[③] 不过，斯蒂芬·卡斯尔斯认为，对移民的界定毫无客观标准，一切取决于国家政策，而政策则是对政治和经济情况方面的需要以及对公众态度的反应，并且他将国际移民分为高技能与经营移民、临时性劳力移民、非正规移民、难民、寻求避难者、家庭团聚移民、归国移民、被迫移民等八类。[④] 另外，还有以移民进入的方式，从国际比较的视角将移民分为四类：①劳工移民，包括长期、短期和季节性劳工；②家庭团聚移民；③非法移民，包括非法进入和合法进入逾期非法滞留者；④寻求庇护者，他们一旦申请成功，可以成为难民。[⑤]

移民也被喻为一把双刃剑，它无论是对移民输出国还是输入国都存在着积极与消极的两面效应。

---

① Tomas Hammar, *European Immigration Policy—A Comparative Study*, Cambridge University Press, 1985, p. 11; Grete, Brochman, *The Mechanisms of Control*, Bery Press, 1999, p. 7. 转引自王毅：《欧洲一体化进程中的移民政策研究》，中国社会科学院研究生院博士学位论文，2002年。

② International Migration Law: Glossary on Migration, p. 40, IOM, 2004, http//www. iom. int.

③ 徐军华：《非法移民的法律控制问题》，华中科技大学出版社，2007年版，第9页。

④ ［澳］斯蒂芬·卡斯尔斯：《21世纪初的国际移民：全球性的趋势和问题》，《国际社会科学杂志》，2001年第3期，第22页。

⑤ Peter Stalker, Migration Trends and Migration Policy in Europe, *International Migration*, Vol. 40, No. 5, SI 2/2002, IOM.

表 2－1　移民效应的两面性

移民可能带来的积极发展效应	移民可能带来的消极发展效应
提高全球经济效益	高技术工人流失，基本服务质量降低
对个人（大多数情况下）有益，尤其是在家乡没有新机遇的情况下	生产与增长由于技术工人的流失而减缓
汇款及外资使资金流入国受益	大众教育投资回报低
减少了移民输出国的失业率	可能引起移民输出国收入的不平衡发展
技术、投资及风险资金流入	移民输出国税收收入减少
移民输入国与输出国之间贸易额增加	“汇款经济”风险增加
移民输出可能导致教育与培训投资增加	汇款可能引起通货膨胀，尤其在不动产领域

资料来源：Macha Farrant，Anna MacDonald and Dhananjayan Sriskandarajah，“*Migration and Development*：*Opportunities and Challenges for Policymakers*”，2006 International Organization for Migration（IOM），http：//www. iom. int.

二、相关移民理论简述

现代移民研究的奠基者莱文斯坦（E. G. Ravenstein）于 1885 年发表《移民的规律》（“The Laws of Migration”）一文。但直至 20 世纪 70 年代，各种概念、模型与分析框架的移民理论才大量出现，研究的重点与成果也主要聚焦在五个方面：①为什么移民？②哪些因素帮助了人们移民？③哪些因素已经或将要对移民与定居行为产生影响？④移民与移入国的社会关系如何？⑤移民定居对移入国社会结构、文化与国家认同有何影响？移民对移出国以及促使移入与移出国之间建立了新的联系有何影响?[①] 目前，学界研究中比较系统成熟的移民理论主要有以下五个。

（一）推拉理论（Push-pull theory）

该理论认为，“推”和“拉”双重因素决定了国际移民的存在和发展。“推”的因素是由于迁出地的社会经济、自然条件相对落后所形成的排斥力，如生活水准低、政治压力大、缺乏就业机会、环境恶化，等等；而“拉”的因素是迁入地的社会经济、自然条件优越于迁出地所形成的吸引力，如劳工需求、经济机

① 周聿峨、阮征宇：《当代国际移民理论研究的现状与趋势》，《暨南学报》（哲学社会科学版），2003 年第 2 期。

遇、政治自由、社会福利等。人口迁移过程往往是两者共同作用的结果，是人口迁移的主要推动力。推拉理论的缺陷：它是个人主义的，同时把移民纯粹看作是个人对收支成本理性比较的结果，忽略了外部强制因素的限制。

（二）双重劳动市场理论（The dual-labour market theory）

现代发达国家业已形成了双重劳动力需求市场，即具有高收益、高保障、高福利、舒适工作环境的高级劳动力市场和低工资、不稳定、工作环境恶劣的低级劳动力市场。发达国家的本地劳工对高级劳动力市场趋之若鹜，对低级劳动力市场却不屑一顾。这就使得发达国家存在对外国劳动力的内在需求。近来，还有学者在双重劳动力市场理论的基础上进一步提出了“三重市场需求理论”。他们认为在移民族群自身发展的基础上所形成的经济圈对其原居地人群有特殊的吸引力：一方面，该经济圈的运作需要引进新的低廉劳动力，以增强市场竞争力；另一方面，由于族群经济圈形成，移民企业家的地位更加突出，原居地人群往往从这些成功者身上汲取移民的动力。[①] 但劳动力市场分割理论只考察移民的接受国一方，忽视了移民过程中其他因素的影响。

（三）移民系统理论（The migration systems theory）

该理论认为，在移入国与移出国之间由于殖民、政治、贸易、投资和文化联系等原因形成了紧密纽带，从而导致了后续的大规模移民。移民系统中存在宏观与微观双重结构。宏观结构是指世界政治经济、国际关系以及政府的移民政策与法律制度；微观结构是指移民链，它减少了移民风险与成本，使移民更加安全。移民系统理论是重要的理论突破，但研究对象往往只集中在移民输入国一边。

（四）历史—结构主义理论（The historical-structuralist theory）

该理论认为，资本不断从核心国家向边缘国家渗透、扩张，以降低成本、攫取廉价的劳动力和原材料，从而引发了历史上边缘国家社会结构的剧变，并进而产生了一个无产者阶层，他们随时可能去核心国家从事廉价劳动力，赚取相对高额的利润。因此，国际劳工移民可能作为全球劳动力供应体系的一个重要环节不停运转。[②] 历史—结构主义理论把资本看作是决定一切的因素，忽视了移民的动机。

---

① 赵敏：《国际人口迁移理论评述》，《上海社会科学院学术季刊》，1997 年第 4 期；李明欢：《20 世纪西方国际移民理论》，《厦门大学学报》（哲学社会科学版），2000 年第4 期。

② 周聿峨，阮征宇：《当代国际移民理论研究的现状与趋势》，《暨南学报》（哲学社会科学版），2003 年第 2 期。

（五）世界体系理论（World system theory）

跨国移民的实质是资本主义生产方式由核心国家向边缘国家扩展、渗透。由于边缘国家的社会结构及传统生活方式发生剧变，因此大量人口从封闭的社会迁移到其他地方。同时日益发达的交通和通讯也为跨国移民提供了前所未有的便利。[①] 根据该理论，移民从落后国家流向发达国家的现象是连续不断的，事实上移民行为经常被各种因素所影响。

综上所述，尽管已有的国际移民理论对移民的形成机制和延续原因做了综合性解释，也对理解非法移民问题有重要帮助，但移民本身的复杂性决定了移民理论的多样性。到目前为止，任何一种理论都难以对当今纷繁复杂的移民/非法移民现象加以完全解释。移民现象与移民理论都在不断发展中。

三、“非法移民”的产生与发展

从人类发展史来看，“非法移民”出现的历史比较短暂。它是伴随着现代国家主权和边境控制意识的出现才开始的。19 世纪后期，随着全球区域经济发展和国家主权意识的兴起，国家权力才开始对移民进行干预。但政策针对的只是某些特殊的人群，如某些种族（犹太人）、道德上不受欢迎的人、未婚的情侣、卖淫者、不同政见者等。当时人们对非法移民习惯的称法是讨厌的外国人、不受欢迎的移民或者无国籍者。因此，那时的非法移民还不具有严格意义上的含义。第二次世界大战后，真正意义上的非法移民开始出现。但到 20 世纪 70 年代，由于各国对劳动力的大量需求，人口流动控制并不严格。例如，1968 年以前，非法进入的移民只要进入英国 24 小时后就可以不被遣返；在法国，1945 年制定了称作“carte de séjour”（意为工作准许）的管理办法，规定凡是在法国持有效工作证件的进入者都不是非法的。直到七八十年代，欧洲各国的移民法案里才开始对非法移民有明确的界定：如英国 1971 年和 1996 年的移民法案、法国 1986 年和 1993 年的巴斯克法（Pasqua Laws）、德国 1982 年的反对非法雇工法（Law to Combat Illegal Employment）、西班牙 1985 年的部门法（Organ Law）、意大利 1986 和 1989 年的马特立法（Martelli Law）等。[②]

---

① S. Sassen, *The Mobility of Labour and Capital: A Study in International Investment and Labour Flow*, Cambridge University Press, 1988. 转引自傅义强：《当代西方国际移民理论述略》，《世界民族》，2007 年第 3 期。

② 林胜：《“非法移民”一词辨析》，《世界民族》，2009 年第 3 期。

作为移民重要组成部分的非法移民，其概念却并不统一。近年来的研究表明，非法是个多方面的概念，而不是政策的反映。在实践中没有明显的二分界限，合法与非法的空间是建构的，也是竞争的，尤其是在那些复杂的移民法律与多变的劳动市场经常发生冲突的地方。

目前，国际上关于"非法移民"的英文称呼主要有"illegal migration"、"irregular migration"、"unauthorized migration"、"undocumented migration"、"clandestine migration"等。学术界对非法移民概念的界定有四种方式。第一种是根据移民是否符合接受国政策法律来界定。它们将移民分为三类：第一类是适应型移民（Compliant migrants），其身份既符合居住条件也符合就业要求。第二类是非适应型移民（Non-Compliant migrants），指那些无权在收容国家居住的移民（即非法移民）。第三类指半适应型移民（Semi-Compliant migrants），他们可以合法居住，但工作可能在某种程度上受到限制。半适应型移民如果违反当地法律，就可能转为非适应型移民。[①] 第二种侧重于描述"行为"的非法性。非法移民即通过非正常途径进行迁移，谋求改变地域身份的移民活动或行为，由于其不为接受国所承认和许可，因此被称为非法。[②] 第三种侧重于描述"主体"的非法性。凡是越过国界到别的国家长期或永久居住的人都是国际移民，而入境时未经迁入国政府同意并履行签证手续的，则是非法移民或非法侨民等。[③] 第四种同时描述了"行为"与"主体"的非法性。一般来说，非法移民是为寻求更好生活而采取非法手段向目标国迁移的人，以非法的手段（如偷越国境线、购买假护照和假签证、迂回前往移居国以及非法滞留等）向移居国强行移民。[④] 国际移民组织的"非法移民"概念也侧重于行为与主体相结合的非法性描述。它是指在错误的时间、地点，为躲避官方的检查，通过欺诈来获取入境许可或通过虚假结婚来规避移民法而进入一个国家的外国人，另外，还包括没有合法签证而企图秘密进入一个国家的人，使用伪造证件的人，以及持有合法签证入境而超过停留期限而滞留的人，或侵犯了入境相关法律没有取得获准而滞留的人。[⑤]

本章趋向于主体与行为相结合的广义上的非法移民概念。第一，非法移民的概念与移民的概念一样，既指行为本身，也包括行为主体，并且主体的非法性是行为非法性的结果。第二，非法移民不管是指行为还是主体，都表示其违反了居

① Graziano Battistella, Irregular Migration, *World Migration*, 2008, pp. 202 – 203.

② 吴兴佐：《非传统安全中的非法移民问题》，参见陆忠伟主编：《非传统安全论》，时事出版社，2003 年版，第 478 页。

③ 胡伟略：《人口社会学》，中国社会科学出版社，2002 年版，第 179 页。

④ 杨曼苏主编：《当代国际关系中的热点问题》，世界知识出版社，2002 年版，第 252—253 页。

⑤ Berne Initiative Regional Consultations for Asia and the Pacific Report, Guilin, China, Prepared by IOM's Migration Policy and Research Development, July 2004, pp. 29 – 30.

留国法律，无论其之前的行为或身份是否合法。从定义上说，非法移民主要表现为如下三种方式：非法入境、非法居留和非法就业。三种移民的非法性可能同时存在，也可能只是其中的某一种情况。

关于非法移民的种类，也可以从行为和主体两方面进行划分。依照行为的角度划分，可以分为非法出入境和合法入境非法滞留两种；依照主体的角度划分，非法移民可以分为非法滞留移民和非法偷渡移民。① 在欧盟文件中，非法移民包括以下形式：使用伪造证件、通过人口偷运、贩卖等犯罪组织进入、合法进入逾期不归、在合法逗留期内未经管理机构同意改变停留目的、申请难民未成功者等。②

从广义上讲，非法移民与合法移民的动机是一样的。因为这两种行为都是全球化时代相互联系的社会与经济运行的结果，只是他们的移民渠道不一样：高技术移民可以因其技能获得在世界自由流动的合法资格；而对于多数地区的大多数低技术劳动力而言，别国的市场是受限的。这种供需的不匹配成为潜藏于避难和移民间所谓的“节点”：多数非法移民寻求避难并非真正需要保护，而是为了进入该国劳动市场，在缺乏其他相应的选择机制前，这是他们唯一可能的合法途径。许多非法移民是合法入境后逾期逗留而导致的。非法移民在世界主要地区相继出现，已成为全球社会的公共利益关注点。尽管非法移民数量在各地区不一样，但都存在一些共同的特征。例如，低收入、低技术劳动力成为非法移民的重要动力；非法移民来源地国与目的地国间的联系紧密，他们构建的移民网络功能强大，对边境具有很强的渗透性。移民选择合法迁移还是非法迁移取决于诸多因素：正常迁移渠道的可取性、完成迁移所需的时间、迁移过程中官僚政治的责难、过高的移民条件与要求、对短期收益与长期收益的偏好、缺乏或者很难有选择。另外，非法移民还是一个连接合法迁移与犯罪网络的全球产业，值得深入探讨。③

---

① Berne Initiative Regional Consultations for Asia and the Pacific Report, Guilin, China, Prepared by IOM's Migration Policy and Research Development, July 2004, pp. 29 – 30.

② Communication from the Commission, *On Policy Priorities in the Fight against Illegal Immigration of Third-country Nationals*, Brussels, COM (2006) 402 final, 19 July 2006.

③ Graziano Battistella, Irregular Migration, *World Migration*, 2008, p. 221.

四、"非法移民"相关概念的比较

（一）非法移民与偷运移民、人口贩运

国际上，与非法移民有关的概念包括偷运移民（smuggling of migrants，也称为偷渡）和人口贩运（trafficking in persons）。根据《联合国打击跨国有组织犯罪公约关于打击陆、海、空偷运移民的补充议定书》第三条规定：偷运移民被认为是为了直接或间接获得金钱或其他物质利益，安排非某一缔约国国民或永久居民的人非法进入该缔约国的行为。人口贩运指以剥削为目的，通过使用暴力、暴力威胁或其他胁迫手段，如诱拐、欺诈、滥用权力或通过接收酬金或利益取得对另一有控制权的人的同意等手段招募、运送、转移、窝藏或接收人员。剥削应该至少包括利用他人卖淫进行剥削或其他形式的性剥削、强迫劳动、奴役或类似奴役的做法、劳役或类似劳役的做法、切除器官等。[①] 欧盟大概有一半的非法移民是偷渡进入的。20 世纪 90 年代，有 20% ~25% 的非法移民是通过人口偷运入境的，现在这一比例已超过 70% 。与此同时，人口偷运方式也在不断变化，例如，跨越边界的手段更加多样化，伪造护照技术提高，难民政策滥用，犯罪组织计划更加周密，等等。[②]

偷运移民与人口贩运既有区别又有联系。偷运移民过程中的非法移民的非法越境要求一般是主动自愿的，而人口贩运中受害者的非法越境一般是被迫的。但很多时候被偷运的移民也有可能沦落为被贩运的人口，尤其是在不能按期偿还偷渡费用的情况下。偷渡移民与人口贩运都是导致非法移民大量出现的重要来源。传统上认为，导致人口贩卖的根本原因来自移民来源国，包括经济不公平、性别歧视、暴力、腐败、缺乏正常的移民渠道等。然而，近来目的地国方面的原因也逐步引起关注，因为它们需要大量廉价而又不受保护的劳动力。非法移民与全球化有着密切的联系。无论是对技术工人或非技术工人还是男人或女人而言，经济全球化都带来了新的劳动市场与就业机会。但是经济增长并未带来相应的安全、人道上的进步，没有开拓有序的渠道，使移民更加便利，以满足发展的需要。在一边对劳动力的巨大需求与另一边无法满足供给的结构性紧张状态中，人口贩子

---

① UN General Assembly Resolution A/RES/55/25 of 15 November 2000，The text of the Convention and its Protocols is available on the web site of the UN Office on Drugs and Crime，http：//www. unodc. org/ pdf/ crime/ a_ res_ 55/res5525e. pdf.

② P. M. Futo and L. Karsakova，A Survey of Illegal Migration and Human Smuggling in Central and Eastern Europe，*Migration and Ethnic Studies*，2005，Vol. 21，No. 1 –2，pp. 35 –54.

找到了谋利的契机。大量雇用非法移民的部门主要是那些较少受到官方监管的行业，包括建筑业、农业、食品加工业、渔业、家政、护理以及娱乐业等。另外还有部分妇女、儿童被贩卖从事乞讨或低水平的犯罪活动。[①] 由于人口贩运属于国际打击的严重跨国犯罪，因此这种行为在这里不予展开论述。

（二）非法移民与难民

“难民”是基于1951年的《日内瓦难民国际公约》和1967年的《关于难民地位的议定书》产生的，泛指因自然灾害、战争、大规模内乱和各种政治迫害等原因被迫逃离本国或经常从居住国而流亡到其他国家的人员。[②] 根据联合国1951年7月28日订立的《关于难民地位的公约》规定，难民指两类人：一是根据1926年5月12日和1928年6月30日协议或根据1933年10月28日和1938年2月10日的公约，或1939年9月14日的议定书，或国际难民组织章程认为是难民的人。二是由于1951年1月1日以前发生的事情并因正当理由畏惧由于种族、宗教、国籍、属于某一社会团体或具有某种政治见解的原因留在其本国之外，并且由于此项畏惧而不能或不愿受该国保护的人；或者不具有国籍并由于上述原因留在他以前经常居住国家以外，而现在不能或由于上述畏惧不愿返回该国的人。[③] 1967年的《关于难民地位的议定书》中的难民概念在内涵和文字描述上完全采纳了1951年《关于难民地位的公约》之规定，但对难民的界定没有时间和地域的限制。关于难民的地位，《关于难民地位的公约》第三十一条规定，缔约国对于直接来自生命或自由受到第一条所指威胁的领土未经许可而进入或逗留于该国领土的难民，不得因该难民的非法入境或逗留而加以刑罚，但以该难民毫不迟疑地自行向当局说明其非法入境或逗留的正当原因者为限；缔约国对于上述难民的行动，不得加以除必要以外的限制，此项限制只能于难民在该国的地位正常化或难民获得另一国入境准许以前适用。第三十二条规定，缔约各国除因国家安全或公共秩序理由外，不得将合法在其领土内的难民驱逐出境。第三十三条规定，除非有正当理由认为难民足以危害所在国的安全，或者难民已被确定犯过特别严重罪行从而对该国社会构成危险，否则缔约国在任何情况下不得将难民驱逐或遣返至可能因其种族、宗教、国籍、参与某一社团或政治观点而遭受到威胁的领土边界，[④] 即国际公认的所谓“不推回原则”（the principle of non-refoulement）。另外，正在冒险渡海移民过程当中的“移民”或“准移民”甚至“难民”（就海难

① Graziano Battistella, Irregular Migration, *World Migration*, 2008, p. 205.

② 周洪均：《国际法》，中国政法大学出版社，1999年版，第113页。

③ 梁淑英：《国际难民法》，知识产权出版社，2009年版，第48页。

④ 梁淑英：《国际难民法》，知识产权出版社，2009年版，第388页。

情况而言），同样需要被纳入考虑范围。非法移民与难民的区别除了概念有所不同外，其差别还主要表现在以下两方面：①法律依据不同。非法移民的确定没有相关的国际公约，难民的认定原则上主要依据联合国 1951 年公约和 1967 年议定书的规定，但主要是依据各国国内法，因此标准不一。判断和保护难民标准及其权利中的人道主义原则是诱发非法移民的一个重大因素。②法律地位与待遇不同。非法移民是各国防范与打击的对象，除了基本的人权以外，其他的各项权益基本不受所在国法律保护。但难民是国际法保护和救援的对象，国际公约和相关的法律文件给予了难民相应的法律地位。两者地位不一，待遇也不同。由于国家利益与战略的需要，有时国家可以将特殊的“非法移民”直接作为“难民”。

非法移民与难民有时比较容易混淆，尤其是当非法移民进入目的地国后，向所在国提出虚假避难申请以换取难民身份。非法移民与难民之间也会经常相互转换。很多移民入境后希望申请难民资格，申请成功就成为难民，而一旦失败就可能沦为非法移民。因此，难民申请者数量一定程度上可以反映非法移民的规模。

第二节　欧盟的移民进程与非法移民

从欧洲移民史来看，作为移民一部分的非法移民是从 20 世纪 70 年代才开始出现的。这与 70 年代经济危机后，欧洲多国开始收紧移民政策有关。80 年代，由于冷战政治的需要，欧洲主要国家又吸纳了很多事实上为非法移民的政治难民。90 年代以后，欧洲涌现出大量非法移民，与当时东欧局势的动荡导致大量的难民是分不开的。进入 21 世纪，随着全球化的进一步发展以及国家间差距的拉大，进入欧盟的非法移民有增无减。同时欧盟部分国家的大赦政策、难民政策以及在执行移民政策中存在的问题，吸引了大量非法移民源源不断迁往欧盟。

一、欧洲的移民进程与非法移民的产生

从 17 世纪到 20 世纪中叶，欧洲一直是国际迁移最活跃的地区。欧洲这块令人向往的“移民绿洲”曾经是输出移民或外迁移民的大陆。直到 19 世纪末 20 世纪初，随着西欧资本主义经济的发展，欧洲才成为吸引各国移民的地方。从某种意义上说，欧洲文明正是通过跨越国界的移民浪潮得以广泛传播的。据估计，1800—1960 年间，欧洲共向外移民 6 100 万至 7 000 万人，占世界移民总量的 2/3

以上。[①] 1945—1952 年间，移民主要是从欧洲外流（移民总数为 630 万，其中 450 万人从欧洲迁出）。英国、意大利、荷兰、西班牙和葡萄牙是几大移民输出国。[②] 之后，随着西欧经济复苏，尤其是欧洲一体化进程的发展，推动了欧洲经济的腾飞，欧洲开始重新吸纳大量移民。

纵览战后欧洲的移民进程，大致经历了战后调整和去殖民化时期（1945—1960 年）、招募外国劳工期（1961—1973 年）、限制移民（1973—1989 年）和大量难民、非法移民涌入（1990—现在）四个移民阶段。[③] 也有学者将前面两个阶段合在一起。欧洲地区一体化之前，经济发展不平衡。地中海南岸和东岸地区，如意大利、希腊等国由于经济落后，国家福利体系不完善，长期成为西欧主要的移民输出国。[④] 东欧国家剧变后，大量人员流向西欧。另外还有来自非洲与亚洲的劳工移民、难民和非法移民。移民流向呈现“罗盘迁移”模式（东—西、南—北迁移）。

（一）20 世纪 50 年代初到 1973 年：以招募外国劳工为特征的移民阶段

在美国“马歇尔计划”支持下，西欧经济快速复苏。从 1950 年至 1973 年，OECD 国家经济年平均增长率为 5%。经济的高速发展致使西欧急需大量劳动力，尤其是德国、法国、英国等。但由于战争影响，该地区劳动力普遍匮乏。一开始各国主要是安置那些由于战争而失业的人，随后开始招募工业化进度较慢的其他欧洲国家的劳动力，包括意大利、葡萄牙、西班牙等。还有国家开始通过殖民纽带吸纳劳工。法国从北非、英国从加勒比海和印度、西德主要吸纳有德国民族血统的人回国，包括东德人、东欧国家以及苏联的德国人，另外还从临近西欧的南斯拉夫、土耳其等国寻找短期劳工。这时西欧的移民达到 1 000 万。[⑤] 这期间，由于移民的流入促进了各国的发展，因此并未成为社会关注的问题，也基本上没有合法与非法移民的明确界定。

法国战前没有明确的移民政策，移民基本上可以自由进入法国的劳动力市

---

① 张善余、陈暄：《当代国际人口迁移的新形势》，《世界地理研究》，2000 年第 4 期。

② Brinley Thomas, International Migration and Development, *UNESCO Series "Population and Culture"*, Paris, UNESCO, 1961.

③ Klaus F. Zimmermann, *European Migration: What Do We Know?* Oxford University Press, 2005, p. 4.

④ Bill Jordan and Franck Düvell, *Irregular Migration: The Dilemmas of Transnational Mobility*, Edward Elgar Publishing, Inc. USA, 2002, p. 36.

⑤ Peter Stalker, The Work of Strangers: A Survey of International Labour Migration, International Labour Organization, Geneva, 1994.

场。[①] 战后，法国政府意识到移民的重要性，于1945年成立了管理移民事务的国家移民局（ONI），负责移民控制、调节、预测、执行以及保证移民及其家属进入法国。任何移民法国的外国公民，都必须在本国向法国国家移民局提出申请，被法国雇主雇用后，再通过移民局办理各种手续前往法国。但在1956年之前，这些规定并未真正落实，许多劳工都是绕过移民局非法进入法国，在找到工作后再通过法律追溯其合法身份。1964年至1970年间，大约有65%的移民都是以此方式取得合法身份的。1968年，有82%的移民是非法进入法国的。法国政府在这期间没有对移民及非法移民的行为进行有效监控，而是采取了所谓的“放任政策”。[②] 法国移民局的资料显示，1946年至1955年间法国年均输入移民3.3万人，1956年至1960年间上升至年均近16万人，1961年至1965年间再猛增至年均近30万人。到1973年1月外籍工人达到了400万，占法国总人口的7%，包括78.9万阿尔及利亚人、74.2万葡萄牙人、57.3万意大利人、57.1万西班牙人、21.8万摩洛哥人和11.9万土耳其人等。[③]

西德政府为保持经济持续发展，推行劳工移民政策，于1951年修订了“同盟管理法令”，规定有关劳工移民政策由联邦政府劳动机构和雇主联合会共同制定通过，确立了移民劳工的部分权力，并加强对劳动力市场的管理。1955年，西德与意大利签署了招募劳工的协定，不过在当时影响并不大。这主要是因为战后约有1 170万战争难民从东部流入西德。[④] 他们其实主要是来自原东欧国家的回归者和逃离东德社会主义社会的非法移民，但出于政治的需要，被西德“合法地”接纳。之后，东西方两大阵营对抗加剧，东德和西德关系恶化。1961年柏林墙建成后，从东德至西德的劳动力流动基本停滞。于是，西德政府积极从国外，特别是从地中海沿岸各国招募劳工，先后与希腊（1960年）、西班牙（1960年）、土耳其（1961年、1964年）、摩洛哥（1963年）、葡萄牙（1964年）、突尼斯（1965年）、南斯拉夫（1968年）等国签署了劳工招募协议。1965年4月，西德通过了《联合机构法令》，规定外籍劳工可以办理工作签证，但未给外国劳工长久居住的权力。这也是后来导致许多逾期未归的劳工成为非法移民的主要根源。这一时期，尽管西德只是以一些职能机构如雇用厅来管理和处理劳工移民，然而政府的积极介入有力地促进了大规模的劳工移民。至1973年，西德外籍劳

① James F. Hollifield, Immigration and republicanism in France: the Hidden Consensus in Cornelius, et al., 1994, p. 7.

② Gilles Verbunt, *France*, *in European Immigration Policy—A Comparative Study*, Cambridge University Press, 1985, p. 127.

③ Klaus F. Zimmermann: *European Migration*: *What Do We Know*? Oxford University Press, 2005, p. 274.

④ 宋全成：《欧洲的移民问题与欧洲一体化——以德国为例》，《北京大学学报》，2002年第1期。

工总数已达259.5万。[①] 这些外籍工人对于战后德国经济和社会的恢复、德国经济奇迹的创造，发挥了重要的作用。1973年，经济危机爆发，西德“客籍工人时代”结束，全面停止招募外籍劳工。这种“客籍工人”政策，一方面防止了外国劳工的长期滞留；另一方面，客籍工人的流动性也不利于工作技能的积累和劳动生产率的提高。因此，政府为留住技术劳工，对客籍工人提出：要么返回自己的家乡，要么全家迁到德国来。结果有约300万外籍劳工留在西德，并陆续把家属接至西德。[②]

（二）1974年至20世纪80年代后期：移民限制和难民、非法移民流入阶段

20世纪70年代石油危机以后，一方面由于经济危机，失业率升高，移民引发诸多问题，多数国家开始限制外来移民；另一方面，由于冷战政治、社会福利制度、畅通的移民信息、廉价的旅游等因素，还是涌入了大量的难民和非法移民。

法国由于经济衰退以及外国劳工导致一系列社会问题加剧，自由放任的移民政策在1974年被取消。此后一直实行紧缩和严厉的移民政策，在1993年甚至提出了实现“零移民”的目标。正是因为正常的合法移民的途径变得日益狭窄，使得来自东欧和第三世界国家的移民，越来越多地通过申请难民身份或非法移民来到法国。1983年至1990年，法国共收到难民申请总数277 477人。由于法国高举避难权的旗帜，难民政策相对宽松，申请难民的确认比例在1988年高达35%，而同期的德国只有8%，英国是23%，比利时是21%，荷兰只有7%。[③] 到80年代末90年代初，由于难民和非法移民的大量涌入，移民问题成为国内政治关注的热点。

1973年11月23日，西德政府命令联邦劳动办公室停止对外招募劳工。移民流入人数开始大幅减少，1973年有869 109人流入，1975年降至366 095人，1980年后有所回升，保持在30万至50万之间。[④] 80年代后的西德移民结构也开始发生变化，政治避难权在很多西方发达国家得到认同。一方面，西德依据基本法第十六条（Article 16a of the Basic Law）关于政治受迫害者享有避难权的规定，承诺接受1933年至1945年期间逃亡国外的德国难民，来自东欧、苏联的具有德

---

① 宋晓梧主编：《国际劳务合作与海外就业》，中国劳动出版社，1994年版，第207页。

② 宋全成：《简论德国移民的历史进程》，《文史哲》，2005年第3期。

③ 转引自宋全成：《从民族国家到现代移民国家——论法国的移民历史进程》，《厦门大学学报》（哲学社会科学版），2006年第3期。

④ Klaus F. Zimmermann, *European Migration: What Do We Know?* Oxford University Press, 2005, p. 211.

国血统的移民回流增加；另一方面，基于对本国在“二战”中实施的种族主义政策的反思以及冷战的考量，西德收容了大量来自东欧和第三世界的寻求避难者。从1984年到1992年，德国申请避难的人数大增，1992年到德国申请避难的非法移民达440 000人，但实际上真正属于受政治迫害的申请者不到5%。同时，德国实行血统主义国籍法，只要得到德国有关部门的确认，具有德国血统的移民自然可以获得德国国籍。于是，在冷战结束后，大量具备居住国文化背景和语言能力，但对德国文化缺乏基本了解，甚至不懂德语的但有德国血统的原东欧国家移民回归德国。

意大利曾经是传统的农业国，一直往外移民。从1861年至1976年，有2 600万意大利人移出，其中一半移向西欧国家，其余流向北美和南美地区。[①]“二战”后，意大利边界开放，那些有亲戚朋友在国外（主要是美洲）的意大利人，又开始向外移民。[②] 20世纪50年代，移民人数持续上升，至1961年达到高峰（38.7万人）。此后逐年下降，至1966年下降到29.6万人。[③] 但70年代的经济危机几乎改变了所有移民国家的政策，西欧主要的移民接纳国都纷纷停止移民输入，并且加紧对外来移民的遣返。意大利的海外移民大量回国。在1973年至1977年四年间，回流的意大利人比外流多了7万。到80年代，随着欧洲一体化进程的发展，意大利的经济也有较快发展，出现了意大利经济史上的第二个“经济奇迹”（1987年开始），国内开始需要大量劳动力。移民流向发生了根本性的变化，一改以往输出移民的地位，成为移民输入国。一些发展中国家的劳工开始向意大利劳工市场涌入。他们当中有来自突尼斯的渔民、雇工，菲律宾、南美、索马里的女佣，南斯拉夫的体力工，欧洲、亚洲和非洲其他国家的政治避难移民和学生等，并且多数是通过非法途径进入的。

（三）20世纪90年代至今：以寻求避难者和大量非法移民为特征的移民阶段

20世纪90年代以来，受全球化和新地缘政治秩序的双重影响，发展中国家作出经济融合与政治压迫的战略回应，表现为大量移民的出现。[④] 欧洲的难民和非法移民问题也基本上是90年代以后才成为日益受关注的问题。从1989年至1998年，有400万人向欧共体/欧盟递交了难民申请，其中43%来自欧洲其他地区，35%来自亚洲，19%来自非洲。（见表2-2）一方面，欧盟担心大规模移民

---

① Klaus F. Zimmermann, *European Migration: What Do We Know?* Oxford University Press, 2005, p. 303.

② ［意］路易吉·德罗萨著，罗红波译：《战后意大利经济》，中国经济出版社，1999年版，第107页。

③ 张海虹：《浅析意大利的近现代移民现象》，《韶关学院学报》，2006年第1期。

④ Bill Jordan and Franck Düvell, *Irregular Migration: The Dilemmas of Transnational Mobility*, Edward Elgar Publishing, Inc. USA, 2002, p. 37.

带来的负面影响及其对欧盟就业的冲击；另一方面，冷战结束后，难民问题的意识形态色彩下降，过去“英雄般”的难民被视为会给本国就业和福利带来负担的非法移民。随着难民压力的增长，欧盟各国相继采取了更为严格的难民申请条件。但由此也导致了更多非法移民的出现。①

表 2－2　欧盟主要国家接受政治难民数量

单位：人

国家＼年份	1985	1990	1992	1995
德国	73 800	193 100	438 200	127 900
法国	28 800	54 800	28 900	20 400
英国	6 200	38 200	32 300	55 000
荷兰	5 600	21 200	20 300	29 300
瑞典	14 500	29 400	84 000	9 000
合计	128 900	336 700	603 700	241 600

资料来源：Trends in International Migration，OECD，1996.

90 年代后期，法国右翼极端主义者利用民众的恐外心理大肆煽动排外情绪，不断给政府施加压力排斥外来移民，使得难民申请的拒签率大大提高，从而导致很多无法获得难民身份的人不得不以非法移民的形式潜藏下来。同时，由于《申根协定》的实施与扩大，欧盟外部边界控制变得更加困难，导致大量非法移民经由东欧、南欧等国家流入法国。另外，工会对移民也采取了不同立场，它们反对历届政府的反移民政策，使得政府无法完全控制移民流入。② 尽管 1981 年、1992 年、1997 年对非法移民实行过几次大赦，但至今仍无法消除非法移民大量存在的现象。

德国在 90 年代的苏东剧变中同样受到大量避难申请者和非法移民的压力，迫使政府不得不采取措施加以限制。1993 年通过了《避难妥协法》，收紧难民政策。那些来自无迫害国家的外国人和那些经由所谓的安全第三国入境的外国人，失去了申请政治避难权的机会和资格，申请难民的人数大幅度降低。但以合法入境而非法滞留和偷渡入境并且不再申请难民身份的非法移民的数量却在不断增

① J. Salt，J. Clarke and S. Smith，*Patterns and Trends in International Migration in Western Europe*，Eurostat，Luxembourg，2000.

② L. Haus，Labour unions and immigration policy in France，*International Migration Review*，1999，Vol. 33，No. 3，pp. 683－716.

长。20 世纪的最后十年，德国呈现出“西半球的磁铁”效应，许多非法移民打着避难的幌子，把申请避难作为在德国合法居住、工作和获得社会福利的途径。2003 年，德国政府总共收到 50 563 份申避难申请，但只给予了 1.6% 的申请者以避难权，1.7% 的人免受驱逐，有 68.8% 的申请者遭拒，致使更多的人以非法移民的形式潜藏下来。

意大利近年来对外来劳工的需求量相对较大。移民数量快速增长，移民数量从 20 世纪 80 年代中期的 30 万增至 2000 年的 146 万。① 2007 年 1 月 1 日，意大利国家统计局的资料显示，意大利外国移民已达 267 万人，占其全国总人口的 4.5%。与此同时，由于多重原因，近年来涌入意大利的非法移民也有增无减，尤其是 90 年代东欧的两波难民和非法移民潮。尽管政府经过多次大赦，但每次合法化行动以后都会引来更多的非法移民。2009 年 9 月，对家庭工、护理工合法化的消息不胫而走，很快传遍欧洲各国，至少有几万非法移民从各国（主要是欧洲各国）来到意大利。

由于欧盟主要国家加强了对合法移民途径的限制，每年有约 40 万至 60 万非法移民进入欧盟。② 据不完全统计，2001 年，欧盟 15 个成员国在边界共抓获非法移民约 268 000 人，估计非法移民总数约为 700 000 人。③ 这些“非法”入境者不管其身份是否合法，有 2/3 提出避难申请，希望获得在欧洲长期居留的资格。

二、欧盟非法移民产生的主要原因

第一，冷战期间的战略需要以及后冷战时代左右摇摆的移民政治。出于战略需要，欧洲各国政府在冷战期间对来自社会主义国家的非法移民持鼓励态度。欧洲各国对无论是来自东欧、苏联，还是其他社会主义国家的非法移民，都依据 1951 年的《日内瓦国际难民公约》和 1967 年的《附加议定书》，给予了政治避难的待遇，当作是反抗共产主义制度的“英雄”和“自由战士”。这种移民政治一直实施了近 40 年，最终造成来自社会主义国家的非法移民的大量存在。④

第二，各成员国松紧不一的移民政策、漫长而又复杂的边境线以及欧盟内部

---

① Giovanna Zincone, *Italy-Main Features of Italy Immigration Flows*, Paper Presented at the German Marshall Fund of the United States Meeting on the Transatlantic Dialogue on Refugee and Asylum Policies, 16 – 17 October 2001, p. 6.

② F. Heckmann and T. Wunderlich, Transatlantic Workshop on Human Smuggling: A Conference Report, Georgetown, *Immigration Law Journal* 15, 2000, pp. 167 – 182.

③ Michael Jandl, *Estimate on the Numbers of Illegal and Smuggle Immigrants in Europe*, International Centre for Migration Policy Development, 19 July 2003.

④ 宋全成、赵雪飞：《欧洲非法移民现象为何愈演愈烈》，《山东大学学报》，2007 年第 1 期。

各国对待非法移民问题的利益争斗。欧洲一体化虽然取得巨大进展，但移民政策（包括难民政策）由于涉及国家主权的核心敏感部分，依然没有统一。各国对外国劳动力的需求不同，面临的非法移民情况不同，因此对非法移民问题严重性的理解不同，如西班牙、意大利要求欧盟加大财政倾斜度支持其边界管理，奥地利、德国等提出要分配非法移民数额给各国，而法国、英国等则予以反对。这为非法移民的存在提供了发展空间。另外，随着欧盟成员国的增加，边界管理更加复杂，难以阻绝非法移民的渗透。

第三，成员国经济发展，尤其是那些非正规行业，需要大量的劳动力。引发移民现象的一个重要根源就是发达国家的双重劳动市场：资本和技术密集的经济部门和劳动力密集的经济部门。这种劳动力市场的层次化，使得本国劳动力总是选择那些高工资、高保障、环境舒适、注重创造性的资本和技术密集的经济部门，而不愿意去那些劳动力密集、工资低、工作条件艰苦的经济部门。尽管20世纪五六十年代的外劳输入创造了欧洲战后经济发展的辉煌，但进入70年代以后，由于经济危机爆发，招募外国劳工的政策陆续停止，合法进入欧洲国家的渠道收紧。另外，一些非正规行业由于发展不稳定，手续不齐全，难以招到正规劳动力，只能招收非法劳动力。保守估计，2006年意大利有11.5%的劳动力（约270万）属于非法居留状态，令人惊讶的是，只有少数非正规产业，如农业部门使用这种劳动力比例较高，许多国家政府正规部门也大量使用非法移民。[①]

第四，欧洲国家几十年来形成的复杂多样的移民网络。移民网络是一种社会资本，起着降低迁移成本、增加收益和减少风险的作用。在迁移过程中，迁入地与迁出地之间的关系网络一旦形成，就会引发更大规模的人口迁移。[②] 曾经有研究认为，比起雇主的作用，社会网络的影响是有限的。[③] 但大量证据表明，没有家庭、朋友的信息、建议、鼓励与支持，移民行动很难出现，尽管后来者无论如何都不会理解为什么要依赖那些剥削他们的人。除了亲戚朋友，还有许多招募机构，已形成产业链。这在非法移民过程中无处不在。从宣传、招募、中介、移民局、运输的联系到国外雇主、网络等。然而，这并不意味着存在一个可以预见非法移民的方法。在某种程度上，利益的多样性随时都可以改变这种结构，建构或解散交易地点，因为市场需求的变化或为应对政府的强制性措施重新开辟或关闭

① Graziano Battistella, International Migration, *World Migration*, 2008, p. 207.

② 佟新：《人口社会学》，北京大学出版社，2000年版，第138页。

③ F. Krissman, Sin Coyote Ni Patrón: Why the Migrant Network Fails to Explain International Migration, *International Migration Review*, 2005, Vol. 39, No. 1, pp. 4-44.

路线。[1] 法国著名社会学家布迪厄（Pierre Bourdieu）的“惯习说”也经常被用于作为剖析移民之“理性”或“非理性”选择的连接点：在某一社会群体中，当“移民行为”内化为超越意识控制的、具有衍生性的“惯习”时，即使诱发初始移民行为的客观环境发生变化，被局外人断定为非理性的移民行为在该群体内仍会获得认可而得以延续。[2]

第五，国际人口走私集团有组织、有计划的偷渡。由于偷渡有着巨大的利润，国际人口偷渡犯罪集团已经将偷渡非法移民作为真正的全球性生意。20 世纪 80 年代以前，非法移民相对比较零散。因为外国移民可以通过欧洲宽松的难民政策合法进入欧洲国家。但 20 世纪 90 年代以后，欧洲国家移民政策趋紧，合法进入欧洲国家的通道被限制。因此，“偷渡”不仅具有较高的市场价格，而且逐渐成为一项有利可图的行业。据有关专家估计，20 世纪 80 年代以来，国际偷渡集团每年获利高达 30 多亿美元。2000 年的联合国报告显示，全球人口走私的利润已超过毒品走私的利润，达到 90 多亿美元。由非法移民的来源国、过境国和非法移民目标国共同组成的国际人口走私犯罪集团，强行介入到非法移民的整个过程中，这在一定程度上推动了非法移民的发展。

从欧洲移民进程可以看出，非法移民的大规模出现一方面与欧盟发达的经济有密切关系，另一方面也是欧盟国家移民政策的直接结果。冷战期间，来自社会主义阵营的大量非法移民进入主要西欧国家，却以合法的身份被接纳，各国不存在非法移民问题突出的现象。冷战结束后，国际局势缓和，全球化进程加速，推动了移民跨国流动，但欧盟的移民政策并未完全适应时代的发展，非法移民问题必然在欧盟愈演愈烈。随着《申根协定》的实施，欧盟内部开始实行无障碍人口流动，这也为非法移民在欧盟范围内的扩散提供了便利，加剧了其对欧盟各国的冲击。

三、欧盟非法移民现状

（一）数量

欧盟很多国家经过数十年的移民后已发展成为非典型的移民国家。截至 2005 年，欧盟主要移民国家中的移民人数为：德国 1 010 万，法国 650 万，英国 540

① J. Salt and J. Stein, Migration as a Business: The Case of Trafficking, *International Migration*, 1997, Vol. 35, No. 4, pp. 467 - 494.

② 李明欢：《欧洲华侨华人史》，中国华侨出版社，2002 年版，第 8—9 页。

万，西班牙480万，意大利250万，欧洲的主要10个国家从2000年至2005年的移民数量都是正增长。西班牙移民增长率更是高达194.2%（310万），意大利54.1%（88.4万），卢森堡37.3%，列支敦士登33.5%，瑞典22.9%，拉脱维亚19.5%，爱沙尼亚15.2%。[①] 经过多年的积淀，欧盟境内非法移民已达到可观的数目。关于确切的非法移民的规模和数量，任何国家都很难有准确的统计数据。合法移民的数量和规模，可以通过签证、工作许可证、居留证等相关证件的发放，由相关移民管理部门进行准确统计，而非法移民的规模往往建立在一些专家学者的估算基础上，并且有些国家由于政治等原因，拒绝透露真实数据。2000年国际移民组织报告显示，全球1.5亿移民中有1 900万至3 800万为非法移民，约占移民总数的1/8～1/4。全球每年非法移民约为300万，比1993年增加了13倍。目前，欧盟委员有关非法移民的报告数据显示，欧盟共有约800万非法移民，其中德国约100万，占总人口的1.2%；法国约为50万，占0.7%；意大利约为57万，占1%；西班牙约为150万，占1%；英国为100万，占1.2%；[②] 希腊约为55万，占4.5%；葡萄牙约为50万。[③]

（二）主要来源地与流向

在变化多端的当今世界，很难真正辨识非法移民的具体流向与趋势，甚至地图也会由于其路线繁琐而使编织的密网缺乏解释力。近两个世纪以来，南部欧洲一直是移民流出的主要地区。但从20世纪70年代开始，它们成为新移民的主要目的地。最初这些移民主要来自非洲，然后是东欧和拉丁美洲。“柏林墙”倒后，德国成为欧洲移民的主要目的国，大多数是寻求庇护的难民。1998年以来，西班牙成为移民进入最多的国家，2003年达到欧洲总量的35%，意大利为28%。让人感到惊讶的是，非法移民作为移民的一部分，欧洲同样是他们的主要目的地。2006年，联合国估计，每年至少有20万非法移民从非洲进入欧洲。北非由于毗邻欧洲大陆，长期以来成为非法移民的主要来源地和中转地。他们的进入点主要在欧洲南部及东南部地区。2005年，西班牙大赦70万非法移民，这些人主要来自拉丁美洲（20%）、东欧（17%）、摩洛哥（12%），其中，男性占59%，女性占41%，大多数从事低技术工作。83%的女性从事家政行业，95%的男性从事建筑行业。[④]

---

① International Labour Mobility in the Evolving Global Labour Market, *World Migration*, 2008, p. 36.

② 李慎明、王逸舟主编：《全球政治与安全报告（2009）》，社会科学文献出版社，2008年版，第224—245页。

③ Graziano Battistella, International Migration, *World Migration*, 2008, p. 210.

④ Graziano Battistella, International Migration, *World Migration*, 2008, p. 210.

近年来，欧盟非法移民流向有了新的变化。第一，非法移民的主要流向仍然是从东欧、中欧、东南欧，再流向西欧（见图2－2）。很多人是持有效护照进入，然后逾期滞留，未经当局批准从事工作而成为非法移民。第二，欧盟的非法移民路线已经没有清晰的轮廓。非法移民从欧洲的各个方向渗透进入。第三，从被抓获的非法移民记录分析，没有发现明显的非法移民渠道。中欧“移民走廊”（乌克兰—斯洛文尼亚—捷克共和国，或者乌克兰—斯洛文尼亚—奥地利）和“巴尔干路线”（从土耳其到东南欧再到欧盟）与过去相比，非法移民人数有所减少。第四，尽管整个移民路线图日益复杂，但几个国家却成为主要的非法移民入境国或中转国。第五，边境管理机构数据显示，大量非法移民使用各种伪造证件，直接飞抵目的国。①

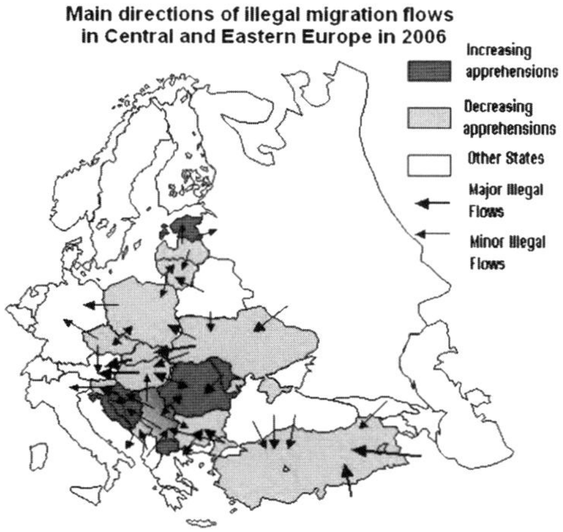

图2－2 2006年中、东欧非法移民主要流向

资料来源：Peter Futo，Michael Jandl eds.，On Illegal Migration，Human Smuggling and Trafficking in Central and Eastern Europe：A Survey and Analysis of Border Management and Border Apprehension Data from 20 States，2006 Year Book，International Centre for Migration Policy Development，Vienna，2007，www.icmpd.org.

（三）入境方式与偷渡费用

非法移民进入欧盟的方式主要有陆、海、空三种渠道。这三种方式在很多成员国都可能同时发生。据近年边境管理部门的数据分析，由于欧盟各国加强了边

① Michael Jandl，Irregular Migration，Human Smuggling and the Eastern Enlargement of the European Union，*International Migration Review*，2007，Vol. 41，No. 2，p. 291.

境巡逻，尤其是传统偷运海岸线、森林边界地区的巡逻，非法移民从海上和森林地区偷渡人数有所减少，而多数可能使用伪造证件通过公路、航空路线进入欧盟国家。

全球每年非法偷运人口的利润高达百亿美元。尽管各国打击非法移民的措施日趋严厉，但对于限制强大的有组织犯罪团伙效果仍然有限。在高额暴利的诱惑下，他们依然铤而走险。① 不同来源地国家的非法移民偷运进入欧盟申根国家所需的费用不同。一般而言，距离越近，费用相对而言越低，但也与入境地点和入境方式等因素有关。（见表 2－3）

表 2－3　不同来源地非法移民偷运进入申根国家的费用

来源地	费用
远距离国家：巴基斯坦、印度、中国、阿富汗	3 000～40 000 欧元
中等距离国家：乌克兰、土耳其等	1 500～15 000 欧元
近距离国家：摩尔达维亚、塞尔维亚、南斯拉夫、斯洛文尼亚等	200～5 000 欧元

资料来源：Futo，P. M. and Karsakova L.，A Survey of Illegal Migration and Human Smuggling in Central and Eastern Europe，*Migration and Ethnic studies*，2005，Vol. 21，No. 1－2，pp. 35－54；Michael Jandl，*Estimate on the Numbers of Illegal and Smuggle Immigrants in Europe*，International Centre for Migration Policy Development，2003.

第三节　欧盟非法移民的问题化②

世界近现代史表明，正常的移民流动不仅促进了各国的经济、社会发展以及文化交流，也促进了人才、技术和资金的优化配置及各国间的相互合作和共同发展。移民是人类社会发展的必然产物，其产生与人类社会发展密不可分。当今全球化迅猛发展，贸易、技术、资金和服务流动不断加速，这些推动了人口在更广阔的范围内自由流动。因此，移民也是人类社会进步的重要动力之一。对于非法

① S. Moscarelli，Consolidating Reception Capacities in Respect of Migration Flows Reaching the Island of Lampedusa and Other Strategic Border Points on the Sicilian Coasts，Presentation at the IOM's International Dialogue on Migration Workshop（IDM）on Managing Return Migration，21－22 April 2008，Geneva，http：//www. iom. int/jahia/Jahia/policy-research/pid/1964.

② 本书提到的“问题化”概念参考、借鉴了山东大学移民研究所宋全成教授在《欧洲移民研究——20 世纪的欧洲移民进程与欧洲移民问题化》中的相关表述。本书中主要是指 20 世纪 90 年代以来，大批来自欧盟成员国以外的非法移民给欧盟带来了日益严重的政治、经济、社会、文化等方面的问题，它们将成为欧盟亟待解决的核心问题。

移民而言，尽管他们的行为非法，但在一些国家、一些行业起着不可或缺的作用。例如，2003 年，希腊 28.2%、意大利 25.7%、西班牙 22%、葡萄牙 21.9% 的国民生产总值来源于那些主要由非法移民从事的非常规行业。[①] 有媒体甚至评论欧洲非法移民撑起欧洲经济半边天。但与此同时，移民问题也衍生出一些新情况、新问题，特别是伴随着各国移民政策的收紧以及移民负面影响的出现，导致正常的移民渠道不畅通，移民融入当地社会面临种种困难。因此，偷渡、贩卖人口等非法移民行为以及滥用庇护机制等现象和问题层出不穷。恐怖主义、毒品走私、跨国犯罪等国际性问题给世界范围内合法有序的移民流动增加了复杂因素。德国前总理施密特针对移民问题曾指出，富裕的欧洲和北美将是洲际移民的主要目标。欧洲各国政府和议会以及欧洲各国社会作为一个整体，今天已经面临这一难题；直到 20 世纪 50 和 60 年代，人们还没有认识到这些问题，也没有想到会出现这些问题。[②] 这些新问题的出现不仅影响到欧盟的正常人口流动，也对欧盟社会的稳定与发展带来了极其深刻的挑战，甚至危及国家的主权和安全。

一、非法移民对欧盟的影响

（一）非法移民与欧盟政治

从政治方面来看，非法移民问题已经成为国际社会和各国政府关注的焦点之一。首先，非法移民的大量入境对欧盟成员国的民族国家主权提出了挑战。这突出表现在各国对边境的控制上。世界经济愈来愈国际化，各国都对信息、商品和资本敞开国门，这就难以单独对人口流动闭关锁国。他们得到了由招募者、劳工中介、旅行社以及人口偷运组织等形成的“移民企业”的合法或非法帮助。[③] 国际政治正在经历由单边到双边到多边的不断升级的治理模式的变化，这种变化对国家在移民问题上的话语权和决策权构成严重挑战。非法移民的大量出现不仅对欧盟层面的边境控制力提出了质疑，也引发了对欧盟成员国相关主权让渡问题的争议。尽管欧盟政治一体化突破了国家主权不可让渡的传统观念，但是在移民政策上，由于涉及国家主权的核心内容，致使欧盟统一的移民政策仍未形成。

其次，非法移民的大量容留给欧盟成员国国内政治带来了影响。政府对非法

① Graziano Battistella, Irregular Migration, *World Migration*, 2008, p. 207.

② ［德］丁赫尔穆特·施密特：《未来列强——明日世界的赢家与输家》，世界知识出版社，2005 年版，第 21 页。

③ ［澳］斯蒂芬·卡斯尔斯著，凤兮译：《21 世纪初的国际移民：全球性的趋势和问题》，《国际社会科学杂志》，2001 年第 3 期。

移民的管理不力引起了当地民众的不满，尤其助长了欧洲极右翼政党的力量。在他们的煽动下，掀起了反移民的高潮，以争取选民的支持。1999年，奥地利极右翼政党自由党上台后，法国、德国、瑞士、瑞典、荷兰、葡萄牙等国的右翼政党也获得了一定的胜利。左翼政党则反对“反移民”主张，认为非法移民也是受害者，彰显其人道主义形象，也赢得了许多选民的支持。因此，一定程度上由非法移民因素引起的政见分歧加剧了欧盟多国政局的动荡。另外，欧盟国家基本上为民族国家，如法兰西民族、德意志民族、英格兰民族等。各个民族国家的公民都具有较强的民族认同感，同时对外来民族具有一定的排斥心理。在民族交往过程中难免因语言不同、风俗习惯和价值观念不同而产生种种误会、隔阂和摩擦。2000年初，欧盟委员会进行过一次调查，欧盟国家66%的公民承认自己“有些种族歧视心理”，对外国移民采取排斥态度。法国一项调查显示，92%的人认为在法国普遍存在种族主义，2/3的人自称有种族主义倾向，仅有10%的人认为可以与移民和睦相处。① 欧洲种族主义与排外主义监测中心（EUMC）的调查也表明，欧盟国家中广泛存在着种族主义与排外倾向，近年来，公众要求制定和睦相处的民族政策的呼声逐渐增加。②

（二）非法移民与欧盟经济

非法移民的大量涌现冲击着欧盟各国的市场体系，也挑战着欧盟各国的福利制度。首先，非法移民的治理直接给欧盟及其成员国加重了财政负担。为了有效打击、遣返和安置非法移民，欧盟及其成员国投入了大量的人力、物力构建安全边界，引入了高科技检查设备，加强边境地区巡逻力度，有时甚至出动飞机军舰围截非法移民。这些在一定程度上直接消耗了国家财富，从而相应地减少了国家在经济、就业、教育、福利等其他方面的投入，例如，德国1990年用于这方面的开支为45亿马克，1991年为54亿马克。③ 这些在一定程度上制约了社会经济的可持续发展与欧盟的一体化进程。

其次，非法移民对欧盟就业空间产生了强烈的挤压。非法移民由于怕失去工作机会，什么都愿意干。雇主可以压低他们的工资，也无须为他们提供有效的社会保障。从某种意义上说，这样做虽然降低了生产成本，提高了竞争力，但严重影响了劳动力市场秩序，挤占了居住国人民的就业机会，导致高失业率。

---

① 《欧洲时报》，2000年3月19日，转引自孙格勤：《欧盟国家安全的新隐忧——移民问题》，《现代国际关系》，2001年第3期。

② Tapio Raunio, Immigration to the European Union, http://www.mv.helsinki.fi/home/jmollila/Migration%20and%20the%20EU.pdf.

③ 赵锦元：《当代欧洲民族问题的新趋向——移民问题与种族主义》，《世界民族》，1995年第1期。

再次，大量难民、非法移民的存在形成了一个地下劳动力市场，不少非法移民靠打黑工赚钱，严重违反了法律。

最后，非法移民对欧盟成员国福利制度带来影响。在有些国家，即使是非法移民，只要合法纳税，就可以享受社会福利待遇。因此，大规模非法移民的涌入，无疑将使政府福利支出水平受到削弱。

（三）非法移民与欧盟社会安全

第一，欧盟的法律已将非法移民排除在权利保护之外。依照欧盟法、成员国国内法，根据公民和非公民在享有民事权利、社会经济权利、政治权利方面的不同，在欧盟成员国社会中实际上存在一个“四方成员关系结构”。其中左纵向两个属联盟公民，日益成为特权阶层，右纵向两个属非联盟公民，逐渐发展成为受压阶层。居住在国籍所属国的本国公民享有全部公民权利。联盟公民生活在另一非国籍所属的成员国，享受有限的政治权利，可参加地方和欧洲议会的选举。合法居住在某一成员国的移民，享有十分有限的社会经济权利，其权利和社会地位由成员国自己控制，尚无欧盟层面的共同移民法给予保护。非法移民不享有任何权利，无社会地位，其地位不受欧盟公民身份发展的影响。[①] 这种排斥扩大了欧盟境内联盟公民与第三国移民之间的差异，联盟公民的权利和机会增加了，但外来移民，尤其是非法移民处于共同利益边缘的相对隔离状态，降低了他们在居住国的社会地位，增加了社会的不稳定因素。

居住在国籍所属国的公民	外国居民（合法移民）
联盟公民	非法移民

第二，由于非法移民身份的不确定性、行踪的流动性，管理部门很难掌握其相关信息，更无法对其实施有效监督。非法移民的受教育程度和收入水平往往不高，有的人甚至不懂所在国家的语言，与当地人民在社会生活和文化上存在隔阂，很难融入当地主流社会，加上受到当地民众的歧视，经常与当地人发生冲突，给社会稳定造成很大阻力。2005 年 9 月底，法国巴黎郊区的骚乱事件就是北非裔移民与当地社会矛盾激化的结果。

第三，非法移民的大量存在导致欧盟各国犯罪率升高。非法移民生活普遍贫穷，缺乏受教育机会，多数找不到满意的工作。另外，很多非法移民进入目的地

① 王毅：《欧洲一体化进程中的移民政策研究》，中国社会科学院研究生院博士学位论文，2002 年。

国后，由于一时难以找到合适的工作，只好流浪街头或乞讨，有些可能走上偷、盗、抢等犯罪道路，甚至加入当地黑社会集团等犯罪组织。媒体上经常出现非法移民犯罪的新闻，各国的极右势力借机“死灰复燃”，掀起种族主义的排外浪潮。法国社会学家威廉·法耶通过对 1950—1998 年法国犯罪记录的研究发现，犯罪数量增长与移民人口增长是同步的。他认为，移民后代拒绝融入法国社会，并表现出自发的攻击性，这种攻击性主要源自复仇和不满的情感混合。① 被称为欧洲晴雨表的 Eurobarometer 调查发现，移民影响原住民的情况比较复杂，但多数已婚夫妇和老人认为移民会主动影响到他们的生活，仇视态度似乎难有改观。②

（四）非法移民与欧盟文化

非法移民已经成为国际社会关注的非传统安全问题之一。移民的社会融合所存在的困难主要表现为：一方面，民族文化认同具有一定的固定性，很难通过施以外力得以改变；另一方面，在移民群体对自身境况极其不满时，经常会抵制同化政策，这种文化上的碰撞与冲突使得移民更难融入当地社会。非法移民由于没有合法身份，难以接受当地主流社会文化融合的影响，因此其文化价值观基本上仍旧停留在移民输出国影响层面。非法移民往往来自较穷的国家，对居住国来说，他们的文化显然不被认同，只会给人分走一杯羹的印象。在欧盟，非法移民的文化价值观问题主要表现为移民宗教文化价值观与欧盟国家主流文化价值观冲突而造成的国家社会文化的断裂。这其中，又以来自北非、土耳其等信仰伊斯兰教的穆斯林移民的伊斯兰文化最为突出，特别是在法、德等国造成了一定的文化对立与冲突。“9·11”事件发生后，由于地缘政治和社会关系的缘故，欧盟各国对伊斯兰极端主义在欧盟的活动非常关注。因为来自中东地区的移民在欧盟国家占有很大的比例，所以欧盟对来自中东地区的非法移民更是保持着高度的戒心，而且对他们进行重点监控和防范。2000 年初，欧盟委员会进行过一次调查，欧盟国家 66% 的公民承认自己“有些种族歧视心理”。非法移民在欧盟产生的社会问题和文化冲突又强化了欧盟的种族主义和民众的排外心理。西方人开始担心，他们现在不是遭受军队和坦克的入侵，而是遭到了讲其他语言、信奉其他神和属于其他文化的移民的入侵。③

---

① ［法］威廉·法耶：《殖民欧洲》（第三章），转引自王朝辉：《法国社会危机的根源与影响》，《现代国际关系》，2006 年第 10 期。

② Tito Boeri，Gordon Hanson，Barry McCormick，*Immigration Policy and Welfare System*，Oxford University Press，2002，preface，pp. 10 – 11.

③ Myron Weiner，*Global Migration Crisis*，New York：Harper Collin，1995，p. 2.

（五）非法移民与欧盟对外关系

非法移民问题影响着欧盟与外部的正常关系交往。欧美关系在欧盟对外关系中起着举足轻重的作用。而欧美由于各自流入的移民种族、信仰结构不同，导致双方全球战略利益日益出现矛盾。欧盟移民中穆斯林移民占了很大比例，但在美国，穆斯林和阿拉伯人口的比例却很小。不同移民结构形成的不同民意基础使欧美分歧正在扩大。例如，美国攻打伊拉克时，大多数欧盟国家持反对立场。同时，由于移民流动与欧盟东扩南下进程相向而行，破坏了欧盟大国关系和跨大西洋关系的原有格局，更容易造成其他非欧盟大国插手，从而影响到欧盟的团结和一体化的决策效力。如美国在伊拉克战争期间对新、老欧洲的划分，以及新、老欧洲对美伊战争的不同态度；英国对欧盟宪法的消极应对和对德法轴心的不满，都直接导致移民接纳国对不同来源国移民的不同态度，以及离心力对欧盟整体的碎片化解构。① 美国积极支持中东欧国家和土耳其加入欧盟，以“新欧洲”去制约“老欧洲”。美国希望欧盟是一个大而松散的欧盟，而不是一个以“一个声音说话的欧洲”。法国前总统德斯坦一语道破天机：“只有欧洲的敌人才支持土耳其入盟。”土耳其的入盟，将使“欧盟对其机构改革、政策调整、地区经济的不平衡以及失业和移民问题，一时难以消化和解决”②。

2008 年 12 月 16 日，欧盟通过了控制非法移民和难民的《欧洲移民与难民庇护公约》，立即遭到塞内加尔、委内瑞拉、智利和阿根廷等移民输出国的强烈抗议。这些国家指责欧盟在移民方面实行严格的“堡垒”政策，来自欧非各国的三百多个非政府组织也在各地发起示威，抗议把欧洲转变成堡垒的欧盟移民政策。

（六）非法移民与欧盟内部团结

维护国家利益是各国政策的根本目标。但欧盟各成员国在移民主权问题上的认识不同，处理非法移民问题时步调不一，缺乏配合，甚至出现相互指责、推诿责任的现象，给各成员国政府间关系带来阴影。各国因劳动力状况、经济发展和国内主流人口的接纳度等因素而异，导致所实行的移民政策各不相同，有的国家实行了“零移民”政策，有的国家甚至没有明确的移民政策。许多非法移民利用中转国与目的国在欧盟框架内共同市场的人口自由流动等优惠待遇而顺利抵达目的国。英国、法国等后方国家指责意大利、西班牙等前方边境国家对非法移民

① 陈志强：《欧盟移民政治研究》，华东师范大学博士学位论文，2007 年。

② 李满田、高哈吉：《土耳其的欧盟之路》，《欧洲研究》，2004 年第 1 期。

的打击力度不够，而前方国家则抱怨欧盟的重视程度与支持力度不够；法国桑加特难民营[①]中大量非法移民偷渡英国，招致英国政府的严重不满；德国宽松的难民政策引致非法移民大批进入西欧，引起其他国家不满，等等。另外，欧盟对非法移民的打击与遣返还经常引发国际社会人道主义问题，欧盟与非法移民来源国、中转国之间的争议问题，有时甚至影响到欧盟的国际形象。2002 年的欧盟峰会上，英国首相布莱尔给峰会的主办者——西班牙首相阿斯纳尔致信道：“塞维利亚会议必须让欧盟各国意识到，打击非法移民势在必行。我们必须依仗欧盟的经济和金融实力，惩罚那些不合作的国家。”[②] 其建议得到西班牙和意大利的积极响应，并希望欧盟对那些不管本国非法移民的国家也进行惩罚，但遭到了欧盟其他成员国如法国、瑞典和卢森堡的反对。他们一方面担心欧盟可能对本国非法移民处置不利进行斥责，另一方面担心制裁那些贫困的非法移民来源国可能会导致更大规模的难民潮出现。从实践层面来看，各成员国在移民问题上将本国利益置于欧盟集体利益之上，导致欧盟内部裂痕扩大，使欧盟在全球和欧亚地区的影响力呈减弱趋势。[③]

二、欧盟的两难：开放还是关闭边境

长期以来，开放还是关闭边境是一个利益博弈问题。从移民输出国的角度考虑，首先，个人和家庭的看法是完全支持开放边境的。虽然开放边境存在着成本和风险，但是当移民的决定不是完全自由和理智选择时，可能会导致他们无家可归。其次，对移民流出国经济和社会而言，则在一定程度上支持开放边境。因为适当的劳动力流出可以减轻国内就业压力，同时带来大量其他收益。但是，大量移民外流可能会损耗人力资本，削弱经济发展潜力。

对移民输入国而言，保持边境开放可能主要有以下两方面的考虑。一是收益。移民可以满足经济和人口上的需要，以弥补劳动力在数量、质量以及地理分布方面的不足与缺陷。二是必然性。在全球化时代要完全堵住移民是不可能的。与其被动忍受移民涌入，不如设法管理好，让合法移民入境总比非法移民好。在

① 桑加特是法国北部濒临英吉利海峡的小镇，法国红十字会下属难民营所在地，离英法海底隧道入口处仅 3 公里。1999 年夏，约 300 名科索沃人来到法国北方的加来海峡省，露宿于加来市街心花园，引起当地居民不安。同年 9 月，红十字会在当地建立了一个临时难民营安置他们。加来市附近的小镇桑加特征用一个废弃仓库改建成临时难民营。难民营有 5 个足球场大小，最多能收容 700 名难民。目前至少已有 120 个国家共计 3. 5 万人绕道桑加特偷渡到了英国。

② 宋全成：《欧洲移民研究——20 世纪的欧洲移民进程与欧洲移民问题化》，山东大学出版社，2007 年版，第 353 页。

③ 2007，A year of challenge for EU diplomacy，Arabia，2000，01/07/2007.

欧洲还有一个可能的原因，就是道德上的考虑。欧洲（特别是由其近现代历史所致）拥有过向新世界移民和对殖民地剥削获得重大发展的机会，当前的第三世界国家从未拥有过这些机会。欧洲存在将机会“偿还”给对方的可能性。①

基于以上原因，首先，欧盟对边境开放的态度是不得不适度赞成，尤其是当人口结构或经济活力不能满足对劳动力的需求时。但是持续的移民潮可能会使流入国陷入危机，如住房、教育和就业方面，同时，流入国还担心丢掉自身民族和文化认同所导致的心理及文化上的危机。这种忧虑目前在欧洲表现得空前强烈，尽管对移民入境持不能容忍态度的欧洲人所占比例并不算高，但积极主动接纳的仍然是少数。（见表 2－4）

表 2－4　欧盟国家对非欧盟移民入境态度的调查结果

单位：%

国家	不宽容	矛盾心理	被动接纳	积极接纳
希腊	27	43	22	7
比利时	25	28	26	22
丹麦	20	17	31	33
法国	19	26	31	25
德国	18	29	29	24
英国	15	27	36	22
爱尔兰	13	21	50	15
奥地利	12	30	37	20
荷兰	11	25	34	31
意大利	11	21	54	15
瑞士	9	15	43	33
葡萄牙	9	34	44	13
芬兰	8	21	39	32
卢森堡	8	32	33	28
西班牙	4	18	61	16
欧洲联盟	14	25	39	21

资料来源：EU Observaory，2001。转引自安东尼奥·格力尼：《国际移民和移民政策：聚焦意大利与欧洲联盟》，罗红波编：《移民与全球化》，社会科学文献出版社，2006 年版，第 69 页。

① ［意］安东尼奥·格力尼：《国际移民和移民政策：聚焦意大利与欧洲联盟》，罗红波编：《移民与全球化》，社会科学文献出版社，2006 年版，第 69 页。

其次，从家庭和个人角度来看，也不得不部分地赞成开放。对移民的接受程度似乎与移民对当地发展及对当地个人与社会生活水平提高所作的贡献成正比关系。同样，移民对当地的反作用也会影响当地居民的接纳态度。只有实现了工作、居住、受教育、家庭团聚以及社会地位和职业晋升机会等与当地环境的完全融合，才能避免移民受排斥甚至造成更糟糕的后果，即他们的移民计划失败、自我摧残、攻击他人和社会分裂。（见表2－5）

表2－5　移民与当地的融合与排斥程度

移民与当地的实际融合程度 / 移民对东道国的感受、态度及行为	完全融合	排斥或部分融合
归属感	完全融合并积极交流	挫败感，部分或整体被边缘化
冷漠、厌恶、敌对	情感上的排斥，容忍和“井水不犯河水”现象并存	失败感，地域流动性高，出现自残、侵犯他人和社会分裂现象

资料来源：Golini and Pietrangelo，2001，转引自安东尼奥·格力尼：《国际移民和移民政策：聚焦意大利与欧洲联盟》，罗红波编：《移民与全球化》，社会科学文献出版社，2006年版，第70页。

欧盟的发展面临着诸多难题：劳动力市场结构不合理，高技术人才缺乏；人口老龄化，人的寿命延长和出生率下降等。这些均需要大量引进国外移民，以弥补自身不足。与此同时，欧盟同样需要低技术劳动力，但各国却限制了低技术移民合法地填补空缺的可能性。这些移民只好通过人口贩卖、人口偷运、秘密居留等非法形式来欧洲生活、工作。有人提出，扩大合法移民是否可以减少非法移民？但也有调查认为，扩大合法移民可能会导致更大的潜在移民供给，包括非法移民。这样就可能在增加合法移民的同时输入大量不需要的移民。① 另外，欧洲各国还出现了一种奇怪的现象，一方面高喊反对非法移民，一方面又向非法移民发放工作许可证，造成了非法移民问题的恶性循环。

从以上分析可以看出，在进入欧盟的各种移民中，只有劳工移民曾经是符合欧盟国家政策取向的，对难民和申请避难者的接收主要是考虑人道主义因素和国际公约的规定，但不符合欧盟的利益取向。一旦欧盟国家紧缩移民准入政策，就

① Christina Boswell, *European Migration Policies in Flux: Changing Patterns of Inclusion and Exclusion*, Blackwell Publishing Ltd., 2003, p. 36.

会导致大量非法移民的出现。因此，如何引进合法移民，同时杜绝非法移民，是欧洲国家需要解决的一个棘手问题。

三、如何治理非法移民：欧盟各国存在分歧

20 世纪 80 年代末，移民问题逐渐成为政治议论的焦点，引起种族主义与排外情绪的高涨，欧洲极右政党也竞相以移民危及社会经济与安全为基调，争取选民支持。尽管对经济的关切和经济状况影响了公民对移民的态度，但不论经济状况好坏，反对移民的人数都在持续增长，这说明文化、犯罪和生活方式是公众改变观点的更为重要的原因。① 移民问题在 90 年代成为各国关注的共同利益问题。《马约》明确指出，为实现联盟的目标，尤其是实现人员自由流动的目标，在不损害欧洲共同体权限的情况下，各成员国将避难政策、跨越边界、移民政策、家庭团聚、打击非法移民、海关合作等领域视为共同面临的问题。② 2004 年与 2007 年，欧盟经过两次扩大，成员国增至 27 个。欧盟东扩后，可能出现的由东向西的移民浪潮及其所夹带的“微观安全”威胁以及西欧成员国对这种新的安全威胁的恐惧和忧虑，构成了欧盟东扩进程中重要的潜在阻碍因素之一。对西欧国家来说，从铁幕底下来自苏联的坦克和导弹的恐惧已经被东扩进程中可能失控的大规模移民潮和跨国界犯罪活动的深深忧虑所取代。③ “欧洲面对的不是传统的地缘压力或者地缘战略问题，而是人口问题。”④ 目前，欧盟非法移民的人数虽然没有超出历史峰值，只有 90 年代巴尔干战争期间难民狂潮的一半左右，但已经变成一个烫手的山芋。各国民族主义党派的呐喊、失业率的急剧上升以及公众对移民滥用避难体系的愤怒等共同推波助澜，酿成了政治苦酒。2008 年 5 月 9 日，欧盟 27 国试图通过针对欧盟 800 万非法移民的“非法移民遣返法令”，但未成功，因为有 10 个国家要求在法令中加入更严厉的条款。反对“遣返法令”的国家主要提出了五条反对意见。第一条是德国、奥地利和希腊提出的，它们拒绝为非法移民提供免费的法律咨询服务。第二条是捷克、法国和匈牙利要求缩短自愿回归移民的拘押期，定为 7 到 30 天。第三条意见也是以法国为代表，要求拒绝为未成年者作出特殊规定。法国政府希望能够将学龄儿童送返本国，而无须等待

① ［美］塞缪尔·亨廷顿著，周琪等译：《文明的冲突与世界秩序的重建》，新华出版社，2002 年版，第 223 页。

② 欧共体官方出版局编，苏明忠译：“欧洲联盟条约”，《欧洲联盟法典》（第二卷），国际文化出版公司，2005 年版，第 122 页。

③ Heather Grabbe, The Sharp Edges of Europe: Extending Sehengen Eastward, *International Organization*, 2001, Vol. 55, No. 1, Published by the IO Foundation and Massachusetts Institute of Technology.

④ 庞中英：《全球化、欧洲、中欧关系》，《世界知识》，2005 年第 23 期。

学期结束。第四条是以奥地利、波兰、马耳他和捷克为代表，它们认为法令中有关遣返追踪和控制的规定过于繁冗，应当减少给移民的保障。最后一条，几个国家还提出，一旦移民被遣返，他应当在五年以上的时间内不得返回。[①]

对于怎样治理非法移民问题，欧盟成员国之间存在分歧，其中主要分为两派：一派认为政府没有采取强有力的政策措施，因而使得大量外国移民充斥社会，给社会就业、福利和社会稳定带来了诸多问题，移民尤其是非法移民的涌入和移民现象的存在使西欧国家的公民自身感觉到一种强烈的危机感，应该严厉打击，以保障欧盟国家的安全；另一派认为严厉打击是在鼓励“种族主义和排外思潮”，违反了人道主义精神。目前，欧盟成员国虽然都有各自的移民政策，但大部分都是以限制、歧视为主，没有从根本上改善他们的生活、工作条件，使他们更好地融入当地社会。[②] 欧盟应该正视当前的移民现状，加强各层次之间的利益协调，制定统一的移民政策框架，更好地解决非法移民问题。

小　结

欧洲的移民问题应该是从 20 世纪 70 年代后开始引起关注的，而非法移民问题是从 90 年代后开始真正逐步凸显的。尽管有关国家和国际移民组织从 70 年代就已注意到此问题，但近年来欧盟的非法移民问题愈演愈烈。如果说之前的非法移民问题或许只是欧盟的边缘性问题，那么 90 年代以后，尤其是新世纪以来，欧盟的非法移民问题逐步成为各国讨论的核心话题之一。它发端于欧盟成员国，不仅对主权国家的政治、经济和社会文化生活造成影响，还施力于欧盟超国家机构以及其他非政府行为体。非法移民是一个与欧盟发展紧密相关的问题，尽管欧盟各层面对此都作出了很大的努力，但非法移民在欧盟中仍然呈现出问题化趋势。欧盟在非法移民问题上期待进行有效的治理。

① http：//www. eol. cn/ymzc_5808/20080515/t20080515_296880. shtml，2009 年 1 月 31 日。

② 转引自卢祥：《欧盟移民治理：多层级移民治理模式的建立》，华东师范大学硕士学位论文，2006 年。

第三章　欧盟非法移民的国家治理

传统上，移民政策只是一个“国家事务”问题。[①] 非法移民的出现与民族国家的移民政策密不可分。欧共体/欧盟非法移民的治理也是从国家开始的。第二次世界大战结束后的三十年里，移民和难民问题并未引起公众的较大关注。这并不是说那时的移民人数比现在少，因为大多数西欧国家在20世纪五六十年代招募了大量劳工。与今天最大的不同之处是，那时的移民政策制定权把握在政治精英和他们的合作伙伴手里，当然也受到劳工需求及国际关系的影响。所以，在大多数情况下，移民和难民政策很少受到政党政治的关注。但是到了七八十年代，这种政策模式就开始失效了，因为移民引发了一系列尖锐的社会问题：失业、国家福利、文化认同以及公共秩序。大规模移民通过非法入境、避难申请或家庭团聚的方式从发展中国家涌入，其中包括许多妇女、小孩和老人。由移民尤其是非法移民引起的非安全性等问题进入国家政治讨论领域。在这种背景下，政党们发现强大的压力迫使他们去控制、限制移民和难民。这种限制性政策的出台与经济利益者、人权组织、难民团体、宗教组织，甚至国家宪法以及欧洲自由流动政策等引发了许多冲突，移民政策逐渐成为多个社会角色共同关注与参与的主题。[②] 非法移民被认为是移民政策的产物，各成员国移民政策的出台就是对非法移民治理的开始。

第一节　欧盟非法移民问题的国家视角

一、成员国的非法移民治理政策

现代政策科学之父哈罗德·D. 拉斯维尔与另一位学者亚伯拉罕·卡普兰在

---

① Ana Becerro, The External Aspect of Migration Policy, *EUI Working Paper*, RSCAS, No. 2004/05.

② Christina Boswell, *European Migration Policies in Flux: Changing Patterns of Inclusion and Exclusion*, Blackwell Publishing Ltd., 2003, pp. 9 – 10.

《权力与社会》一书中指出，政策是一种根据目标价值与实践而设计的计划。[①]具体而言，政策是政府等社会公共权威为解决社会问题、实现社会目标而制定的公共计划、行动方案和行为准则，它具体表现为一系列的法令、策略、条例、措施等。[②]它包含四个要素：主体、对象、内容和作用。主体表明政策的所属问题，对象是指政策的目标和运用范围，内容为政策的基本规定，作用即政策的效力问题。关于移民政策，英国著名移民政策专家托马斯·哈马尔早在20世纪80年代就对移民政策的内容范畴提出了二分法，[③]并将移民政策（Immigration Policy）分为两部分：

（一）移民控制与外来人口控制（Immigration Regulation and Aliens Control）

（1）"严格"或"宽松"控制外国公民的准入与定居。

（2）"永久身份"的保障；制定反迫害、反随意驱逐的合法安全政策。

（二）针对移民者政策（Immigrant Policy）

（1）间接的：外来移民应该列入社会财富公开分配的行列；要求"公正"，反对带有歧视性的分配。

（2）直接的：制定代表移民利益的特定措施；肯定移民的合法行为，并去除"合法的"歧视举措。

哈马尔移民政策中的"移民"包含双重含义：移民行为主体，以及移民行为或移民社会现象，而移民者政策（Immigrant Policy）中的"移民"主要是指前者。20世纪90年代，哈马尔提出三门模型[④]（见图3－1）的移民路径，并阐述了移民政策内容的范围。

---

① Lasswell, D. Harold and A. Kaplan, *Power and Society*, New Haven: Yale University Press, 1970, p. 71.

② 钱再见：《现代公共政策科学》，南京师范大学出版社，2007年版，第7页。

③ Tomas Hammar, *European Immigration Policy: A Comparative Study*, Cambridge University Press, 1985, p. 7.

④ Tomas Hammar, *Democracy and the Nation State: Aliens, Denizens and Citizens in a World of International Migration*, Avebury Aldershot, 1990.

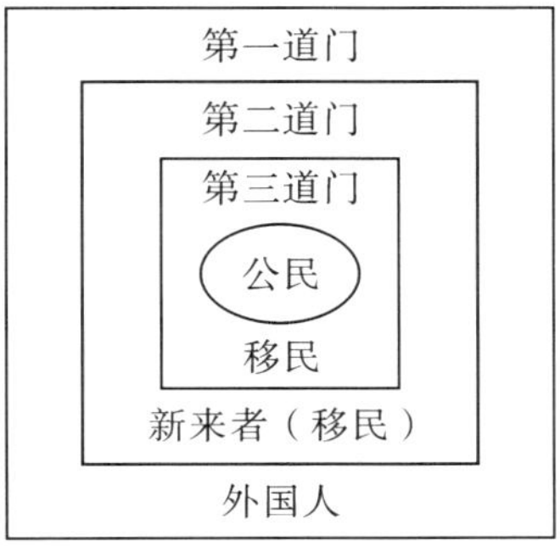

图 3－1　托马斯·哈马尔的移民三门模型

哈马尔认为，第一道门是对外国人的准入管理，入境者可以获得暂时居住的许可；第二道门是对居住和居民身份的管制，对象主要包括合法移民、已获难民身份的避难寻求者，通过第二道门者享有居住权和工作许可、部分社会和经济权利等；第三道门指外国人取得移居国公民身份的程序。移民每通过一道门将可获得更多的权利。管理这三道门的政策包含移民政策、取得公民资格的政策法规。[①] 结合移民三门模型，哈马尔认为移民政策的内容包括控制政策和融合政策。其一，移民的控制政策，包括移民的准入、定居等外部和内部控制政策；其二，移民的融合政策，主要旨在推动移民社会经济一体化的直接、间接政策。

表 3－1　移民政策控制体系

	直接/明确	间接/含蓄
外部控制	—准入控制/边界控制 —出入境签证制度 —对运输非法移民的运输公司的惩罚 —针对“不受欢迎者”计算机信息控制系统的应用 —立法反对非法移民交易 —有关难民的重新定义 —防范性措施：安全居住地，信息大战，重新接纳协定	—准入控制的不确定性处理/行使职权的专横或滥用 —真正需要的移民定义的不确定性 —发展援助政策，直接投资，减少贸易壁垒

① 王毅：《欧洲一体化进程中的移民政策研究》，中国社会科学院研究生院博士学位论文，2002 年。

（续上表）

	直接/明确	间接/含蓄
内部控制	—国内检查 —控制获取身份证 —控制居住、社会权利、健康医疗、教育 —控制获得公民身份、入籍 —大赦政策 —对雇用非法移民的雇主的处罚 —工会、贸易协会的政策 —驱逐和遣返政策	—在决定移民定居、就业许可的行政管理方面存在选择性 —种族社区的形成 —文化认同 —促进移民融合 —社会分离、歧视、敌意，地位边缘化或社会排斥

资料来源：王毅：《欧洲一体化进程中的移民政策研究》，中国社会科学院研究生院博士学位论文，2002 年。

哈马尔的三门模型及其移民政策内容对欧盟非法移民的治理有着重要启示意义。移民政策包括移民控制与移民融合，但由于非法移民没有合法身份，处于社会边缘，融合政策不可能针对他们，因此，在非法移民治理层面上主要表现为非法移民的控制治理。而从移徙位置的角度分析，非法移民又可分为未入境的非法移民（有意愿但暂时未成功的非法移民）和已入境的非法移民。未入境的非法移民由于受到目的国政策的控制未能跨越第一道门；已入境的非法移民尽管受到目的国政策的控制，但跨越了第一道门，却挡在了第二道门前。一旦他们跨过第二道门，就成了合法移民。

因此，欧共体/欧盟成员国非法移民的治理政策主要包括两个层面的内容：一是非法移民的外部治理，主要针对那些还未进入第一道门，即有意愿但未入境的非法移民。国家采取的加强外部边境控制和限制入境的种种政策措施，包括边境管理，打击人口偷运，加强与非法移民来源国、中转国之间的合作，提高难民申请的标准等内容。二是非法移民的内部治理，主要针对那些已进入第一道门的非法移民，从其进入这个国家开始直至他们获得合法居留权为止，包括非法移民的合法化、遣返、驱逐、惩罚非法雇用等内容。近年来，针对许多临时性移民逾期滞留现象严重，部分国家还制定了加强移民合同管理、征收合法移民税收、强制性储蓄等政策手段，以防止非法移民出现。① 至于非法移民转为合法移民后的融合治理应该属于更广泛的移民政策研究范畴，不在本章的重点探讨范围之内。

① Tito Boeri, Gordon Hanson, Barry McCormick, *Immigration Policy and Welfare System*, Oxford University Press, 2002, p. 131.

二、成员国非法移民治理的差异性

从欧盟的发展历程可以看出，成员国数目不断增加，边界不断扩大，对非法移民的治理措施也不断变化，由此引起非法移民进入欧盟的路线和方式也在不断地调整。非法移民进入欧盟的传统路线主要是从非洲经地中海，然后进入南欧，再渗透到其他欧盟国家。但近年来，随着欧盟的边境控制、对非法移民以及其他犯罪打击力度的加大，从传统路线偷渡至欧盟的难度越来越大，新的路线开始不断被开拓。这些新的路线主要包括：①经摩洛哥北部港市休达（Ceuta）及东北部港市梅利利亚（Melilla)，从直布罗陀海峡，在意大利西西里岛，或在西班牙海岸、地中海沿岸登陆进入欧洲。②从西非海岸各点出发，经过金丝雀群岛（Canary Islands）进入西班牙。[①] ③来自孟加拉国、印度、巴基斯坦、中国的迁移者先到马格里布，从陆路走撒哈拉线路。他们多数先从亚洲或海湾国家飞抵西非首都，然后经尼日尔（Niger，中非国家）和阿尔及利亚（Algeria，北非国家）到达摩洛哥。也有部分从埃及到达利比亚和突尼斯，进入意大利和马耳他。④东路经俄罗斯、保加利亚、罗马尼亚、波兰等国，或在土耳其穿越博斯普鲁斯海峡进入西欧（该路线主要被中国、俄罗斯和一些东欧地区偷渡客惯用)。[②]

与南欧相比，西欧国家在过去没有出现大规模的非法移民，尤其是那些没有手续，通过秘密渠道进入的。这一方面是因为过去移民控制比较宽松，另一方面是因为南欧与中欧国家扮演了缓冲区的角色，非法移民要进入西欧国家必须经过多重关卡。但随着欧盟的扩大，情况变得日益复杂。南欧和中欧现已成为欧盟外部边界的前线，并且是西欧劳动力的主要提供者。目前，所有的西欧国家也成为非法移民的收容国，这些非法移民多数属于合法进入，然后逾期滞留工作成为非法移民，或者从东、南欧中转后再进入。

由于各国对移民问题的看法不一，治理政策也有所不同。从移民的治理模式来看，欧盟成员国大体可以分为三类：一类是“没有移民政策”的国家，主要是指德国。德国国籍法在1999年以前主要实行血统原则，能够加入德国国籍的外国移民非常少，德国长期排斥外来民族，不承认自己是移民国家，被认为是“没有移民政策的国家”，直到2005年，面对境内的800万移民和非法移民以及长期拒绝移民而导致人才流失的现状，才不得不推出新《移民法》。但德国在非法移民的内部控制方面非常严格，从来不大赦非法移民，非法移民也很难进入劳

① Graziano Battistella，Irregular Migration，*World Migration*，2008，p. 211.

② 石刚：《全球非法移民问题综述》，《国际资料信息》，2004年第5期。

动市场。第二类是以法国为代表的“共和模式”移民治理国家。共和同化模式曾经是法国移民治理的成功模式。它建立在共和、世俗和平等的公民资格的基础上，法兰西共和国宪法最重要的原则是：“法国所有公民，不分籍贯、人种和宗教一律平等。”根据这一原则，外国移民在语言、宗教、文化等方面的特殊性不得保留。“无论是科西嘉人、阿尔萨斯人，还是来自阿尔及利亚、塞内加尔的法国人都被视为平等的公民。”① 但近年来，由于移民群体的扩大，尤其是穆斯林移民的增多，使得“共和模式”呈现出明显的不足，开始向“多元文化模式”转变。第三类是“多元文化模式”移民政策国家，主要是指英国，本章认为新兴的移民国家意大利、西班牙、荷兰等也属于此种类型。英国有着长期的殖民主义的历史与文化，移民来源多样化，再加上英国岛国的具体国情和其实施的异常宽松的国籍法，特别是其属地法原则，使得英国逐渐形成了多种族、多元文化的移民社会。近年来，意大利、西班牙、荷兰来自各地的不同移民也大增，这些国家在非法移民治理方面一般都是外紧内松，大赦频繁。非法移民进入劳动力市场的通道相对通畅，打击非法移民的措施有限。

从非法移民的外部入境压力来看，可以将欧盟的成员国大体分为三类：第一类是欧盟外部共同边界的临界国。它们直接与外部非法移民接触，边界控制压力相对较大。一方面要直接面对外部非法移民的入境，另一方面还要经受来自欧盟内部国家的压力。例如，德国、法国等就经常要求意大利、西班牙等国加强边境控制力度。目前，外部非法移民主要从东欧和南欧路线进入欧盟。这类成员国包括东欧的波兰、匈牙利、波罗的海三国，还有芬兰和南欧的意大利、西班牙、葡萄牙、马耳他、希腊等国。第二类是欧盟的内部国家。这部分国家的边界主要与其他欧盟成员国接壤，与非欧盟成员国交界的边境一般受到非法移民入境的压力较小，主要包括德国（之前是外部临界国，但随着东欧国家的加盟，成为内部国家）、法国、捷克、奥地利、卢森堡、瑞士、荷兰等国家。相对而言，他们的非法移民控制压力只来自欧盟内部非法移民的自由流动，欧盟东扩后区域经济的平衡将会减少过去来自东欧国家的移民压力，但东欧却可能成为远东国家非法移民的目的地。② 第三类是没有加入《申根协定》的欧盟成员国。目前欧盟成员国中只有英国和爱尔兰没有完全加入，欧盟申根成员国的公民进入两国实行对等的入境条件。他们控制非法移民入境主要依靠本国力量，但一定程度上也受邻国非法移民问题的影响。

正是因为欧盟各成员国地理位置不一，各自所面临的外来非法移民的压力也

① 转引自马胜利：《“共同化原则”面临的挑战——法国移民问题》，《欧洲研究》，2003 年第 3 期。

② Ana Becerro：The External Aspect of Migration Policy，*EUI Working Paper*，RSCAS，No. 2004/05.

不一样，各国的治理政策与效果也大相径庭。在意大利、西班牙等国，由于与巴尔干半岛中间仅隔有地中海、亚得里亚海，海岸线绵长，地理环境非常复杂，边境管理难以到位，因此成为非法移民进入欧盟的最理想登陆点，是难民和非法移民进入欧洲的重要通道。东欧国家过去是非法移民进入欧盟的过境国，然而加入欧盟成为申根成员国后，其境内居民可以直接自由进入其他成员国，而新入盟的东欧各国由于人力、物力、经验等方面的不足，还难以应对角色的突变。同时，由于意大利经济发展与中欧、北欧和西欧国家相比相对落后，所以多数难民和非法移民并不把意大利当作避难和移民的目标国家，而是希望继续北上或者西进，进入法国、德国、英国或者北欧国家。另外，意大利以天主教立国，向来对非法移民抱持宽容的人道同情态度，以往常常发生被意大利海巡队抓到的非法移民，却在法官的仁慈判决下通常不会坐牢，而予以遣返回国。因此，意大利、西班牙政府对非法移民和难民的政策较其他国家外紧内松。这种现象也让欧盟的其他成员国非常担心，特别是法国和德国等国，他们担忧意大利会成为欧盟国家中防治非法移民的一个大漏洞。由此也经常引致成员国之间发生纠纷，外部边界国认为控制非法移民入境是欧盟层面面临的共同问题，需要运用共同体的手段和资源来应对，边境管理的成本不应由外部边界所在国独自承担。①

第二节　成员国的非法移民治理实践

成员国对非法移民的治理过程是一个政策与实践的过程。从以上对各成员国的治理情况来看，尽管各成员国的非法移民问题表现不一，但事实上采取的治理政策与措施大同小异，只是具体程度有所不同。由于篇幅有限，本节选取法、德、意三国作为研究个案，从外部治理和内部治理两方面加以分析。选此三国为个案，主要是因为它们都是欧盟主要的移民/非法移民接收国；同时三国也是欧洲一体化最初创始国，最早加入《申根协定》；另外，三国地理位置不同，接壤的既有欧盟外部成员国，也有内部成员国。因此，三国的非法移民治理实践对于了解国家层面的治理具有一定的代表性。

① ［意］雷纳托·布鲁内塔等：《安全、移民与发展援助：一种综合方法》，罗红波编：《移民与全球化》，社会科学文献出版社，2006 年版，第 10 页。

一、成员国非法移民的外部治理

（一）调整避难政策，限制难民申请

法国人曾经对“慷慨庇护”引以为豪。20 世纪 70 年代，作为原印度支那的宗主国，法国接纳了近 20 万印支难民。进入 80 年代，法国对难民审查条件日趋严格，难民申请被拒绝率从 1980 年的 22% 上升到 1989 年的 79%。[①] 1989 年苏东剧变后，面对大量的寻求避难者，政府出台了一系列政策措施。1993 年，第二部《巴斯克法》（*Pasqua Law*）出台，扩大难民管理机构及其权力，限制了需求避难者的权利，拒绝了很多难民。但 1999 年科索沃战争期间，前南斯拉夫背井离乡的人达到 300 万，欧盟各国成为大批难民的接受国，法国也接受了大量的难民。[②] 从 1996 年开始，内政部进一步限制了外国人的权利，以阻止非法移民。

西德自 70 年代开始接纳较其他欧洲国家更多的难民。1981 年，西德采取多种措施阻止需求避难者，降低避难系统开支。[③] 1993 年，德国在坚持“政治上受迫害者享有避难权”的原则上，修改了避难法条文。新的避难法条款明确了避难权适用的范围，遣送出境程序进展加快，使通过“安全第三国”申请避难的可能性大大削减，所有的德国邻国都被列为“安全第三国”，对承运人进行制裁的措施也阻止了通过航空进入德国的途径。新避难法的生效使申请避难的人数大幅下降，寻求避难者数量从 1993 年 32. 3 万下降到 1997 年 10. 6 万。1997 年和 1998 年又缩小了难民认定范围，降低了寻求避难者待遇。2005 年的新《移民法》进一步提高了难民申请门槛。根据“难民”定义，受害者在本国因政治信仰而遭受的政治迫害，而且避难权是建立在这样一种信念上，国家没有权力因为某个人的政治观点、宗教或者其与生俱来的特性而伤害或者危及其生命、健康或者自由。然而，不是任何国家的不当行为都构成寻求避难的理由。在大多数情况下，政治迫害是国家行为或者主要由国家来负责的行为的结果，发生贫穷、战争、内战或者自然灾害以及对未来的迷茫等情况并不构成避难的条件。

意大利在 1990 年以前没有真正的难民法。1947 年的宪法只规定有避难权，

① 李明欢、［法］卡琳娜·盖哈西莫夫：《“共和模式”的困境——法国移民政策研究》，《欧洲研究》，2003 年第 4 期。

② 宋全成：《从民族国家到现代移民国家——论法国移民历史进程》，《厦门大学学报》（哲学社会科学版），2006 年第 3 期。

③ Christina Boswell, *European Migration Policies in Flux: Changing Patterns of Inclusion and Exclusion*, Blackwell Publishing Ltd. , 2003, p. 18.

但是没有赋予难民具体的权利。1990 年的《马特利法》(*Martelli Law*) 试图弥补意大利与其他欧洲国家难民政策的差距。该法规定了难民申请的评估程序和条件，法律适用相当严格。意大利难民名额很少，寻求避难者除了从当地警察局获得最多45 天的救助外，无法再获得其他任何帮助，也不能进入劳动力市场。但实际上，这些寻求避难者还是得到了许多当地社区组织和非政府组织的帮助。2002 年，新的柏西菲尼（Bossi-Fini）法案进一步严格了难民条款，扩大了对非法进入的寻求避难者的拘留权限，缩短了难民审核时间。[①]

（二）加强边界控制、打击人口偷运

法国 1986 年的《巴斯克法》法令规定了对带入非法移民的航空、航运公司处以罚款的条例。1988 年，法国政府重新制定面向所有非欧共体国家的入境签证制度，增加了入境签证限制，对避难者实施指纹检查，加强边界控制。1991 年 12 月 31 日和 1992 年 2 月 26 日又接连通过了加重对协助移民非法进入法国领土或以相同方式留居法国的个人或团体进行惩罚的法案。法国还成立了统一负责移民、避难、融入和国籍等诸项事务的中央管理机构移民部，使行动更加合法化，将蛇头、偷渡移民网络、非法移民和黑工作为重点打击对象。2006 年，领事馆与省府之间建立电脑联系。2007 年，在 200 个领事馆设立生物特征信息签证，领事馆对有“移民倾向”之嫌的人，可拒发签证，并向敏感领事馆派驻边境警察，采用二氧化碳探测器、心跳监听器和被动毫米波成像仪等新技术加强对入境口岸以及入境人员的检查,[②] 以打击非法移民。新的移民法规定，当航空或海运公司把不属于欧盟成员国侨民，而且没有任何旅行文件的外国人带进法国领土时，罚款额从每人 1 500 欧元增加到 5 000 欧元；为外国人非法入境、居留、通行提供方便者将受到起诉。同时，严控各类签证、担保、跨国婚姻等。对作假、欺骗者处以高额罚金，甚至判刑。

德国始终维持着一个对外部边界的隔离，以此对外来移民，特别是非法移民进行严格限制。入境签证、居留和工作许可等方面复杂而成本昂贵的处理手续，以及在边境控制方面人力和物力的大量投入，将一些不受欢迎的移民阻止在国门之外。在国内重要安全交通设施（如铁路和飞机场等）及入境的入口处，加强对需要有所针对的外国人的监控。加入《申根协定》后，欧洲内部边境控制瓦解，但德国在其东部邻国——波兰和捷克边界的检查却并没有放松。尽管它们现

① Christina Boswell, *European Migration Policies in Flux*: *Changing Patterns of Inclusion and Exclusion*, Blackwell Publishing Ltd., 2003, pp. 59 – 60.

② 英国、法国采用新技术阻止非法移民入境，http://www.20rc.net/lx/lx_9153.html，2009 年 12 月 10 日。

在都是欧盟的成员国，而且无论从历史上还是从现实社会中，与德国都有着多方面的联系。但由于东部边界是非法移民进入欧盟老成员国的主要路线之一，德国在边防检查站的监视技术和人员的投入并没有减少。联邦边境保护的预算从1990年的7 000万欧元上升到2000年的16亿欧元，边境管理人员从1990年的25 187个上升到2000年的38 928个。①

意大利面对日益严重的偷渡现象也于2002年作出新规定，为应付新移民法实施接踵而至的相关问题，大使馆、领事馆增加雇员。为打击偷渡，内政部可以在大使馆及领事单位加派专门警察管理，对那些曾犯下妨害社会秩序罪，如毒品运输、偷渡集团成员、色情业者的移民，不能进入意大利。另外，对于防堵载有往意大利偷渡客的货船，海军军舰可行使更多权力。②

（三）扩大合法移民，减少非法移民

欧盟成员国一般都会不同程度地引入一些临时移民，主要是季节性移民，以满足国内某些产业在某些时间段的需要。1999年，法国临时移民人数为13 400人，其中季节性移民占57%，为7 600人。季节性移民年龄限制在17～50岁，时间一般为6个月。这些临时性移民来到法国后没有选择工作的余地，一般都是雇主安排好的，他们只能在获许的岗位上工作。③

德国在1990年的《外国人法》中对两类移民作出了特别规定，一是跨国公司高级职员，二是其他高技术工人。2000年又针对国内IT人才短缺现象，推出“绿卡”政策，以吸引更多IT人才来德国工作。同时，德国从20世纪90年代早期开始通过双边协定从中、东欧招募季节性合同劳工。1999年，季节性劳工达22.34万人，主要来自波兰，最长期限3个月，合同劳工人数约为3万至4万人。另外，政府还增加了低技术劳动力的供给，2000年，法令规定，在德国居住一年以上的需求避难者可以进入劳动力市场。2001年，德国移民委员会发表白皮书，声明将扩大劳工移民，理由是：全球经济时代知识与技术竞争力的重要性、德国人口老龄化问题、已有的劳动力供给不足现象。白皮书还特别强调德国已经是一个移民国家，不再是长期以来自称的非移民国家。④

意大利自20世纪80年代以来，针对国内劳动力市场的需求，通过立法保证

---

① 转引自宋全成：《英德非法移民社会问题之比较研究》，《欧洲研究》，2008年第5期。

② 杨于萱：《意大利外籍移民问题探究及其启示》，对外经济贸易大学硕士学位论文，2007年。

③ Tito Boeri, Gordon Hanson, Barry McCormick, *Immigration Policy and Welfare System*, Oxford University Press, 2002, pp. 135 – 137.

④ Independent Commission on Migration to Germany, Structuring Immigration, Fostering Integration, Berlin, 4 July 2001.

供给，最主要的手段是特赦已经在意大利的非法移民。1986 年，政府开始立法允许招募移民，满足工作需要。1998 年，意大利政府通过《单一法案》，建立移民配额系统，规定每年移民名额将根据市场需求确定。1999 年为 5.3 万人，2000 年为 6.3 万人，2001 年为 8.3 万人，除此之外，还可以有 2 000 人左右的浮动。这些名额包括与阿尔巴尼亚、突尼斯、摩洛哥等国签订的双边劳工合同人数。法案还规定将给寻找工作者颁发签证，合法工作五年以上者被授予永久居住权等。[①] 至今，意大利已与 20 多个国家签订了这种双边劳务合作协定。

（四）加强国家间治理合作

法国的一位外长曾经说："唯一有效打击非法移民的方法是拥有共同边界的非法移民来源国、中转国和目的国几方共同加强合作，承担起共同打击非法移民的责任。"[②] 法国与其他国家关于非法移民治理的合作主要包括：①与英国的合作，尤其是由于法国桑加特难民营而引发的英法海底隧道非法移民的偷渡问题；②与意大利、西班牙等南欧国家的边界控制合作，主要是共同治理来自东欧、北非等国的大量非法移民涌入现象；③与非法移民输出国的合作，尤其是与利比亚、摩洛哥等非洲国家的合作，包括建立有序的合法移民渠道和提供经济援助，等等。法国在 20 世纪 70 年代就表示出了对非洲的关心。因为来自非洲的非法移民和难民主要以前法属非洲国家为主。这些国家在 1981 年获得法国 52% 的官方援助，1982 年上升到 60.4%，1984 年至 1988 年年均为 57.2%。再加上北非法属国家所得的 14.9%，充分体现了"非洲居先"的传统。1989 年 5 月，法国总统密特朗在法非会议上宣布，取消对非洲 35 个最贫穷国家的本息 277 亿法郎的债务。1990 年 6 月，法国又取消了非洲国家 286 亿法郎的债务，同时宣布今后对非洲最贫穷国家不再提供贷款，一律改为赠款。[③] 这些措施对于促进非洲国家的经济社会发展、减少难民和非法移民的外流，起到了一定的积极作用。

德国在控制非法移民的准入时，也加强了与邻国的合作，主要是为东部邻国开辟合法移民渠道。德国与这些国家，尤其是波兰和捷克签订了一系列双边劳务协定，包括劳工技能培训、了解德语基础知识等。《申根协定》执行后，德国认为欧盟的非法移民问题就不再是一国问题了，欧盟有了共同的外部边界，非法移民的治理需要各成员国的共同努力才能完成。非法移民的大量存在，使得德国与

---

① Christina Boswell, *European Migration Policies in Flux: Changing Patterns of Inclusion and Exclusion*, Blackwell Publishing Ltd., 2003, p. 46.

② 法国表示加强合作是打击非法移民的有效方法，新浪新闻中心：http://www.sinacom.cn，2008 年 7 月 11 日。

③ 金重远：《20 世纪的法兰西》，复旦大学出版社，2004 年版，第 389—441 页。

其他成员国必须加强合作与政策协调才能完成治理。近年来，欧盟多国试图通过大赦等措施快速消解非法移民问题，但效果并不理想，反而引来更多的非法移民。2008 年，法国总统萨科奇提议制定统一的移民政策，得到德国的积极响应。两国达成共识，打算加强合作，实施中止外国人非法居留的措施，尤其主张包机将驱逐出境的非法移民集体遣返回国，并且提议欧盟成员国放弃对非法移民大规模办理身份合法手续。

意大利有 7 600 公里的漫长海岸线，分别与突尼斯、土耳其、阿尔巴尼亚、利比亚等非法移民主要输出国临界。其中南面海岸线长达 1 900 多公里的利比亚，是邻近非洲国家甚至来自世界各地的非法移民向欧洲大陆偷渡的主要集散地，意大利自然就成了非法移民进入欧洲的首选地和“跳板”。为此，意大利政府近年来加强与英、法、西等国的联合打击偷渡行动，包括：向巴尔干地区派驻特别警察和移民官员；逐步建立起处理移民问题的网络；帮助当地政府控制边境；训练海关人员；共同打击有组织的非法移民活动；设立专项基金遣返自愿回国的非法移民；彼此交换在机场海港和火车站工作的有丰富工作经验的移民官员；派遣移民官员和警察到巴尔干地区，提供第一线的支持来打击非法移民的偷渡行动，等等。2006 年 9 月，在芬兰召开的欧盟首脑会上，意大利总理普罗迪、法国总统希拉克和西班牙首相萨帕特罗联名致信，敦促欧盟各成员国采取共同行动，以有效遏制大批非洲非法移民涌入欧洲，特别是意、法、西三国。因为大批非洲非法移民涌入欧洲已不是单个国家能够解决的问题，需要欧盟采取“集体行动”。2009 年 2 月 4 日，意大利与利比亚在的黎波里签订一项共同打击非法移民的安全合作协议。根据协议，双方将派出同等人数的海军在利比亚和意大利领海以及公海进行联合巡逻，制定并加强有关打击非法移民的培训计划、交换情报和举行安全会议；意方将非法移民遣送至来源国，意利双方同非法移民来源国签订协议，共同制止非法移民现象；意大利将在未来 20 年向利比亚投资 50 亿美元，以作为对利比亚在殖民时代遭受物质和精神创伤的补偿。[①] 因为在国家间治理合作中，目的地国与过境国之间的干预行动以及劳动培训合作，可能会导致一个意外的结果出现，那就是非法移民可能会在过境国寻找就业机会逗留下来。[②] 作为交换条件，利比亚同意与意大利进行联合巡逻，以制止通过利比亚进入意大利的非法移民。

---

① 利比亚与意大利合作打击非法移民，新华网，2009 年 2 月 4 日。

② M. Collyer, States of Insecurity: Consequences of Saharan Transit Migration, *Working Paper*, 2006, No. 31, Centre on Migration Policy and Society (COMPAS), University of Oxford, http://www.compas.ox.ac.uk/publications/Working%20papers/WP0631-Collyer.pdf.

二、成员国非法移民的内部治理

（一）中止招募政策，鼓励劳工回国

1973 年石油危机后，各国开始逐步严格限制劳工继续居留在本国。政府也引入相关法律措施，以控制非法移民，包括禁止雇用非法移民、遣返移民等。1977 年，法国对移民要求“家庭团聚”的申请严加限制，并以提供补贴的方式实施自愿回国政策，鼓励业已入境的外国移民全家返回本国。不过，政策直到 1981 年才取得法律强制效应。然而，政策并未取得预期效果，从 1977 年到 1981 年只有约 9. 5 万外国移民离开法国，且大多是意大利人、西班牙人（因为南欧经济开始发展），而非其所希望的非欧洲国家的移民。法国的外国人口变化表明，在一定意义上，法国实行的鼓励外国移民返乡政策是失败的。不过，这种以提供补贴鼓励非法移民主动回国的措施至今一直在欧盟多个成员国实施。

1973 年，西德政府全面停止了招募外籍劳工，并在国内严格限制对非欧共体成员国的劳动者发放劳动许可，开始采取遣返措施处理外籍劳工问题。自 1973 年至 1983 年，每年遣返移民达 36. 5 万人。1978 年制定了《入境和居留法》，提高了居留许可证的申请条件，规定外国移民要连续居留达 5 年以上，能独立维持生活等才可移民。1983 年颁布了《外籍人归国准备促进法》，按法律规定，除发给希望在 1984 年 6 月之前回国的外籍劳工每人 15 000 马克、其子女每人 1 500 马克外，还将视情况归还从前所缴纳的养老金。[①] 从政策变化看，德国对外国移民基本上是采取排斥的态度，一切非欧共体/欧盟国家的公民原则上不能移居德国。移民的社会一体化问题被西德的政界所否认，在管理机构中也被列为禁忌，在政治决策中被压抑和排斥。关于移民的社会融合问题也合乎逻辑地被终止讨论，自然在机构和政策上也没有任何针对性的政策和措施安排。[②]

（二）提高移民条件，限制家庭团聚移民

法国对来自原法国殖民地的移民给予了特别优待，尤其是阿尔及利亚人。直到 1962 年，阿尔及利亚人都享有法国的公民权，并享有不受限制地在法国居住的权利。但阿尔及利亚人的大量涌入引起法国各界不同的看法。1974 年后，上述政策完全取消，法国限制“家庭团聚”移民，取消优惠政策。阿尔及利亚人

① Klaus F. Zimmermann, *European Migration: What Do We Know?* Oxford University Press, 2005, p. 214.
② 宋全成：《简论德国移民的历史进程》，《文史哲》，2005 年第 3 期。

不仅不再享有任何入境优待，甚至遭到更严格的审查乃至排斥。尽管如此，1975年至1985年这10年间，来自北非马格里布国家的移民增长最快，摩洛哥人增长了356.4%，阿尔及利亚人增长了102%，突尼斯人增长了62.9%。大量外国移民的家庭成员仍然通过各种渠道来到法国。

法国早在1945年就颁布了《外国人入境和居留法》，1978年、1981年和1987年对此法又先后进行了三次修订，规定无论是旅游者或做工者都必须具备充足的经济来源，才能获准入境，对在法国境内非法居留的外国人作出了严厉惩罚的规定。按照规定，经许可入境的外国人在法国期间分别享有三种居留资格，即临时居留者资格、短期居留者资格和长期居留者资格。满足法国移民签证条件的主要有六种人：法国公民的配偶、未婚夫（妻）和父母以及21岁以下的子女等；取得永久居留权的外国侨民配偶和18岁以下的子女及父母等；从10岁起就定居法国的外国籍人；取得身份认定手续的难民；在法国居留已达15年的外国侨民；在法国连续居住3年以上，具有独立生活能力的外国人。1993年7月，法国内政部长帕斯格瓦（Charles Pasqua）向议会递交了《新移民法》议案（帕斯格瓦法案），强调“法国不再是一个移民国家”，试图通过拒绝发放长期居留证，防止更多的移民延长居留时间，这使外国人的子女、留学生、法国公民的外国丈夫或妻子更难获得10年期居留证。该法案可能导致的后果是，许多合法进入法国的移民突然变为非法居留者、没有证件者，而他们又不能被驱逐出境，因为他们或是法国籍儿童的父母，或是法国人的配偶。该法案遭到反对党、社会团体以及人权组织的猛烈谴责。在1996年的总统竞选中，由于众多“没有证件者”举行示威，促使政府修正了帕斯格瓦法案中“不规则”条款，遵循平等原则重新确立了部分移民的合法地位。2006年，法国成立了一个移民接待能力及需求跨部评估委员会，根据年龄、文凭、职业经验和法语水平等多项标准，筛选法国希望接纳的人才。2006年5月17日，法国国民议会通过了由内政部提交的一项旨在加强移民控制的法案。该法案贯彻了萨科奇变“被动接受移民”为“主动选择移民”的主张。新移民法案将按行业筛选短缺性技术移民，按积分筛选留学生，按技能、年龄筛选经济性移民等。

德国于1978年制定了《入境和居留法》，规定外国移民如果具备了以下条件，如有固定的住所，掌握了德语，连续居留达5年以上，能独立维持生活，就可以取得无限期的居留许可证。如果连续居留达8年以上，就可以获得永久居留权。1979年取消了禁止外国移民配偶子女入境团聚的限制，规定移民配偶、16岁以下子女经过4年的等待期限后，可以移民团聚。1990年，德国颁发了《外国人法》，规定居留许可主要有居留批准、居留授权、居留许可和居留权利四类。关于外国人在德工作的条件更加严格，原则上可以找到德国人担任此项工作岗位的，则不批准外国人担任。他们只向少数外国人，如已与德国人结婚的，被批准避难者，在德境内合法居住满6年、工作满5年者颁发特殊劳动许可证。2000年1月1日，德国新《国籍法》生效，简化了国籍申请程序，第一次有条件地承认双重国籍，将传统的“血统”原则改为“血统和出生地双原则”。按照新国籍法，德国每年新出生的约10万外籍人子女将获得德国国籍，减少了更多非法移民的产生。2005年的《移民法》允许劳工移民，但必须是具有高技术的外国人，比如，工程师、计算机专家、科学家等，并且投资移民政策更加宽松，只需要投资2.5万欧元注册一个公司，运行3年后就可申请商业投资移民。另外，该法进一步简化了居留形式，由原来的4种改为2种：居留许可和落户许可。居留许可包括临时签证和难民申请期之外的所有限期居留形式，落户许可是无限期签证。①

1998年，意大利颁布第一部移民法，明确规定外国留学生在意大利学习和工作的权利，成为移民意大利的法律保证。2002年7月，意大利出台新移民法，进一步有条件地接受外国移民：①意大利公民及外国侨民的父母（必须为了家庭团聚而不是工作）；②意大利公民及外国侨民的配偶和子女（必须首先取得工作许可证）；③凡移居意大利者必须向政府缴纳一定的费用，通常为其个人收入的5%，作为今后无生活保障的遣返基金。另外，意大利内阁通过了一条法令，使家庭团聚的手续变得更加简单。在意大利生活的合法外国移民申请自己的未成年子女来意时，无须出具生活在国外的子女由其抚养的证明。移民父母来意大利只要出具父母由其赡养的证明即可。但近年来，意大利宽松的家庭团聚政策逐渐收紧。2008年通过的新移民法案规定家庭团聚只限于移民的小孩和父母，并需出示基因鉴定证明；申请家庭团聚时，移民的收入必须达到法定最低收入标准，拥有适当的住宅。2009年8月，意大利《国家安全法令》实施后，非法移民、协助移民非法入境和逗留的犯罪行为将进一步得到惩罚。同时，为遏制以获得国籍为目的的利益婚姻，将外来移民婚后申请入籍的年限由原先的6个月增加至2年。而且如果在递交申请后与配偶分居或解除婚约，其申请将被视为无效。②

（三）加强内部移民居留管理

依照德国法律，外国移民有义务在地方注册机构进行注册登记。当外国移民从一个城市迁移到另一个城市时，也有义务注销登记和在另一城市重新登记。德国海关总署的相关部门和联邦劳动局共同负责与非法就业、非法移民有关的管理事务，在任务的框架内监控那些已经获得居留和工作许可的工作岗位。同时，德

① Klaus F. Zimmermann, *European Migration: What Do We Know?* Oxford University Press, 2005, p. 197.

② 意大利促进移民，国籍法改革举步维艰，《法制日报》，2009年12月8日。

国强化身份证出示和检查制度，在所有各式各样的官方和私人申请中，申请人都必须出具身份证件（个人证明或旅行护照）。另外，依据《外国人法》第76条，所有官方职员都有义务向外国人管理当局报告对非法就业的怀疑。[①]

意大利1998年《移民法》规定，外国人应在进入国家领土8个工作日内，向外国人停留地所在省的警察局提出申请，由入境签证预先确定的活动或现行的安排，获得居留证的发放。居留证的更新应至少在失效前的30日，由持有人向其所在省的警察局提出申请，接收对其发放条件的核实。除此法律和执行条例规定的不同时限外，居留证的有效期将被更新为不超过第一次发放期的两倍。持有欧共体成员国发放的居留证或等效证件的外国人，可在意大利居留，但应通知警察局以获得相应的居留声明收据。违者将被处以20万里拉至60万里拉的罚款。超过60日不申报者，可被驱逐出境。居住在意大利领土内的外国人，每次常住住所变更后，应在15日内通知居住地警察局。2002年新的柏西菲尼法（Bossi-Fini）移民法案要求申请居留或延长居留的移民皆须按捺指纹，强化对外国人居留的监督管理，以预防非法移民滞留的发生。

（四）合法化行动（又名“大赦”）

合法化是指国家允许在该国处于非正规状态的外国人获得证件的过程。典型的做法是给予那些在该国处于非正规状态，且已经居住了一段时间的外国人合法资格，他们因此将不再被认为不可准入。[②] 各国的非法移民合法化在形式与内容上也大相径庭。它可以一直进行，也可以限制在一定时间；可以单独申请，也可以集体申请。移民及其收容国社会都非常关注移民合法化问题。20世纪80年代开始，合法化运动频繁运用于处理非法移民问题上，特别是那些非法移民规模达到一定程度的地区，同时还有一部分人呼吁加强外来移民的本土化。1981年，法国社会党大选获胜上台后，一方面限制外来移民，另一方面对长期居住在法国的非法移民实行大赦。1998年，社会党再次上台，推出《舍维内芒法》，允许符合规定条件的无证件者可以申请“身份合法化”，包括：法籍人士的正式配偶；在法国出生的孩子的父母；能够证明已在法国居留十年以上；能够证明自己与法兰西土地有密切关系（能说流利法语，长期工作并纳税），等等。[③]

---

① 宋全成：《英德非法移民社会问题之比较研究》，《欧洲研究》，2008年第5期。

② Graziano Battistella, International Migration, *World Migration*, 2008, p. 225.

③ 《欧洲时报》，1998年5月31日至6月3日，1999年1月24日至26日。

表 3-2　法国历次大赦情况

序次/时间	法律形式及要求	获赦人数
第一次/1981 年 8 月至 1982 年 6 月	《无合法证件的外国人就业法》（总统令）	13.2 万
第二次/1992 年开始	“放宽移民政策”相关条令	数万
第三次/1997 年 6 月 24 日至 1999 年初	“无证者身份合法化行动”	约 8.7 万

资料来源：据李明欢：《欧洲华侨华人史》，中国华侨出版社，2002 年版，第 493—495 页；欧华热线网 http：//www.olink.com.cn/bbs/dispbbs.asp？BoardID = 4&ID = 35647，《“大赦”白皮书》。

不过，三次大规模合法化行动，却无法达到减少非法移民的效果。自法国最近一次大规模对非法移民合法化以来，要求获得合法身份的申请数量翻了四番。目前的法国总统萨科奇反对合法化行动，同时还敦促其他成员国也不要大赦非法移民。

意大利是欧盟成员国中大赦行动最频繁的国家之一，几乎每过几年就要进行一次大赦。意大利政府曾经试图放弃把大赦当作治理非法移民的手段，但后来发现很难，因为边界线漫长，警察无法杜绝非法移民，同时国内有 25% 左右的地下经济活动，那里聚集着大量非法移民。[①] 1990 年、1996 年和 1997 年的三次大赦，使得 71.6 万名来自马格里布、巴尔干和亚洲地区的非法移民获得合法身份；2003 年大赦了 63 万名偷渡移民，创下了欧洲国家历史上大赦人数最多、时间最快、手续最简捷的纪录；2007 年意大利政府发放了 52 万张移民居留证；2008 年继续向非欧盟劳工提供 17 万个居留许可，其中 95% 实际上是非法留在意大利打工的移民，这些人可因此获得合法居留。[②]

最近的一次大赦名为“在家庭中从事辅助和护理工作的声明”，意大利、欧盟其他国家以及持有长期居留的非欧盟国家雇主可以将在 2009 年 6 月 30 日之前为其从事黑工 3 个月的家庭工和护理工进行合法化，为每名工人支付 500 欧元的费用。每个家庭最多可以合法化一名家庭工和两名护理工（非欧盟国家移民），对于只有一人有收入的家庭，为一名家庭工递交声明时至少应该有 2 万欧元的年收入。对于护理工的合法化没有任何收入限制，但在这种情况下需提供一份由公共卫生机构或家庭医生出具的被护理人员无法自理的证明。

---

① Klaus F. Zimmermann, *European Migration: What Do We Know?* Oxford University Press, 2005, p. 329.

② 意大利内政部长表态：不会集体驱逐无证非法移民，中国新闻网，2008 年 1 月 10 日。

表 3－3 意大利历次大赦情况

序次/时间	法律形式及要求	获赦人数
第一次/1982 年	劳工部法令：所有雇主为其所雇用“无证非欧共体劳工办理合法化”手续	1.6 万
第二次/1986 年 12 月 30 日	943/86 号法令	118 706（至 1988 年 9 月 30 日）
第三次/1990 年 2 月 20 日	39/90 号法令（延期至同年 6 月 30 日）	21.7 万
第四次/1995 年 11 月	总统签署 DL489/95 大赦令令	约 23 万（至次年 3 月）
第五次/1998 年 11 日	“关于移民问题的法律总则”	申请者逾 30 万
第六次/2003 年		63 万，申请者逾 70 万
第七次/2007 年	发放居留许可	52 万
第八次/2008 年	发放居留许可	17 万
第九次/2009 年 9 月	在家庭中从事辅助和护理工作的声明	约 1 万

资料来源：李明欢：《欧洲华侨华人史》，中国华侨出版社，2002 年版，第 493—495 页；欧华热线网 http：//www. olink. com. cn/bbs/dispbbs. asp? BoardID = 4&ID = 35647；Michael Jandl：Estimate on the Numbers of Illegal and Smuggle Immigrants in Europe，19 July 2003，International Centre for Migration Policy Development，《“大赦”白皮书》及相关资料整理。

（五）惩罚非法雇用

1996 年 11 月，法国修改了 1993 年的帕斯格瓦法案，加重了对雇用非法移民的雇主或未向当局申报的就职者的惩罚。1997 年，德布雷（Debre）法案只批准极少数的移民申请证件，并强化干预措施和管理，建立了打击非法移民和黑市工作的特别力量（DICCILEC 和 OCRIEST）。[①] 2007 年 6 月，法国新成立的移民、融合、民族认同与合作发展部公报中指出，法国移民政策首要目标将是控制移民流入，而打击非法移民是其“绝对要务”。当局将严惩非法雇工的“黑工”现象，防止滥用难民庇护权的移民行为，控制出于家庭原因的移民行为。[②] 雇用非法移

① ［法］卡琳·杰拉西莫芙著，陈欣译：《法国移民政策与近五年华人移民》，《华侨华人历史研究》，2000 年第 1 期。

② 法国政府称将大力打击非法移民和“黑工”，新华网，2007 年 6 月 7 日。

民者一旦被查获，将按规定承担部分遣返费用。但雇用非法移民的暴利仍然会驱使很多雇主铤而走险。以2000年的收入计算，雇用一名正式车衣工费用总额为1 650欧元，而雇用一个外国非法移民只需600欧元工资。因此，尽管国家立法严格限制外国移民，但各类企业违规雇用屡禁不止。“移民操作”真正服从的不是专家们精心制定的法律，而是工业界对移民即廉价劳动力的需求。法国每一次大赦非法移民或“身份合法化运动”，都源自需要廉价劳工的企业主的推动。[①]

西德政府1985年4月就开始加强对雇用非法移民现象的处罚。强制不法受雇者回国，对违法雇用者，初犯罚款10万马克以下，再犯罚款50万马克以下。[②]近年来，有关部门估计，黑工泛滥使德国每年至少损失500万个劳动岗位、近700亿欧元的所得税、650亿欧元的社会保险费以及一笔数额很大的增值税。2002年7月，德国颁布了《有力开展打击黑工和非法就业的规定》，指出工商管理、劳动、税务、保险和外国人管理机构等各有关部门要交流信息，形成信息共享、相互协作的局面，以有效打击黑工，增加合法就业。同时规定，触犯非法雇用规定的企业，将在三年内无法得到来自政府部门的订单，非法雇用外国人将被处以最高50万欧元的罚款。2003年4月起，德国政府又推出新的低薪就业形式“迷你工”，规定“迷你工”的收入不与主要工作收入累计缴税。收入400欧元以内的“迷你工”可免缴一切社会保险费，收入400～800欧元的只缴4%～20%的社会保险费，从而大大降低了劳动成本，对遏制黑工潮起到了一定作用。[③]不过有关专家指出，这些措施虽有一定作用，却不能从根本上遏制黑工潮，最重要的是要调整经济政策，特别是税收和社会保险政策，以减少和消除黑工对企业主的诱惑。

意大利是直到1985年才开始关注与恐怖主义密切联系的非法移民和边界控制问题。1986年立法开始打击非法入境，惩治非法雇用。[④] 2002年的新移民法规定，雇用无居留许可非法进入意大利的外国人，无论是否有工作，一经发现立即遣返，非法劳工的雇主将可被判刑3个月到1年，并按其所雇人数处以每人最高5 000欧元罚金。罚款力度比过去的一人200万里拉（1 033欧元）到600万里拉（欧元3 098元）有所增加。而2008年的法案规定，为非法移民提供住房的房东可能被判6个月至3年监禁，以及1万至5万欧元罚款。

---

① 转引自李明欢、卡琳娜·盖哈西莫夫：《“共和模式”的困境——法国移民政策研究》，《欧洲研究》，2003年第4期。

② 宋晓梧：《国际劳务合作与海外就业》，中国劳动出版社，1994年版，第215页。

③ 黑工“黑”税千亿欧元，http：//jicha1. tax861. gov. cn/rdgz/display. asp？more_ id = 34691，2010年3月10日。

④ Christina Boswell, *European Migration Policies in Flux: Changing Patterns of Inclusion and Exclusion*, Blackwell Publishing Ltd., 2003, p. 21.

（六）驱逐出境和遣返

1980 年 1 月，法国第一次对 1945 年的移民法进行较大幅度修订，主要是新增了“驱逐条例”，即警方对那些通过非正常途径进入法国者、居留到期后不符合延长居留条件者均可驱逐出境，在核查移民证件、拘留无证移民、驱逐非法移民等方面拥有更广泛的权力。1986 的《巴斯克法》（*Pasqua Law*）法令规定，驱逐非法移民可以由行政命令执行，即不一定要通过司法程序。2005 年，法国非法移民驱逐出境目标是 2.3 万人，同时把行政留置中心的接待能力增加到 1 600 个床位，为此拨款 7 600 万欧元；2006 年为 2.3 万至 2.4 万人；2007 为 2.318 6 万人；2008 年为 2.5 万人，这个目标变成了一种强制性的运动。[①] 2008 年，法国为待遣返的非法移民建立档案，取名为“Eloi”。这份档案曾在 2006 年 7 月以内政部通令的形式创立，但在有关协会抗议下，行政法院于 2007 年 3 月取消这项通令，理由是此项政策应在咨询全国信息及自由委员会意见后以法令形式颁布。新版本维持了原法案中对待逐外国人建立数据库的规定，他们的个人身份、父母及孩子的身份、所讲语言、驱逐进程，以及是否因危害公共秩序而需特别照看等均将记录在案。对于未被关进羁押中心，而是在家中收到离境通知的非法移民，档案将记录其身份状况及居住地址。另外，法国还与德国、西班牙、英国和意大利等联手组织集体遣返，在法国发放签证与有关国家发放领事馆通行证之间建立联系。

西德政府 1973 年就开始采取遣返措施处理外籍劳工问题。政府全面停止了对非欧共体成员国的劳动者发放劳动许可。尽管当时还没有合法与非法劳工之分。但如果未能在政府规定的期限内离开，事实上就属于今天界定的非法移民。为敦促外籍劳工早日回国，西德政府一是用法律限制他们停留，二是对归国者进行奖金援助。1986 年，政府又颁布了《归国外籍人住宅建设法》，向回国者提供回国后的建宅资金和各种咨询服务。在一系列优惠政策下，当时有 20 万至 30 万外籍人回国，但只占当时外籍人总数的 5% 左右。由于遣送涉及双边关系，因此往往被纳入两国安全合作框架内进行。只有在外国人已经被命令离境、居留申请不被批准、不自愿离境或者出于公共安全和秩序考虑需要其离境的情况下才可以被遣送。如果临时滞留尤其是当他们因为其人种、宗教或者政治歧见面对目的地国迫害时可以不被遣送。近年来，德国每年遣返非法移民数万人，2003 年，约有 26 500 人，2007 年为 11 697 人。

---

① 法国政府定指标：今年将至少驱逐 2.5 万非法移民，http：//world. people. com. cn/GB/1029/42356/6787349. html，2009 年 12 月 10 日。

2002年的意大利柏西菲尼法案规定，没有居留证的移民将依行政法驱逐出境，如果缺乏相关证件，则将被扣留至看守中心60天。扣留期间，若补齐证件，将被释放；反之，则三天内应离开意大利。不过事实上在执行时大打折扣。当前在欧盟不断倡议集体遣返非法移民的压力下，意大利内政部长阿玛托却公开表态，意大利不会对无证非法移民进行集体驱逐。“意大利没有进行任何大规模驱逐。在我们国家，驱逐要符合移民法的规定，法律对此制定了特别措施，每一次驱逐都要有理由，尤其是针对个人。驱逐决定要得到司法当局的批准。”[①] 2008年7月15日和23日，意大利众、参两院先后通过了旨在打击非法移民的新法案，进一步规定了一系列打击非法移民的措施，包括设立“非法移民罪”，亦即非法移民的行为构成一种轻罪，违反者可能被判6个月至4年监禁；非法移民触犯法律被判刑时，量刑比平常人加重三分之一；被判处2年（目前为10年）以上徒刑的外国人可能被立刻驱逐出境；为非法移民提供住房的房东可能被判6个月至3年监禁，以及1万至5万欧元罚款；强制儿童行乞可能被判3年监禁；对非法移民的留置期限可以延长2个月至18个月（目前为6个月）；当“对公共安全造成威胁”的情况出现时，加强市长采取特别措施的权力。[②]

第三节　欧盟非法移民的国家治理评价

一、国家治理的主体性

全球化使得民族国家受到了来自内部与外部的冲击，甚至在民族国家的经济和政治基础上出现了裂痕。假定这个世界正在经历着的国家主权终结的“新中世纪主义”认为，多元化的义务感和责任心取代了以往公民对于国家的一元化的忠诚；次国家的、国家的和超国家的机构将在这个新的世界里分享对于个人的权威。然而，尽管这些实体很重要，但是在涉及经济和政治问题的时候，作出首要决定的实体仍然是各国政府。现实主义认为，有特定疆域的国家仍然是国内事务和国际事务中的首要实体，虽然今天其他重要的实体还包括世界银行、国际货币基金组织，以及欧盟委员会等，国家不再是唯一重要的实体，但这些别的实体的

① 意大利内政部长表态：不会集体驱逐无证非法移民，中国新闻网，2008年1月10日。

② 意通过新移民法，严打非法移民收紧家庭，http://www.eol.cn/dongtai_6218/20080731/t20080731_313252.shtml，2009年12月18日。

活动规则仍然由国家制定，国家运用其强大的力量，仍旧能够左右经济和政治事务的最终结果。即使是在像欧盟这样高度一体化的国际组织当中，最重要的政治实体（德国、法国和英国）所扮演的角色仍然是核心的。治理少不了权力的运用，并且我们还是生活在一个这样的世界，即政府依然是唯一能够合法地运用其力量去达到各种社会目标和保证各项协议有效的机构。任何解决治理问题的努力，都必须认识到这仍然是一个国家、权力和国家利益起主导作用的世界。①

面对20世纪90年代以来的难民和非法移民大军，欧盟各成员国在出现更有效的治理机制之前，最重要的仍然是治理权威。它们凭借主权国家自身独特的内在权威性和合法性以及控制资源方面的优势，在外部控制和内部治理方面都采取了一系列措施，并取得了一定成效。

法国治理非法移民的决心非常坚定。2003年，当时的法国内政部长萨科奇就曾经庄严宣布：纵容非法移民的时代已经结束了。而今作为总统的萨科奇更是公开宣布，只要他在位，就不会大赦非法移民。法国日趋严厉的移民政策使得非法移民越来越难以进入，法国不再是昔日非法移民的天堂。

德国自1993年实行新的难民申请政策后，难民申请者大幅减少（见表3-4）。而2005年的新《移民法》的实行对遏制难民申请和移民流入更是起到一定作用。2008年9月10日，德国联邦统计局在威斯巴登公布了一则消息，由于《移民法》条件苛刻，2007年德国申请难民人数是1994年以来最少的一年。不仅到德国来的外国移民越来越少，而且移民比率还相对下滑了6%。不过到2020年，如果德国移民人数继续减少将导致德国在职人口缩减2.5%。②

表3-4　1992年以来德国难民申请者人数变化

单位：万人

年份	1992	1993	1994	1996	1997	1998	1999	2000	2001	2003
人数	43.8	32.3	12.7	12.6	12.3	12.2	13.8	11.8	11.8	5.05

资料来源：Klaus F. Zimmermann, *European Migration: What Do We Know?* Oxford University Press, 2005, pp. 201-202.

在西班牙，从西非海岸各点出发，经过金丝雀群岛入境的非法移民在2006

① ［美］罗伯特·吉尔平：《国际治理的现实主义视角》，见［英］戴维·赫尔德、安东尼·麦克格鲁著，曹荣湘、龙虎等译：《治理全球化：权力、权威与全球治理》，社会科学文献出版社，2004年版，第350—353页。

② 德国移民法逾加严苛，外国移民逐步减少，http://www.chuguohome.com/yimin/104109.html，2009年12月26日。

年1月至7月共有13 700人，而2007年1—7月，由于西班牙警惕性提高，加强了巡逻以及欧盟边界机构框架的制定，非法移民下降了55%，降至5 700人。①

在意大利，政府每年抓获的非法移民达数万人，2004年为61 025人，2005年为83 809人，2006年为92 029人，2007年为54 140人。另外，各国在驱逐非法移民出境方面也取得一定成绩。2007年，西班牙驱逐人数为64 989，法国为26 953，德国11 697，意大利为9 394，波兰为32 188，欧盟国家的平均驱逐比例是46%。

在中、东欧边境，从2002年至2006年，通过加强治理，虽然通过公路和机场入境欧盟的人数有所增加，但进入欧盟的非法移民总数却大幅减少。

表3－6　2002—2005年中、东欧边境抓获非法越境者情况

单位：人

抓获地点＼年份	2002	2003	2004	2005	2006
公路边界	10 584	12 193	14 673	19 314	17 767
铁路边界	682	697	823	732	468
森林边界	29 008	21 034	18 004	11 640	9 060
海岸边界	107	98	189	125	67
机场边界	1 349	1 576	1 667	2 382	2 906
国内	3 095	3 395	3 128	3 385	3 086
其他地方	72	3 287	2 315	1 418	615
总数（8国）	44 897	42 280	40 799	38 996	33 969

资料来源：Peter Futo, Michael Jandl, on Illegal Migration, Human Smuggling and Trafficking in Central and Eastern Europe, 2006 Year Book, International Centre for Migration Policy Development, Vienna, 2007

二、国家治理的不完整性

在全球化和区域一体化的双重背景下，欧盟非法移民的国家治理无疑比世界上其他任何地区的国家都要复杂。欧盟各国的政策制定者认为，治理可以减少30%～80%的非法移民。② 但无论怎样，欧盟非法移民的规模并未减小，相反由

① Graziano Battistella, International Migration, *World Migration*, 2008, p. 211.

② Michael Jandl, Estimate on the Numbers of Illegal and Smuggle Immigrants in Europe, International Centre for Migration Policy Development, 2003.

于历年不断累积，问题愈益凸显。显然，欧盟非法移民的问题已经难以简单地“化整为零”，在各成员国内独自解决。

首先，各成员国非法移民问题的差异性影响了治理的动力与效果。由于欧盟各成员国之间在地理位置、经济模式、人口结构、政治体制以及文化传统方面存在差异，非法移民问题对各国的影响力也不一样。各国政府受到来自各方的压力也大不相同。有时即使政府意识到问题的严重性，但由于各种因素的制约，治理政策也难以有效实施。以法国为例，尽管政府一直强调打击非法移民，但仍然不断地接纳合法与不合法移民。法国的移民政策不断地修订，但基本滞后于移民潮的发展，是被动的、弥补性的，并且在许多方面缺乏可操作性和实效性。法国移民问题的复杂性限制了其治理效果。政治上，移民政策的制定与实施是不同利益群体争夺权益的集中体现，长期成为法国政坛左右两派斗争的一个筹码。在移民问题上存在着“国家立法”（State of Law）与“国家执法”（State as an Actor）相互背离的矛盾。经济上，移民政策与实施中的悖论是法国国内不同阶级利益交锋的折射。法国是一个靠高税收支持的高福利国家，但雇用非法移民可以使许多利益阶层逃避高额的税负。因此，国家需要在应对非法移民和寻求避难者流入的方法上进行改革。对移民所属国进行奖惩，阻止不了非法移民。同样不起作用的还有更严厉的控制边界措施、对雇主及非法移民本人的更重的惩罚。[①] 文化上，法兰西文化至上与多元文化存在着矛盾与冲突。随着外来移民群体，尤其是穆斯林移民的增加，他们不愿轻易抛弃自己的历史与文化而接受“完全融入”的“共和模式”。法国人认为吸纳和纵容异族移民的结果导致了“反法国人的种族主义”，使法国人失去了在“家”的安全感。[②] 但移民群体的壮大提高了他们在治理过程中的发言权，使得问题的解决更趋复杂。在意大利，过去对非法移民的治理比较消极，一方面是因为非法移民使用成本较低，另一方面是由于意大利两党政府、社会团体（贸易联盟和工会）、非政府组织和教会等都倾向于中间、非种族歧视的立场。即使是新纳粹分子，也不好采取完全的反移民立场，而宁愿坚持传统的反社会主义运动。[③]

其次，区域一体化的发展，削弱了国家治理的效力。欧洲一体化的过程也是民族国家主权向欧盟一级和地方一级让渡的过程。同时，全球化又推动了社会力量的多元化，地方主义和公民社会的兴起改变着主权的面貌和内涵。作为多层治

① ［美］贾格迪什·巴格瓦蒂著，撷英译：《控制不住的边界》，《国外社会科学文摘》，2003年第5期。

② 李明欢、［法］卡琳娜·盖哈西莫夫：《“共和模式”的困境——法国移民政策研究》，《欧洲研究》，2003年第4期。

③ Christina Boswell, *European Migration Policies in Flux: Changing Patterns of Inclusion and Exclusion*, Blackwell Publishing Ltd., 2003, p. 22.

理主体的民族国家，与欧盟层面的超国家组织和次国家行为体既是竞争对手又是合作伙伴。加里·马克斯等人认为在政府间合作模式下，国家还可以保留绝对主权，政府经由理事会及高峰会将政策偏好施力于欧盟另三个机构，并可控制次国家层次在欧盟层次上的活动。而在多层次治理体系下，国家则无法单独凭借政府间合作发展欧盟政治，必须与欧盟委员会、欧洲议会及欧洲法院共同制定政策，次国家团体也可直接游说欧盟，或通过影响欧盟决策迫使国家实行某些政策。[①] 换言之，民族国家不再独享主权，也难以完全履行其在政治、经济、社会和文化等方面所承担的责任和义务，而必须与欧盟层次的机构以及地区级政府等行为体共同决策，共享主权和协调政策。1995 年《申根协定》实施后，成员国之间的人口流动实现自由化，非法移民问题的跨国特征更加明显。一国的非法移民问题可以影响到其他成员国，甚至蔓延到整个欧盟地区。这种无规则的非法移民活动违背了《申根协定》制定者们的初衷，扰乱了正常的移民管理秩序。在欧盟的非法移民治理过程中，还存在着"挤压气球"（squeezing the balloon）效应。当一国着手实施严厉的打击非法移民措施时，国内的非法移民就会流向其他成员国，导致其他国家非法移民数量膨胀。1993 年，当德国实行《避难妥协法》，限制难民申请和打击非法移民时，大批非法移民转移到移民政策相对宽松的英国和法国等其他欧洲国家。2004 年之后，由于在欧盟其他大国寻找合法工作的努力未能成功，大批波兰人和其他中欧地区外来劳工进入英国。

再次，移民的客观性与移民政策的主观性之间的悖论成为非法移民问题治理的症结。移民已成为全球化时代的重要特征。现代交通、信息咨询等要素为大规模人口流动提供了可能性。但国家主权的藩篱依然是人口跨国自由迁移不可忽略的屏障。移民的合法性与非法性取决于国家政策法规的界定，甚至移民的非法性也取决于当时特定国家法律法规的、文化的和社会政策的框架条件。在冷战时期，移民还被当作对抗的工具之一。当今，面对国际移民的客观存在，一些国家的移民政策仍然映射着决策者乃至整个民族的主观意识。例如，在德国，人才外流严重，甚至出现了专业人才缺乏的现象，据德国联邦统计局预测，如果要在 2050 年仍保持现有人口规模，那么需要每年引进 30 万至 40 万外国移民，到那时外国人所占比例将达到 28%。除此之外，德国社会老龄化问题日益严重。如果没有外来移民，2050 年德国就业人口将由目前的 4 100 万减少为 2 600 万，而 60 岁以上的老年人口将达到人口总数的三分之一。[②] 但德国长期以来仍然排斥外来

---

① Gary Marks Liesbet and Kermit Balnk, European Integration from the 1980s: State-Centric vs. Multi-level Governance, *Journal of Common Market Studies*, 1996, Vol. 34, p. 356.

② 宋全成：《德国移民问题与无移民政策的移民国家》，《齐鲁学刊》，2004 年第 1 期。

移民，直至近年来才不得不承认是移民国家，推出《移民法》，但此法生效并不意味着原来的《外国人法》失效。《移民法》第一段规定，其他法律的规定不受此法约束。凡《移民法》没有涉及而《外国人法》涉及的地方，仍以《外国人法》为准。《移民法》对合法移民的控制虽然有所放宽，但政府的主要目的是吸收高级人才移民，而对低技术移民和非法移民仍然是排斥的。之前关于雇用外国劳工的有关禁令对于非熟练工人、半熟练工人甚至熟练工仍然有效。目前非法移民要进入劳动力市场困难重重。1997 年，德国以立法的形式禁止难民申请者进入劳动力市场以后，非法移民就只有通过两种方式进入劳动力市场：一是通过德国政府对寻求避难者的劳动力市场准入政策进入；二是得不到法律的有效保护而直接非法就业。而依据《外国人法》第 92 条规定，非法移民是法律意义上的犯罪行为，可以处以一年以内的自由管制（Freiheit-strafe）。非法移民危害德国法律的消极后果显而易见。尽管德国政府也制定和实施了反歧视法，但在德国发生了比其他西欧国家更多的反移民的种族主义暴行。从管理当局、相关移民机构以及社会大众对非法移民都存在这样一种看法："外国人在德国的非法性，危害社会的安全和秩序……对职业上和社会上的个人利益的保护，在非法移民的情况下，不能放在维护公共安全和秩序的公共利益之前。"① 所以，德国政府从来没有大赦过非法移民。

小　结

欧共体/欧盟各成员国的移民政策是随着各国经济政治的发展不断演变的。共同市场内的人口自由流动，是欧洲经济一体化的必然要求，但由此带来的负面影响也是政策制定者始料未及的。随着申根国家的增多，成员国的共同边界不断扩大，但在这个"共同"领域内却是"不同"的移民治理。经济主权的让渡与政治主权的让渡不同步使得各国移民治理的实施陷入困境。虽然为了协调移民政策领域中的统一原则和行动，欧共体/欧盟逐步搭建了一些缺乏强制性效力、主张不主动移民的共同的欧洲移民政策框架，但目前而言，包括控制非法移民在内的移民政策实施的主体依然是单个的欧洲民族国家。因此，无论是法国、德国、意大利还是西班牙，都是依据本国的社会、政治、经济发展状况来确定和执行针对非法移民的治理政策。各国的非法移民治理措施虽然大同小异，但在实施过程中的执行标准不一，因为毕竟不是所有的成员国都能够如此深刻地认识到本国的

① 转引自宋全成：《英德非法移民社会问题之比较研究》，《欧洲研究》，2008 年第5 期。

非法移民问题就是欧盟的非法移民问题。显然，在单一的民族国家层面上，已经难以完成超国家的非法移民治理。跨越民族国家的欧洲化有两种后果：一是欧洲化由于其后国家特征，对建立在欧盟舞台上的政治行为方式和政治组织产生极大影响；二是公民权与民族国家间的单一联系，已经建立的自由民主政体形式将被打破。[①] 移民治理已经突破了民族国家的界线，假设有一种新的政治机会结构在欧盟出现，这种结构就会促使移民治理在超国家和次国家领域产生影响。

① 陈志强：《欧洲移民政治研究》，华东师范大学博士学位论文，2007 年。

第四章　欧盟非法移民的超国家治理

欧盟的超国家治理一直被认为是政府间主义与地区主义的博弈过程，博弈的动力来自各方对问题发展变化的认识。从欧盟机构的发展和条约规则的变更可以看出，欧盟在移民方面问题的超国家治理经历着一个缓慢发展的过程。一开始只是各成员国因为共同市场发展的需要，必须促进人员自由流动而进行了一些合作。难民、非法移民问题出现后，各成员国开始逐步将移民事务纳入欧共体层面予以关注，不过在决策执行上，成员国并没有赋予超国家机构真正的权力。随着一体化的深入，移民问题变得日益复杂，各国逐渐意识到难以单独完成移民治理问题，从而推动了欧共体/欧盟超国家治理的产生。1989 年的帕尔玛文件（Palma Document）中就提到，打击非法移民将成为共同合作的优先目标。1991 年《马约》签订后，移民控制成为欧盟这一超国家实体新的主要政治事务。① 1999 年《阿约》实施后，移民事务的超国家治理开始真正启动，《阿约》引入了超国家性质的合作模式，将避难政策和移民政策等相关事务移至第一支柱，适用于共同决策模式；2009 年《里斯本条约》的实施，标志着移民问题的超国家治理将进入一个新的阶段，它将于 2014 年直接把《阿约》第一支柱的政策工具适用于整个司法与内务合作领域。②

第一节　欧盟非法移民超国家治理的演进

一、欧盟非法移民超国家治理的动力

第一，欧洲一体化共同市场的发展为非法移民的跨国流动提供了机会。从欧

① Bill Jordan and Franck Düvell, *Irregular Migration: The Dilemmas of Transnational Mobility*, Edward Elgar Publishing, Inc. USA, 2002, p. 41.

② Sergio Carrera and Florian Ceyer, The Reform Treaty & Justice and Home Affairs: Implications for the Common Area of Freedom, Security & Justice, CEPS Policy Briefs, No. 141, August 2007, http://shop.cep.eu/BookDetail.php?item_id=1535.

洲历史来看，欧洲和超欧洲范围的移民现象始终存在。欧洲一体化的发展需要从制度上推动商品、资本、服务和人口的自由流动，这在一定程度上也为非法移民在区域内的渗透与扩散提供了便利。从1951年的《欧洲煤钢共同体条约》第69条开始，共同体就致力于推动共同市场内的劳动力流动。1957年，《罗马条约》进一步确定扫清成员国间商品、人员、服务与资本自由流动的障碍，表明“自由流动”不带有成员国公民的限制，成员国的非公民劳工也能自由流动。而70年代，出于国家安全利益的考虑，跨国间的迁移得到控制。同时，世界性经济危机也使得各国都对呈现“饱和状态”的劳工移民和不断增长的家庭团聚移民，采取了限制性移民政策，从而引发了非法移民的出现。1987年，《单一欧洲文件》第13条再次强调了《欧洲经济共同体条约》第8条A的规定，内部市场应包含一个无内部边界的区域，确保商品、人员、服务与资金的自由流通，并于1992年12月31日前取消成员国间的内部边界障碍，以完成内部市场的建立。1995年3月26日，《申根协定》首先在德国、法国、西班牙、葡萄牙、荷兰、比利时、卢森堡生效。之后的《马约》、《阿约》、《尼斯条约》、《欧洲宪法条约》（未通过）、《里斯本条约》等多次重申了实施旨在保证经济一体化和其他领域同步发展的政策的决心，通过完成内部市场、增强内聚力、为人员自由流动提供方便的目标。在推动无边境控制的人员自由流动的同时，也必然为非法移民以及其他形式的跨国犯罪行动提供便利条件。如果欧盟对内部边界控制失败而又不能解决司法分裂（jurisdictional fragmentation）和犯罪分子自由流动的结构性矛盾，那么欧盟的治安与安全形势将严重恶化。因此，欧盟关于移民与非法移民的治理合作显得非常必要。

第二，非法移民成为成员国共同关注的利益问题。欧盟经过50年的发展，由最初的6国扩展到现在的27国，并且呈现出进一步发展的趋势。欧盟人口总数达4.91亿，经济规模超过美国，2006年的欧盟国内生产总值达146 098亿美元，美国则是131 947亿美元。[①] 其成员国范围也由成立之初的西欧地区发展至几乎整个欧洲地区。由于欧盟大多数成员国内部实行人口自由流动政策，消除了内部边界控制，因此非法移民只要进入任何一个申根国家，就可以在其他成员国内自由流动。同时，欧盟在不断扩展的同时，也意味着其共同外部边界日益扩大，这样也给外部边界成员国带来更大的移民压力。欧盟东部与俄罗斯、白俄罗斯、乌克兰和巴尔干国家接壤的长达5 000公里的边境线将成为防止非法移民的一大挑战。大量非法移民所引起的政治、经济、社会和国家间关系的非传统安全问题几乎是欧盟所有成员国所面临的共同挑战，并且这些问题的解决不可能在欧

① IMF, World Economic Outlook Database, http://www.im.forg/external/pubs/ft/weo/2007/02/.

盟的一个成员国内部实现。[①]《马约》K1 条就明确规定各成员国视避难与打击非法移民领域为共同利益的问题，将非法移民治理提到一个非常重要的高度。从整体上看，后冷战时代的社会环境是一个边界日益开放的环境，内部安全与外部安全紧密相连，难以分割。欧盟每一个成员国的边界都将成为欧盟共同的外部边界，欧盟的共同外部边界需要成员国共同治理，而不仅仅是外部边界成员国的问题。由此，成员国之间共同的签证、避难、遣返等移民法律的形成，成为欧洲一体化的必然目标。同时，相比各成员国而言，欧盟作为一个政策整体也更有利于与移民来源国达成治理共识。

第三，寻求构建自由、安全、司法的欧洲共同空间。欧洲一体化的历史进程蕴涵着人本意识、基督教精神、规则理念和现代化工业文明的混合特质，这些特质相互激荡，共同构成了一体化的精神内核。欧洲虽然是现代民族国家的发源地，但自近代以来日渐勃兴的欧洲观念和欧洲意识更是在宏观层面上打开了封闭的国家体系。这种超越国家理念之上的价值趋向映射在安全的现实考虑上，体现为对整个欧洲共同空间的关注。另外，欧洲政治文化传统长久以来一直浸润着人权、自由和平等的理念，成为欧洲化的重要内涵。“规则取向”在欧洲树立了以国际会议和国际法来协调彼此冲突、谋求实现和平的传统。《马约》和《阿约》都一直将建立一个自由、安全和正义的区域作为欧盟发展的目标之一。因此，基于长久以来在欧洲历史演进过程中所塑造的共同理念，伴随着联盟延续性的政策宣示和实践，在欧洲范围内建立一个“自由、安全与司法的区域”已经成为欧盟的一项具有政治优先性的议程。[②]

第四，欧洲安全观念变化的现实考量。“二战”结束后，西欧国家在安全上的问题主要表现为：一是西欧范围以外的军事安全，主要通过与美国等建立北约集团对抗苏东军事集团；二是西欧国家内部非军事上的安全问题，主要通过两种方式应对。第一，通过联合，达到消除存在的军事冲突的可能，这集中体现在欧洲煤钢共同体的组建中；第二，通过民主政治体制，消除因为移民有可能带来的不稳定的社会整合问题，也消除种族主义和法西斯主义的重新崛起。[③] 1990 年以后，西欧国家的外部军事安全忧虑大为减轻，但国家内部的非军事安全因素的忧虑却在增加，包括恐怖主义、大规模武器扩散、有组织犯罪、移民等问题。其中移民问题主要表现为两方面：一是欧盟成员国内部的移民与原居住国居民融合而导致的社会问题；二是来源于欧盟外部的大量非法移民所引起的政治、经济、社

① 徐军华：《非法移民的法律控制问题》，华中科技大学出版社，2007 年版，第 139 页。

② Jorg Monar, Justice and Home Affairs, *Journal of Common Market Studies*, 1998, Vol. 36, p. 138.

③ 宋全成、葛谨雁：《移民政策中的民族国家主权的部分让渡与欧洲一体化》，《欧洲》，2000 年第 5 期。

会和国家间关系的非传统安全问题，这几乎是欧盟所有成员国面临的共同挑战，并且这些问题的解决不可能在欧盟的一个成员国内部实现。[①] 因为从整体上看，后冷战时代的社会环境是一个边界日益开放的环境，内部安全与外部安全紧密相连，难以分割。

第五，非法移民问题跨国性本质的根本要求。移民现象涉及两个或两个以上的国家，是一种社会性的跨国互动过程。欧盟的非法移民问题与非法移民来源国、中转国、目的国的经济和人口形势等密切相关。因此，欧盟范围内的每一个国家都难以直接控制这个过程的参与者及其起因和动态的发展，而对非法移民的过程监控就变得越发艰难。从本质上来说，由于移民和迁移与移民本身具有跨国界性质，因此移民政策也是跨国界的。民族国家如果不愿意放弃对迁移和移民现象控制的要求，那它只能选择与移民来源国、中转国或移民接受国进行国际合作，达成一致的共同措施。就实质而言，每一个移民政策都会对其他国家产生影响，并隐藏着一定的引起国家间冲突的潜在因素。因为一国移民政策的控制要求，本身就含有根本性的冲突，它表现在其行为权利的领土界限和跨越领土边境的移民活动之间。[②] 欧盟各成员国的移民政策形成于冷战时期，并且主要是为西方阵营政治、经济服务而设计。这种移民政策主要针对接纳经济难民、政治难民以及原殖民地国民，缺乏处理移民问题的长久策略。随着冷战的结束，新的移民潮以特有的规模、方式和类型涌入欧盟地区，尤其是各国移民政策收紧以后，非法移民大量出现，单个国家已经难以有效应对新形势下的非法移民失控问题。因此，为了有效规范移民流动，欧盟需要采纳一种协调一致的方法来考虑非法移民的合法化问题，同时与来源国及中转国密切合作，减少成员国劳动立法推行的阻力，减少非法移民，尤其是走私和非法交易。由于成员国间存在与来源国关系、接纳能力、融合政策的发展和劳动力市场的需求等方面的差异，因此最好的办法是建立欧盟层面的整个框架，制定共同的标准和程序，形成一套确立目标和指导性计划的机制，在机制框架内各成员国可以开发和执行本国的政策。[③]

第六，一体化的功能性外溢提供了治理基础。“外溢”是哈斯著作中的核心概念。他认为：“最初在一个领域进行一体化的决策外溢到新的功能领域中，一体化涉及的人越来越多，官僚机构之间的接触和磋商也越来越多，以便解决那些由一体化初期达成的妥协而带来的新问题。”[④] 新功能主义的“外溢理论”（Spill

---

① 徐军华：《非法移民的法律控制问题》，华中科技大学出版社，2007 年版，第 139 页。

② 宋全成、葛谨雁：《移民政策中的民族国家主权的部分让渡与欧洲一体化》，《欧洲》，2000 年第 5 期。

③ 陈志强：《欧盟移民政治研究》，华东师范大学博士学位论文，2007 年。

④ Ernst B. Hass，International Integration：The European and the University Process，International Organization，XV（Autumn 1961），p. 372.

over）也解释道："由功能上的相互依赖或目标上的相互联系所产生的不平衡最终迫使政治行为者重新界定他们的共同目标。"[①] 一体化必然向外延伸，一体化也因此能从一个部门外溢到另一个部门。一个部门的一体化与其向另一个部门的外溢（部门一体化的扩展逻辑）之间，存在着因果关系或者积极的学习过程。[②] 然而，这一因果关系或积极的学习过程的强度有多大，还要看实际情况的发展。欧洲的一体化首先从煤钢领域逐渐扩展到整个经济领域，再由经济扩展到政治、外交、司法等领域。虽然欧盟的大量实例证明，一个部门成功地进行了一体化后，其他部门实现一体化还要付出同样大的努力，但欧盟成员国在政治、经济、文化、军事安全等领域的良好合作为非法移民的治理提供了经验与制度基础。各国移民政策方面的合作可以看作是"单一市场发展的经济逻辑"[③] 的一种反映。毕竟，欧洲煤钢联营的成功才使《罗马条约》成为可能，而有了《罗马条约》才最终导致了欧盟的形成。因此，在欧盟范围内实现非法移民的超国家治理，是有可能的。

二、欧盟非法移民超国家治理的轨迹

（一）20 世纪 80 年代中期至 1992 年：欧盟非法移民超国家治理尝试阶段

欧盟非法移民的超国家治理起始于国家间的合作。1967 年，欧共体成员国订立了处理移民事务的第一个政府间合作架构——《那不勒斯公约》（*Naples Convention*），以规范成员国海关互相交流协助。但成员国讨论的议题主要是打击恐怖主义与安全秩序问题，对于移民自由移动的权利没有予以重视。至 80 年代中期，统一大市场的发展要求消除内部的限制障碍，另一方面进入欧共体的寻求避难者逐年增加，开放内部边界容易造成互相渗透，各国意识到单独的国家立法几乎不能处理这些复杂的问题，必须加强欧共体架构内的治理合作。当然，在欧共体整合过程中，成员国不可避免地仍以国家利益作为衡量标准，唯有确保各成员国能更有效掌管国内事务时，才会考虑在欧洲共同体架构下让出部分主权制定政策。德国学者 Moravcsik 认为欧洲共同体政策为国家政策的延伸，而欧洲整合

---

① Robert Keohane & Stanley Hoffmaned, *The New Community Decision-Making and Institutional Change*, Westview Press, 1991, p. 19.

② ［美］詹姆斯·多尔蒂等著，阎学通、陈寒溪等译：《争论中的国际关系理论》（第五版），世界知识出版社，2003 年版，第 585 页。

③ Geddes, Andrew, Immigrant and Ethnic Minorities and the EU's "Democratic Deficit", *Journal of Common Market Studies*, 1995, pp. 197 – 217.

即为政府间合作所主导。[①] 对于欧盟移民政策的整合，一开始政府间模式确实具有重要推动力，成员国间的多边协议引导出欧盟移民体制，其中包括移民政策与规则、欧洲外部边界政策与欧共体内部边界逐渐消除管制的程序等。

80 年代，希腊、西班牙、葡萄牙先后加入欧共体，它们相互学习、借鉴制定本国移民政策就是合作趋同的治理过程。同时成员国出现了在移民事务上加强国际合作和协调的趋势。1985 年 6 月 14 日签署的《申根协定》是欧洲政府间治理合作最早的成果之一。法国、西德、荷兰、比利时、卢森堡等五国同意废除五国间的内部边境管制，并且联合管理外部边界。《申根协定》最主要的目标是建立共同政策的标准，在取消签约国内部边界的同时加强外部边界的控制。1990 年 6 月 19 日五国签订的《申根执行公约》，给予自由流通政策上的保障并制定相关的执行政策。《申根协定》在所有签约国中，并非强加实行的，而是自愿有序地进行，它体现了欧共体各国在移民问题上的努力合作，并被视为欧共体共同移民政策的一块基石。之后，其发展重心一是贯彻实施协定，二是扩大申根国组织。[②]

1989 年前后受东欧及苏联政局变动的影响，寻求避难者和非法移民泛滥成灾，欧洲各国甚至产生一种危及自身安全的感觉。[③] 欧共体的非法移民控制压力剧增，国内反移民冲突时有发生。各成员国政府逐步加强合作，探索治理非法移民的模式。为了有效解决欧共体成员国范围内日益增加的避难泛滥问题，防止大量非法移民利用避难政策进行虚假避难申请，各成员国于 1990 年 6 月 15 日签署了《都柏林公约》（全称《关于由国家负责避难申请的评估决定的公约》）。公约最重要的成果是确立了“第一接受国原则”。公约关于护照的签发和允许居留权等政策更为严厉。它明确了成员国在处理避难申请方面的相互责任和义务，增加了成员国在避难政策领域的相互信任和协调。

（二）1993 年至 1998 年：欧盟非法移民超国家治理起步阶段

移民事务涉及国家主权，但原先的欧共体条约并不能提供移民事务管理方面

---

① Andrew Moravcsik, *Negotiating the Single European Act*, *in the New European Community*: *Decision-Making and Institutional Change*, Robert Keohane and Stanley Hoffman, Boulder: Westview Press, 1991, pp. 41 – 84.

② 《申根协定》签订以后不断有新的国家加入进来，截至目前，申根的成员国增加到 26 个：奥地利、比利时、丹麦、芬兰、法国、德国、冰岛、意大利、希腊、卢森堡、荷兰、挪威、葡萄牙、西班牙、瑞典、爱沙尼亚、拉脱维亚、立陶宛、波兰、捷克、匈牙利、斯洛伐克、斯洛文尼亚、瑞士、马耳他和塞浦路斯。除瑞士、挪威和冰岛之外均为欧盟国家。英国和爱尔兰是欧盟国家，但不是《申根协定》的完全成员国。

③ Myron Weiner, On International Migration and International Relations, in *Population and Development Review*, 1995, pp. 441 – 455.

的超国家权威规则。随着欧盟的成立和扩大，欧盟国家需要通过缔结法律条约，在自由贸易区和关税同盟的基础上消除商品、资本、人员、服务等跨国流动的障碍，制定共同的移民政策。至1993年，欧盟实现了单一市场内人员的自由流动，这种跨界流动意味着原来的国家疆域和治理边界已经难以应对新的移民状况，从而给欧盟出面解决各成员国双边或多边问题提供了现实需要的条件，欧盟“需要一个共同的欧盟政策作为国家政策的补充，因为这些国家在无边界状况下有效应对移民问题已经力不从心”①。1993年，《马约》生效，移民事务被纳入欧盟“三大支柱”之一司法与内政合作当中，非法移民治理开始具备欧盟法律依据，欧盟意义上的共同移民政策框架开始搭建。但由于司法与移民涉及敏感的主权问题，各国只将入境签证放到第一支柱之下，其他庇护、移民、边境管理等仍然采取政府间一致同意的合作方式。

成员国内部边界的逐步消除必须与外部边界控制的强化密切联系起来。只有同时达到这两个目标，才能既发挥一体化效应，又保障整体安全。市场建构与人口自由流动不可避免地使移民和难民问题成为欧盟成员国的共同利益，并推动了外部边界控制和内部安全政策的出台。② 各成员国在取消内部边界限制的同时，加强了外部边界的控制合作。这一时期，欧盟非法移民治理的另一成果是签署了旨在加强区域外部边界控制的《边界公约》。该公约于1994年12月31日正式实施，但西班牙和英国在领土范围上就直布罗陀边界问题产生争议。西班牙认为第三国移民从直布罗陀海峡进入成员国的检查和管理权应属于西班牙，英国认为属于成员国边界内的范畴，不应该有任何检查。③

（三）1999年至现在：欧盟非法移民超国家治理发展阶段

欧洲联盟成立后，致力于维持和发展一个自由、安全与正义的区域，在该联盟内不仅要保证人员的自由流动，还要在边界控制、避难、移民以及预防和打击犯罪方面采取适当的措施。④ 1999年《阿约》生效，进一步提高了欧盟移民治理和打击犯罪的效率。欧盟将司法与内部事务合作的部分内容转移至新设立的第四

---

① Thomas Straubhaar, New Immigration Needs a NEMP（A New European Migration Policy）, 95 HWWA Discussion Paper, 2000.

② Bill Jordan and Franck Düvell, *Irregular Migration*: *The Dilemmas of Transnational Mobility*, Edward Elgar Publishing, Inc. USA, 2002, p. 52.

③ Demetrios G. Papademetriou, *Coming Together or Pulling Apart? The European Union's Struggle with Immigration and Asylum*, Washington D. C.: Carnegie Endowment for International Peace, 1996. 转引自梁茂信：《欧盟一体化进程中的移民政策及其效用》，《陕西师范大学学报》（哲学社会科学版），2007年第1期。

④ 欧共体官方出版局编，苏明忠译：“阿姆斯特丹条约”，《欧洲联盟法典》（第二卷），国际文化出版公司，2005年版，第210页。

章，将庇护、移民及民事司法合作事项由第三支柱移至第一支柱，使得欧盟非法移民在超国家层面上的治理真正开始。《阿约》的实施为欧盟非法移民的超国家治理进一步夯实了法律基础，使得移民问题成为欧盟政治议程中的重要事务。在2000年的欧盟理事会会议中各国达成共识，必须制定一个协调的移民和避难战略，移民将继续存在，但应该加以有效管理，以最大限度发挥其对欧盟、移民本身以及来源国的积极效应。① 2001年更是提出，制定一个共同的非法移民政策对于非法移民来源国推动和平、稳定政治、保护人权、建立民主、保证社会经济可持续发展是不可或缺的。② 这期间的维也纳峰会（1998年12月）、坦佩雷峰会（1999年10月）、莱根峰会（2001年12月）、塞维利亚峰会（2002年6月）、海牙峰会（2004年11月）等都将移民问题作为主要的会议内容。之后的《欧洲宪法条约》第265、266、267条力图将欧盟超国家层面非法移民治理更加细化、法制化。尽管《欧洲宪法条约》未获通过，但反映了欧盟超国家层面治理非法移民问题的决心。近年来，欧盟将司法和内务作为今后的优先治理事项。2008年11月16日，欧盟通过《欧洲移民与庇护协定》，涉及合法移民、非法移民、边境检查、难民政策以及欧盟与第三国间的关系等五大内容。公约改善了移民的就业状况，同时也严格了相关的难民和非法移民遣返政策。在遣返非法移民的工作中，欧盟将加强与非法移民及难民原籍国的合作，同时加强欧盟外部边境的检查力度。《里斯本条约》正式实施后，将会在移民问题解决上取得更大突破。

第二节　欧盟非法移民的超国家治理规则

机制（regime）一词源于拉丁文regimen，指“规则、指导、指挥、管辖”。《牛津英语词典》解释为：方式、方法或规则、管理，或指具有影响力和权威性的体系或机构。20世纪70年代，国际机制开始应用于国际政治学领域，很快发展为国际政治研究中最重要的概念之一。斯蒂芬·克拉斯诺认为，国际机制是指在某一特定问题领域里组织和协调国际关系的原则、准则、规则和决策程序。③ 唐纳德·普查拉和雷蒙德·霍普金斯则认为：“国际机制是一种特定的国际行为模式，存在于国际关系中每一个实质性问题领域，只要是存在着对行为进行调节

① European Commission, Communication from the Commission to the Council and the European Parliament on a Concerted Strategy for Immigration and Asylum, Brussels, COM (2000) 957 final, p. 3.

② European Commission, Communication from the Commission to the Council and the European Parliament on a Common Policy on Illegal Immigration, Brussels, COM (2001) 672 final, p. 6.

③ Stephen Krasner, *International Regimes*, Cornell University Press, 1983, p. 1.

的地方，就一定存在原则、规范和规则来对此作出解释。”① 1981 年，在美国加利福尼亚州帕尔姆斯普林斯召开的以国际机制为主题的国际会议，对国际机制作出了一个集体的定义：“机制可定义为特定国际关系领域的一整套明示或默示的原则、规范、规则以及决策程序，行为体的预期以之为核心汇聚在一起。”其中的核心是“原则、规范、规则以及决策程序”，“原则是关于事实、原因和公正的信念；规范是以权利和义务定义的行为标准；规则是对行动特别的指示或禁止；决策程序是作出和应用集体选择的普遍实践”。②

詹姆斯·罗西瑙认为，治理是一种秩序。地区治理也应该被理解成一种地区的秩序性，这种秩序既是地区治理的前提，也是地区治理的结果。没有秩序就没有治理，没有治理也就没有秩序，治理与秩序无疑是明显的互动现象。③ 而构成秩序的基础是规则和制度。地区治理依赖规则和制度，通过一套规则制度体系的建立来协调和约束各主体的行为。欧洲一体化进程的不断深化与扩展，是成员国间相互协商与妥协的过程，而协商的结果便是一系列条约的签订。欧共体/欧盟从 1958 年《罗马条约》生效到 2009 年《里斯本条约》生效，先后制定了五个在一定程度上具有宪法作用的纲领性条约［这五个条约是《罗马条约》（1958 年）、《马约》（1993 年）、《阿约》（1999 年）、《尼斯条约》（2001 年）、《里斯本条约》（2007）］，逐步确立起一套由主权国家政府直接推动的“超国家性的共同体机构”。欧盟以高度制度化的组织和运行机制来实现治理目标。共同体的规则具有普遍的适用范围、全面的约束力和对一切成员国的直接适用性。④ 欧盟在非法移民治理方面也同样遵循这一逻辑。另外，涉及非法移民治理的规则除了以上主要条约外，还有《申根协定》、《都柏林公约》、《边界公约》等。

一、《罗马条约》：启动共同体人员自由流动步伐

在最早的《欧洲煤钢共同体条约》中，各成员国就对劳动力流动作出规定，应该设法在成员国之间作出一切必要安排，以使关于社会安全的规定不致阻碍劳动力的流动。但由于一体化进程刚刚起步，劳动力自由流动的紧迫性并未出现，因此条约更多地强调工资待遇问题。随着经济的发展以及建设共同市场的需要，欧共体在《罗马条约》中开始强调劳动力的自由流动。第 3 条规定了共同体的行

① Stephen Haggard and Beth Simmons, Theories of International Regimes, International Organization, 1987.

② 王杰：《国际机制论》，新华出版社，2002 年版，第 5 页。

③ 詹姆斯·罗西瑙主编，张胜军译.《没有政府的治理》，江西人民出版社，2001 年版，第 8 页。

④ 吴昕春：《论地区一体化进程中的地区治理》，《现代国际关系》，2002 年第 6 期。

动，为建立共同市场在各成员国之间消除关于人员、服务和资本的自由流动的各种障碍。第 48 条规范了劳动者自由流动所享有的权利，包括：①可接受已实际提供的工作；②可为此目的在各成员国的领土内自由移动；③可在某一成员国内逗留，以便按照该成员国关于劳动者就业的法律、法规和行政条例的规定在该成员国内就业；④就业后可根据委员会将要制定的实施规则所规定的条件在该成员国内居住。第 49 条规定，本条约一经生效，理事会根据委员会的提案，与欧洲议会合作并同经济社会委员会磋商后，以特定多数同意通过指令或规则的方式制定必要的措施，逐步实现劳动者的自由流动。其包括：保证各成员国劳动行政部门的密切合作；取消国内立法或成员国之间协定中所规定的期限和限制，等等。[①]《罗马条约》建立欧洲经济共同体，确立六个原始成员国国民在其他成员国工作的权利，开启了欧洲人口迁移的超国家治理。但由于条约的缔结是基于经济的考虑，对于条约目的之一“人员自由流通”，是针对经济整合而提出的，因此内容只限于跨国劳动力，对于外部边境、移民与签证政策并没有提及，其规范的相关人员大致可分为劳工、自营业与服务人员。劳动力流动作为欧洲一体化的一部分进行推动，开启了共同欧洲移民政策的步伐。

二、《马斯特里赫特条约》：将移民事务纳入第三支柱

首先，《马约》第一次将共同移民政策纳入欧盟司法与内部事务合作的第三支柱下。条约 K1 条明确规定各成员国视下列领域为共同面临的问题：①避难政策。②人员跨越成员国边界及跨越边界的管理政策。③移民政策以及涉及第三国国民的政策：（a）第三国国民进入各成员国领土和第三国国民在各成员国领土内流动的条件；（b）第三国国民在各成员国领土内居住的条件，其中包括家庭团聚和就业；（c）同各成员国领土内的第三国国民的非法移民、非法居住和非法工作作斗争。④同不属于第⑦至第⑨项适用范围的吸毒作斗争。⑤同不属于第⑦至第⑨项适用范围的国际诈骗作斗争。⑥民事方面的司法合作。⑦刑事方面的司法合作。⑧海关合作。⑨以预防和打击恐怖主义、预防和打击毒品走私、预防和打击其他严重形式的国际犯罪为目的的警察合作。必要时包括某些方面的海关合作，并在欧洲警察局的框架内组织情报交流联盟体系。[②] 同时在第三支柱下又建立了三种法律工具以便于合作的执行，即联合行动（joint action）、联合立场（joint

---

① 欧共体官方出版局编，苏明忠译：“建立欧洲经济共同体条约”，《欧洲联盟法典》（第一卷），国际文化出版公司，2005 年版，第 143—144 页。

② 欧共体官方出版局编，苏明忠译：“欧洲联盟条约”，《欧洲联盟法典》（第二卷），国际文化出版公司，2005 年版，第 122 页。

position）与公约（convention）。

其次，将签证政策归属到第一支柱，置于欧盟超国家机构的决策之下。该条约将《欧洲共同体条约》第 100 条 C 款作了修正：①理事会应根据委员会的提案并同欧洲议会磋商后以全体一致同意确定那些其国民在跨越成员国边界时应持有签证的第三国名单；②自 1996 年 1 月 1 日起，理事会应以特定多数同意通过第一款所指决定。在此之前，理事会应根据委员会的提案并同欧洲议会磋商后制定有关统一模式的措施。[1] 1996 年完成共同体化后，第三国移民签证的政策从此由欧洲共同体条约处理，其余的移民政策协调工作则在第三支柱下由成员国共同讨论决定，这属于成员国的共同利益。然而，仍有一些条款阻碍着政策一体化程度的加深。第 K9 条规定，当成员国认为只有共同体处理方式才能保护欧洲公民利益时，可以将一部分第三支柱的权限转移至第一支柱。但由于转移程序要得到理事会的一致同意，且需经成员国签署，因而转移的可能性很小。

最后，条约规定了在第三支柱下处理移民问题时欧盟各机构的权力分配与制约。内容包括欧盟委员会应有提案权，欧洲议会有经过其多数成员的同意，请求议会提出一切适当提案的权利、欧洲法院有部分管辖权、理事会有义务向议会询问相关事务。但是，由于《马约》对欧盟超国家机构的权利有所限制，成员国仍享有最终的决定权。第一，依据条约规定，理事会在作出决策前应咨询欧洲议会，但是理事会通常于事后才告知欧洲议会，使欧洲议会无法发表意见。第二，欧盟委员会的提案权仅限于条约第 K1 条第 1 款至第 6 款，且与成员国共享提案权。第三，欧洲法院有权解释条约规定及解决成员国的争端，但只有成员国主动提出申请，欧洲法院才可执行其管辖权，因此欧洲法院的管辖权受到限制。第四，除了在涉及程序问题和 K1 条所明确规定的适用其他表决程序的事项的决定时，可以用特定多数同意的表决程序以外，理事会的决策程序仍维持一致同意原则。这也常常造成决策效率大打折扣。

在《马约》生效后的几年中，经欧盟委员会协调，各成员国达成了一些有关移民的政策协议。1994 年 12 月，卢森堡会议强调每个欧盟国家都不奉行积极的移民政策，而要采取限制移民的政策，如果一个外国人以就业为目的申请入境，那么欧盟国家均可予以拒签，等等。不过，由于对移民政策中涉及的主权让渡看法未能统一，各国的执行态度与效果也不一样。但无论如何，《马约》标志着欧盟的移民治理有了一个总框架。

---

① 欧共体官方出版局编，苏明忠译："欧洲联盟条约"，《欧洲联盟法典》（第二卷），国际文化出版公司，2005 年版，第 24 页。

三、《关于跨越外部边界公约》：控制共同外部边界

《关于跨越外部边界公约》（以下简称《边界公约》）的宗旨是控制第三国公民跨越欧盟外部边界，尤其是非法入境。首先，它规定了从外部边界进入欧盟的条件。公约对外部边界作出了统一定义，指缔约国不属于内部共同边界的陆地、海上边界，以及内部共同边界之外的机场和海港。无论是欧盟公民还是第三国公民从第三国跨越外部边界进入欧盟，都必须持有效证件并接受检查。入境限制，尤其是针对第三国公民进入欧盟的限制要比出境限制严格。根据《边界公约》规定，第三国公民在符合所有下列条件的情况下方可进入欧盟领土作短暂停留：①持有有效护照；②持有证件；③对国家安全及公共秩序不造成威胁；④持有工作证明；⑤有足够的资金支付逗留期间的生活费和返程机票。外部边界由国家授权管辖（包括边界检查站、陆地边界、海岸线、机场及港口）。[①]

其次，《边界公约》采取了对各成员国签证相互认定的规定，没有实行在整个欧盟境内均有效的统一签证制度。任一成员国对第三国公民签发的签证整个欧盟境内有效，其他成员国不得有异议。《边界公约》对非欧盟公民在无边界控制的内部区域的流动作出了规定：第一，它为进入欧盟内不以工作为目的的第三国公民，可以提供成员国相互认可的长达 3 个月的签证；第二，合法居住在某一成员国的非欧盟公民，当前往另一成员国时不以工作为目的的且少于 3 个月的居留，不必办理签证。

最后，《边界公约》规定了成员国驱逐非法移民的政策合作。无有效证件或居住许可证的第三国公民在欧盟领土内居留是非法的，一旦被发现，将由成员国负责遣送至欧盟边界之外，但是，如果另一成员国根据其本国的移民政策认可了这一相同的移民，则影响了驱逐的有效性。因此，公约强调了成员国在国际层面协调驱逐政策的重要性。运输公司必须保证它所携带的第三国公民持有有效护照和签证，而且必须负责把非法入境者遣送回国或送回出发地。[②]

《边界公约》的履行需要成员国相互信任各自具有足够的能力控制外部边界，可是欧盟北部成员国对于南部成员国有效控制其外部边界的能力缺乏信心。希腊、意大利、西班牙及葡萄牙向来是非法移民涌入北欧成员国的中转站，而且这四个地中海国家的外部领海边界本来就很难进行有效的控制，更何况这些国家

① 徐军华：《非法移民的法律控制问题》，华中科技大学出版社，2007 年版，第 153 页。
② 王毅：《欧洲一体化进程中的移民政策研究》，中国社会科学院研究生院博士学位论文，2002 年。

在控制第三国公民的流入方面经验不足，同时缺乏相应有效的政策规定。[①] 另外，《边界公约》的某些条款还遭到联合国难民署、欧洲议会、人权组织的批评，认为其与《日内瓦公约》、《欧洲人权公约》等存在一定的冲突。都柏林会议结束后，各成员国相继表态，同意在外围边境管理上交换有关打击国际犯罪和禁止非法移民等方面的信息，各国应在考虑其他成员国利益的前提下加强合作。[②]

四、《申根协定》：实现区域内人口自由流动

《罗马条约》虽然确定了人员自由流动的目标，但 20 世纪 70 年代的经济危机使得保护主义崛起，阻碍了人员等要素的自由流通，延缓了经济发展。为了改变这种困境，各成员国在推动人员自由流动方面于 1985 年 6 月签订了《申根协定》，旨在废除签约国内部共同边界检查，打造一个“无国界”的欧洲。协定包括 8 个主题，共 142 条以及最后文件、备忘录和联合声明。其中涉及非法移民治理规则的内容包括：

（一）控制申根区域外部边界的共同规则

《申根协定》第 6 条规定：跨越外部边界将受到职能机关的检查，充分考虑涵盖所有签约国利益在国家权力和国内立法的范围内，依据共同原则（uniform principles）进行检查。主要包括：a. 对个人的检查不仅包括对旅行证件以及入境、居留、工作、出境条件的确认，还包括检测并预防对签约国国家安全和公共政策构成威胁的检查；b. 在提供旅行证件的基础上，所有的人将接受至少一项检查，以便确立身份；c. 每一个入境的外国人将接受第一款中所规定的所有检查；d. 所有签约国基于各自利益在有关外国人的法律规定下对出境进行检查，以检测并预防对签约国的国家安全与公共政策的威胁。第 7 条同时规定，签约国应该相互协作，保持持续而紧密的合作，以达到有效的检查和监督，应该特别加强个人重要信息的交换，统一检查标准，提高检查水平，增加检查站，采取交换联络官的合作形式。[③]

① Joly and Nettleton, *Refugees in Europe*, *The Minority Right Group*, Nottingham: Russell Press Ltd., 1996, pp. 19 – 21.

② 梁茂信：《欧盟一体化进程中的移民政策及其效用》，《陕西师范大学学报》（哲学社会科学版），2007 年第 1 期。

③ Convention Implementing the Schengen Agreement of 14 June 1985, *Official Journal of the European Communities*, 2000, Vol. 22, No. 9, pp. 21 – 22.

（二）对外国人违反协定有关规定的处理措施

第 23 条对外国人违反协定作出了规定：如果一个外国人没有或不再满足在一签约国领土范围内短期逗留的条件，一般应该毫不迟延地离开该签约国；如果一个外国人持有另一签约国颁发的有效居留许可或临时居留许可，则必须毫不迟延地进入该签约国；如果该外国人没有自愿地离开或者基于国家安全、公共政策的理由，需要其迅速离开，那么将依据该签约国法律从该国领土上将其遣送出境。

（三）对运输者运载没有合法手续的乘客入境的规定

第 26 条第 1 款规定：由于签约国受《日内瓦难民地位公约》和《纽约议定书》的约束，在其国内立法时加入如下规则：a. 如果一个外国人被拒绝进入一签约国，通过陆海空等途径将其运送至外部边界的运输者必须将该外国人送回至其运输起点的第三国，或者颁发旅行签证的第三国，或者允许其入境的任何其他第三国；b. 运输者有义务采取一切必要的措施确保由海路或空路运送的外国人拥有将入境的签约国所需要的旅行证件。签约国承担对任何以赢利为目的，帮助某一外国人进入或居住于该国的人士采取处罚的责任。[①]

（四）难民申请的标准以及避难寻求者的信息交流

《申根协定》试图建立共同的难民申请标准，避免申请政治避难者滥用避难权。第 29 条指出，签约国承担处理在任何一签约国领土范围内外国人避难申请的责任；这项义务并不限定签约国批准避难申请者进入其领土内的停留申请；每一个签约国在其国内法律规定的基础上以及根据其所承担的国际义务，保留拒绝任何避难申请者进入或将其遣送至第三国的权力；不论外国人向哪个签约国提出避难申请，仅有一个签约国负责受理。[②] 另外，签约国职能机关应该在最早的时间内相互传递相关信息，保证在避难申请者原籍国对相关信息收集时给予紧密合作。

（五）警务、安全合作与申根信息系统

《申根协定》的一个重要成果就是成员国之间建立了一个信息系统，即申根

---

① Convention Implementing the Schengen Agreement of 14 June 1985, *Official Journal of the European Communities*, 2002, Vol. 22, No. 9, p. 25.

② Convention Implementing the Schengen Agreement of 14 June 1985, *Official Journal of the European Communities*, 2000, Vol. 22, No. 9, pp. 26 – 27.

信息系统（Schengen Information System，简称 SIS）。该系统提供给合作国政府的信息，不仅包括罪犯、重大疑犯记录，还有被拒绝入境、被驱逐者的信息资料。此系统的建立在签约国之间构建了一个对人员非法流动的监控体系，提供了非法移民的动态记录。

《申根协定》原本希望在 1990 年 1 月 1 日完全取消在所有边界的限制，但由于 80 年代末移民压力的增加，德国统一和世界格局变化的影响，以及面对来自申根区域外部的压力，导致实际实施直到 1995 年才开始。它是适应欧洲一体化发展的必然结果，对推进一体化进程具有里程碑意义。签约国根据各自的国内法以及在其责任范围内，通过加强各国警察、海关和移民当局的合作以及 SIS 的运作，不仅缔约国共同外部边境得以巩固，而且内部边境得到了实质性的强化，从而在一定程度上弥补了由于人口的自由流动带来的预防和惩罚犯罪的困难。① 但是《申根协定》只界定了成员国陆地边界的开放和管理规则，并未对海上和其他途径的移民活动的规范提供足够的法律依据和详细的执行手段。来自申根区以外的非法移民只要想办法进入申根区某国，就可以自由地流入区内其他国家。这种非法的和无规则的移民活动搅乱了《申根协定》所确立的正常的移民管理秩序，形成了高度一体的、层级制的、集权式的世界范围的卡特尔。道高一尺，魔高一丈，这种网络化的移民活动是和欧盟一体化同步进行的，它利用了《申根协定》的软肋，冲散了制度的效力。②

五、《都柏林公约》：规范避难申请

公约主要目的是制定申请避难者的接收程序，杜绝避难申请者滥用欧共体的人员自由流动原则在数国提出几项避难申请，确保在共同体范围内的避难申请只有一国负责进行处理。根据公约规定，符合以下要求之一的成员国必须负责避难申请的评估：①寻求避难者的家属（包括父母、配偶及 18 周岁以下的未婚子女）为成员国合法居民的成员国；②已颁发居民证或长期居留证给申请者的成员国；③寻求避难者非法进入外部边界（领空、领海、领地）的成员国或寻求避难者已秘密居留达 6 个月以上的成员国；④如果以上三项无一项符合，则为避难者递交申请时第一个接受此项申请的成员国。

《都柏林公约》确立了“第一接受国原则”。难民进入的第一个成员国（第

① 徐军华：《非法移民的法律控制问题》，华中科技大学出版社，2007 年版，第 148 页。

② Ferruccio Pastore，Paola Monzini，Schengen's Soft Underbelly? Irregular Migration and Smuggling across Land and Sea Borders to Italy，*International Migration*，2006，Vol. 44，Issue 4，p. 95.

一接受国）将负责此申请避难者的所有事务，这促使成员国在维护其外部边界，防止非法入境者（最后常成为避难申请者）时采取谨慎态度。另外，公约还明确了成员国在处理避难申请时的相互责任与义务，制定了遣送避难申请者回国的标准，促进了入境避难条件的相互协调，但是给予难民身份的条件仍由各成员国决定。《都柏林公约》的结果使护照签发和允许居留权等有关政策更为严厉，使欧盟的入境政策更为严谨，增加了成员国在避难政策领域的相互信任和协调。公约在促进各方进行有关政策，以及信息交流与合作上起了很大作用。[①]

之后的两年，《都柏林公约》中的有关规定又得到进一步完善。其一，提高审查申请的司法及行政程序的进度，制定统一程序解决那些毫无法律根据可寻的申请；其二，协调在外部边界拒绝准入的规定；其三，被拒签的避难申请者应被驱逐，除非他们在其他安排下能置留。1992 年 11 月在伦敦，成员国又通过了两项决议，旨在创造一套可行的程序，杜绝某些避难申请人通过申请取得实质上的物质待遇。

《都柏林公约》期望通过限制成员国对避难申请的决定权，解决无国家接受难民以及申请避难者多重申请的问题。[②] 之后采取的进一步措施和决议，提高了避难审核和控制效率，有效地防止了避难申请泛滥的问题。不过，由于避难申请者可能需过境某一国后到达目的国，因而情况比较复杂。过境国家必须先查验避难者申请的原因，了解自己为非目的国后再将申请者送达目的国，或者当目的国认为非为接受国时，过境国家须将申请者接回再进行审理。欧盟内部边界的消除，使得《都柏林公约》在实际执行中增加了困难。为进一步辨别避难申请者第一个进入的国家与过境国家，1998 年 12 月欧盟成员国签订了《欧洲信息库公约》（*European Data Archive Convention*，简称 Eurodac），建立指纹数据库，以协助成员国相关检查单位实时确认避难申请者所属的国家。自 2003 年 1 月 15 日起，不论在欧盟内部或外部，所有避难申请者都要录入指纹，成为正常程序之一。

六、《阿姆斯特丹条约》：合并《申根协定》与机制改革

《马约》实施后，为改变第三支柱进展缓慢的状况和应对即将到来的欧盟东扩带来的挑战，各成员国加大了司法与内务合作的步伐。1999 年《阿约》生效，对司法与内务合作作出了重大调整。

① 王毅：《欧洲一体化进程中的移民政策研究》，中国社会科学院研究生院博士学位论文，2002 年。

② Jain Niessen, Overlapping Interests and Conflicting Agendas: The Knocking into of EU Immigration Policies, *Journal of Migration and Law*, 3, Issue 3/4 2001, p. 73.

首先，《阿约》对欧盟司法与内务合作提出了新的目标。《阿约》提出，联盟是一个自由、安全、正义的区域，应维持和发展这个联盟，这个目标与建立统一大市场、促进经济和社会团结、建立货币联盟及共同外交与安全政策享有同等地位。[①] 条约规定在该联盟内不仅要保证人员的自由流动，还要在边界控制、避难、移民以及预防和打击犯罪方面采取适当的措施。

其次，《阿约》对司法与内务合作机制作了重大调整，将超国家性质的合作模式引入了移民政策。《阿约》将共同移民政策的法律基础分为两部分，《欧洲共同体条约》第四章和《欧盟条约》的第六章。《欧洲共同体条约》第四章规定人员自由流动、外部边界管制、避难申请、移民、第三国移民权利保障与民事司法合作，移至第一支柱。在条约生效后的 5 年内，欧盟成员国将对非法进入欧盟和在欧盟非法居留的制定统一的控制措施，以及对某些第三国的国民已经在成员国合法居留而又想到其他成员国居留的确定统一的权限和条件。条约第七十三条 I 要求理事会应采取以下行动：（1）在《阿姆斯特丹条约》生效后的五年内根据第七条 A 的规定旨在保证人员流动的措施，同时根据第七十三条 J（2）和（3）项以及第七十三条 K（1）项（a）和（2）项（a）规定涉及外部边界控制、避难和移民政策的直接有关配套措施，并根据《欧盟条约》K（5）规定制定预防和打击犯罪的措施。该条还同时涉及制定有关避难、移民和保护第三国国民权利、加强民事领域司法合作、行政合作、警察和司法合作方面的措施。第七十三条 J 规定理事会在《阿姆斯特丹条约》生效后的五年内根据第七十三条 O 所规定的程序采取行动，包括：①根据第七条 A 的规定，制定旨在保证取消内部边界中的无论是联盟公民还是第三国公民的任何控制措施。②制定有关跨越成员国外部边界的措施；成员国应当遵守的关于外部边界人员检查的标准和程序；关于三个月以下居留的签证制度。③制定旨在确定第三国国民在成员国领土内自由旅行三个月的措施。[②] 五年过渡期结束后，欧盟委员会可以以特定多数的表决方式和欧洲议会共同作出决策。[③]《阿约》也新增加及更换了处理《欧盟条约》第六章规定所涉及问题的法律工具，即共同立场、决定、组织决定与条约四项，理事会采取决定、组织决定与条约前须先咨询欧洲议会。理事会主席与委员会须定期向欧洲议会报告所讨论的内容，而欧洲议会可质询理事会及向其所提建议，并召开每

---

① ［德］贝娅特·科勒—科赫等著，顾俊礼等译：《欧洲一体化与欧盟治理》，中国社会科学出版社，2004 年版，第 131 页。

② 欧共体官方出版局编，苏明忠译："阿姆斯特丹条约"，《欧洲联盟法典》（第二卷），国际文化出版公司，2005 年版，第 235 页。

③ John Van Qudenaren, *Uniting Europe: European Integration and the Post-Cold War World*, Lanham: Rowman & Littlefield, 2000, p. 219.

年一次的会议检查，讨论警察与刑事司法合作的进展。委员会在第六章所规定问题中则有完全的提案与参与权。

最后，《阿约》将申根成果并入欧洲联盟框架。《申根协定》相应成为“申根条款”，其内容分别被置于共同体支柱和警务合作与刑事司法合作当中。在欧洲联盟条约和建立欧洲共同体条约附加议定书第二条中规定，除爱尔兰和英国外，自《阿姆斯特丹条约》生效之日起，申根成果立即适用于欧盟其他十三个成员国。自同一日期起，理事会取代执行委员会。条约中反歧视的正义规定，与申根协定合并至欧盟的议定书，说明欧盟非法移民治理由政府间合作模式整合至共同体超国家模式的共同意愿。

七、《里斯本条约》（《欧洲宪法条约》）：单独设置并统一政策工具

欧盟制宪的目的之一是期望解决欧盟治理的合法性问题。《欧洲宪法条约》的宗旨与欧盟治理的目标没有改变。条约第四章第 257 条规定：①联盟在尊重基本权利和尊重各成员国的不同的法律制度和法律传统的情况下建立自由、安全和正义的区域；②联盟保证使人员在通过内部边界时不会受到边境检查，并制定涉及避难、移民和外部边界控制的共同政策。此项共同政策给予第三国国民以公平待遇。为了本条的目的，无国籍人应被看作第三国国民。[①] 第 265 条进一步希望联盟实现以下目标：①保证取消内部边界中对一切人员（不论其国籍如何）的任何控制；②保证对跨越成员国外部边界人员的检查和有效监控；③逐步建立统一的管理外部边界的制度。[②] 另外，联盟在制定共同的移民政策以保证在任何阶段都能对移民潮进行有效管理，对合法居住在一成员国内的第三国国民给予公平待遇，并对非法移民和拐卖人口的犯罪行为进行预防和严厉打击。为了实现此目的，应以欧洲法律或欧洲框架法律的方式制定涉及以下领域的措施：①入境和居住条件以及成员国向包括以家庭团聚为目的的申请者发放长期签证和居住证件的条件；②合法居住在一成员国的第三国国民所享有的权利，包括合法居住在一成员国的第三国国民向其他成员国自由流动和移居的条件；③打击非法移民和非法定居，其中包括将非法定居者遣返回国。联盟可同第三国缔结协定，以方便那些不符合或不再符合进入联盟成员国领土条件的，或者不符合或不再符合在联盟成员国领土上生存或居住的条件的第三国国民重新回到原籍国或来源地国，但应以

① 欧共体官方出版局编，苏明忠译：“欧洲宪法条约”，《欧洲联盟法典》（第三卷），国际文化出版公司，2005 年版，第 121 页。

② 欧共体官方出版局编，苏明忠译：“欧洲宪法条约”，《欧洲联盟法典》（第三卷），国际文化出版公司，2005 年版，第 121 页。

欧洲法律或欧洲框架法律的方式制定措施，以鼓励和支持各成员国所采取的旨在促进合法居住在其领土上的第三国国民的一体化的行动。[①]

在成员国批准过程中，《欧洲宪法条约》遭到法国、荷兰全民公决的否决。反对者的理由主要包括：条约试图建立一种“超自由”的经济模式，把商业利益置于社会利益之上，没有为工人提供足够的保护；条约将使得欧盟依赖于北约和美国；条约剥夺了一定的国家主权，把权力转移到欧盟，法国在欧盟的影响力被削弱；条约将为土耳其进入欧盟铺平道路；条约难于理解和阅读，可以重新谈判制定一部更好的宪法，更多关注社会利益。[②]

《里斯本条约》被认为是《欧洲宪法条约》的改革版，它对欧盟的决策方式和机构设置进行大刀阔斧的革新，以便更顺利地推动欧洲一体化进程。关于移民事务的司法与内务合作方面主要有：①单独设立《自由、安全和正义区域》部分，将第一和第三支柱下的司法和内务事务统一到新的框架中。这种安排大大减少了政策机制模糊、缺乏透明度、缺少协调性等弊病，有利于克服司法与内务合作的不平衡性。②调整决策机制，统一政策工具。条约废除了《阿约》专门为司法与内务合作制定的政策工具，直接适用第一支柱的政策工具，就是在决策中引入特定多数表决制和共同决策程序。具体而言，就是在司法与内务部长理事会决策中采用多数表决制，欧盟委员会享有动议权，欧洲议会也可参与到决策中来。而特定多数表决制和共同决策程序将被扩展到警务合作和刑事司法合作、第三国国民的移民和融入政策等。③提升了欧盟超国家机构在司法和内务合作中的地位与作用，主要是欧盟委员会的动议权、欧洲议会的参与权和欧洲法院的法案评论权和解释权等。超国家机构在司法和内务领域权限大为提高，司法和内务合作的超国家性质明显增强。[③]

---

① 欧共体官方出版局编，苏明忠译：“欧洲宪法条约”，《欧洲联盟法典》（第三卷），国际文化出版公司，2005 年版，第 122—123 页。

② 杨豫主编：《运行在国家与超国家之间——欧盟的立法制度》，江西高校出版社，2006 年版，第 134 页。

③ 罗志刚、严双伍主编：《欧洲一体化进程中的政治建设——国家关系的新构建》，人民出版社，2009 年版，第 226—228 页。

表 4－1　欧盟非法移民治理主要大事记

时间	事件	成果
1958	罗马条约	成立了欧洲经济联合体，允许成员国公民在各国自由工作、旅游。
1976	特莱维小组	成员国之间非正式资源交流所设置的工作小组，由成员国内政部长及相关政府部门的官员组成，负责恐怖主义与内部安全事宜。1985 年开始，其功能逐步扩大到处理非法移民与犯罪组织。
1985	申根协定	签订了关于逐步取消共同边界检查的协定，以利于五国国民的自由流通，联合管理外部边界。
1987	单一欧洲法令	成立一个统一的内部市场，确保商品、人员、服务与资金的自由流通。
1991	边界公约	控制第三国公民跨越欧盟外部边界，尤其是非法入境。
1993	马斯特里赫特条约	将共同移民政策制度化并将其纳入欧盟司法与内部事务合作的架构中，规定移民事务为第一与第三支柱共管。
1997	都柏林公约	主要是确立了关于难民申请的“第一接受国原则”。
1999	阿姆斯特丹条约	将司法与内部事务合作部分的内容转移至新设立的第四章，规定人员自由流动、外部边界管制、避难申请、移民、第三国移民权利保障与民事司法合作。
1999	坦佩雷会议	规定欧盟关于避难与移民的共同条件，并且要求欧盟委员会起草关于避难、难民以及移民的动议。针对“共同庇护与移民政策”、“欧洲司法领域建立”、“对抗犯罪”与“强化外部边界”四部分提出合作方向。
2000	尼斯条约	扩大限制多数决定的适用范围，要求在欧盟成员国允许工作的非欧盟公民拥有与欧盟公民相同的基本权利
2001	莱根会议	评估坦佩雷峰会四个整合目标的执行成果，但未能在更广泛的移民和避难问题上达成共识。
2004	欧洲宪法条约	未通过，被《里斯本条约》取代。
2008	欧洲移民与庇护协定	涉及合法移民、非法移民、边境检查、难民政策以及欧盟与第三国间的关系五大内容。
2009	里斯本条约	单独设置《自由、安全和正义区域》部分，并统一政策工具，直接在司法和内务合作中适用第一支柱决策程序。

资料来源：［英］Peter Stalker：Migration Trends and Migration Policy in Europe，*International Migration*，Vol. 40，No. 5，SI 2/2002，IOM 及相关资料整理。

第三节　欧盟非法移民的超国家治理组织与相关机制

一、组织架构

从多层治理的视角看，欧盟的决策体制可以划分为超体系、体系和次体系三个层次。超体系主要指基本上独立于一体化决策体系之外而又影响整个体系运作的决策层次，是相对于一体化决策体系的内部运作而言的。体系是指一体化决策体系内各组织机构间（委员会、理事会、欧洲议会）互动的决策层次。次体系是指为体系层次的决策提供政策选择的非权力决策层次，是相对于一体化决策体系的权力运作而言的。（见表4－2）

表4－2　欧盟决策的分析层次

层次	决策类型	主要行为体	决策理性
超体系	历史性决策	欧洲理事会、政府间会议中的各成员国政府、欧洲法院	政治的、法律的
体系	政策的安排	部长理事会、常驻代表委员会	政治的、技术的、行政的
次体系	政策的形成	欧盟委员会、各种工作委员会、各种理事会工作小组	技术的、共识的、行政的

资料来源：John Peterson，Decision-Making in the European Union：Towards a Framework for Analysis，*Journal of European Public Policy*，1995，Vol. 2，No. 1，p. 71. 转引自朱贵昌：《多层治理理论与欧洲一体化》，山东大学出版社，2009年版，第108—109页。

尽管欧盟第三支柱的政策机制有了很多改进，但从整体上看，这一支柱仍然主要是在政府间合作的框架下发展的，其组织基础和决策机制都带有浓厚的民族国家政策取向性，超国家主义的主张只占有非主导性的权重。[①]《里斯本条约》实施后，司法与内务合作进一步向超国家性质发展，其架构基本上也是参照欧盟的立法和决策组织结构。参与非法移民治理的欧盟超国家机构组织主要包括如下

① Helen Wallace and William Wallace，*Policy-making in the European Union*，Oxford University Press，2000，p. 500.

四方面：

（1）欧盟司法与内务部长理事会。它是立法和决策机构。理事会为成员国的合作提供了一个框架，理事会将根据成员国或委员会的倡议采取以下行动：制定旨在明确欧盟对某一特别事项的共同立场；通过旨在使各成员国的法律和法规接近一致的框架性决定；制定公约并建议各成员国按其各自的宪法规定予以批准。

（2）欧盟委员会及其附属机构。它独立于各成员国，代表欧盟的超国家共同利益，也是欧盟各项法律和政策的执行机构。欧盟委员会的职责具体表现在执法、立法、监督三大方面：广泛的执行权，帮助实施共同体政策；在授权范围内制定各种立法，在理事会立法中享有动议权；负责监督对共同体法律的遵守，并有权进行调查和起诉。①

（3）欧洲议会。是欧盟体制中唯一的民选超国家机构，其职权主要有监督权、咨询权、审议权、参与立法权等。

（4）欧洲法院和欧洲刑事司法组织。欧洲法院是欧盟的超国家司法机构，不受任何国家利益的影响，主要职责包括法律解释权、司法审查权和仲裁权等。欧洲刑事司法组织是为了加强欧盟成员国侦查和起诉重大跨国境犯罪之间的合作而成立的。总之，这一组织体系在司法和内务合作中发挥着实际的建设性作用。

二、决策机制

欧盟在《马约》当中已经将涉及移民和非法移民问题九个领域视为各成员国共同利益的事务。为实施司法与内务合作，成员国间建立政府有关部门的合作，协调行动。对于欧盟理事会的决策权而言，它在决议程序性事项时，通常以简单多数通过；在需特定多数决议事项时，需至少包括 10 个成员国在内的 62 票方能通过；其他决策都应该全体一致决议。

从整体上看，欧盟在司法与内务领域政府间的合作性质决定了移民治理主要采取各成员国政府“一致同意”② 为主的决策机制，辅以特定多数表决机制等形式。之后《阿约》规定，欧洲议会在五年过渡期内享有决策咨询权，五年过渡期后可以适用“共同决策程序（co-decision）”（见图 4－1），不过需要理事会一致同意作出决定。

---

① ［德］维尔纳·魏登费尔德等著，赖志金译：《欧洲联盟与欧洲一体化手册》，中国轻工业出版社，2001 年版，第 107 页。

② 同意程序由《单一欧洲法令》确立，是一种形式较为简单的单一阶段的程序。在此程序下，适用该程序的立法提案需由理事会和议会两个机构通过。通常在理事会需要全体一致同意，而议会在某些情况下多数票表决结果即可，但在另外一些情况下则需要绝对多数同意。

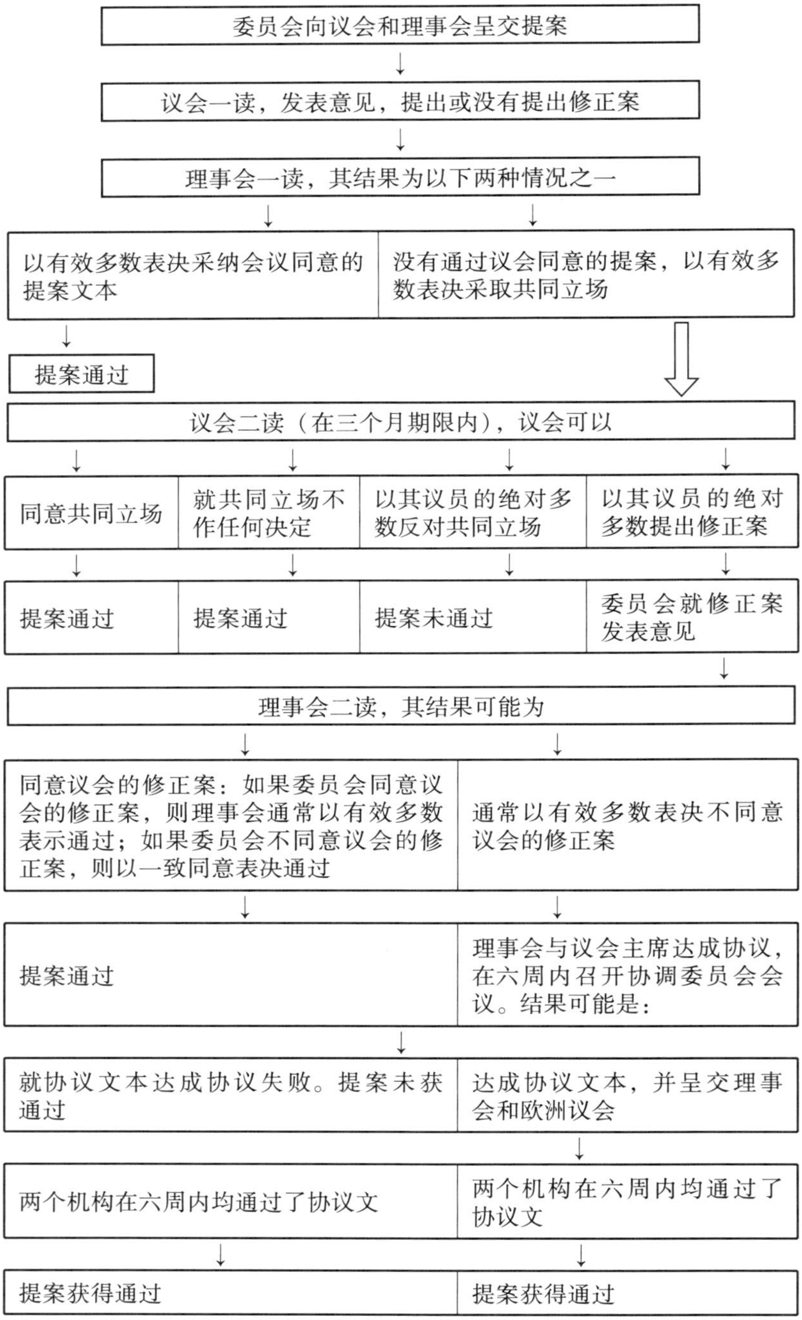

图 4－1　《阿姆斯特丹条约》后的共同决策程序（第 251 条款程序）

资料来源：刘秀文、埃米尔·J. 科什纳：《欧洲联盟政策及政策过程研究》，法律出版社，2003 年版，第 52 页。

《里斯本条约》生效后，理事会将实行“双重多数”的表决机制，从2014年11月1日开始，有效多数决定至少需要55%的成员国，至少包括15个成员国，而且这些成员国还要代表至少65%的欧盟人口才能通过。[①] 这将有助于提高欧盟的决策效率，同时避免成员国之间在加权票上的争夺。另外，欧盟委员会在警务合作和刑事司法合作方面也享有动议权，特定多数表决制和共同决策程序将被扩展到警务合作和刑事司法合作、第三国国民的移民和融入政策等。在参与决策方面，条约规定加强欧盟委员会与各成员国之间的互动；在监督方面，条约通过“民主原则条款”要求各成员国国家议会参与对司法与内务合作领域通过的各项政策的执行情况和相关机构进行监督，如欧洲刑事警察组织、欧洲司法合作组织等。[②]

三、执法机制

（一）欧盟主导的警务合作

（1）特莱维小组（Trevi Group，全名为 Terrorism，Radicalism，Extremism and Violence International Group）。该小组成立于1975年，是为成员国之间非正式资源交流所成立的工作小组，由成员国内政部长及相关政府部门的官员组成，负责恐怖主义与内部安全事宜。从1985年开始，其功能逐步扩大到处理非法移民与犯罪问题。后冷战时期的来临，使成员国的安全机构重新评估欧洲的安全环境，安全机构指出非法移民将是新一轮的安全危机，这也使其安全预算及活动继续维持下去具有合理性。[③]

（2）欧洲刑事警察组织。20世纪70年代，欧盟国家开始警务合作。《马约》签订之后，合作已经是非常正式化和机构化了。1995年7月《欧洲刑事警察组织公约》签订，但由于第三支柱决策程序缓慢，1999年7月1日，欧洲刑事警察组织才正式开始运作。职责是提高欧盟成员国在预防和打击恐怖活动、非法毒品交易、非法移民、人口偷运和贩卖及其他严重国际犯罪的效率，加强它们在这些领域的合作。《阿约》赋予欧洲警察四项新任务，分别为：协调与协助成员国相关单位进行特别调查行动；敦促成员国相关单位执行调查，并发展专门技术帮

---

① Treaty of Lisbon，Article 9 C.

② 罗志刚、严双伍主编：《欧洲一体化进程中的政治建设——国家关系的新构建》，人民出版社，2009年版，第228页。

③ Andrew Geddes，*Immigration and European Integration：Toward Fortress Europe*，Manchester University Press，2000，p. 26.

助调查组织型犯罪；加强检查员与控方单位在调查组织型犯罪时的紧密联系；建立跨国犯罪数据库。目前，欧洲警察是国家间合作性质的组织，欧盟各成员国在对犯罪的预防、侦查和惩处等各方面仍然享有完全主权，但随着《里斯本条约》的推进，其超国家性质将会增强。

（二）非欧盟主导的警务合作

合作是欧盟成员国中部分国家，或者虽然是全体成员国参与，但不是由欧盟主导。目前，这类合作主要有比利时、荷兰和卢森堡之间的警务合作，北欧警务合作以及国际刑事警察组织框架下的欧洲警务合作三种。其中，前两种是欧盟部分成员国在欧盟框架之外通过签订协议实现的警务合作，后一种则是在国际组织的框架内实现部分成员国之间的警务合作。在非欧盟主导的警务合作下，成员国之间可以较为灵活地实现针对非法移民的司法合作，不受欧盟框架的约束。[①]

第四节　欧盟非法移民的超国家治理行动

欧盟在治理非法移民上的指导原则包括联盟的团结、基本人权、第三国的合作和成员国的共识。联盟的团结就是各成员国相互信任，共担责任；基本人权是指非法移民的基本人权和尊严必须得到保护；第三国的合作指治理必须考虑非法移民来源国因素，要推动与来源国间的治理合作；成员国的共识则是希望公众不要对欧盟非法移民治理产生不正确的理解，非法移民的原因极其复杂，欧盟及其成员国应该多在相互沟通的基础上进行探讨，以消除移民立法中的种族主义和排外主义等思想的影响。[②] 在这些原则和一系列条约、公约的指导下，欧盟结合非法移民问题的具体发展，采取了一系列治理行动。

一、推动欧盟首脑峰会协调机制

从《马约》到《阿约》，欧盟非法移民的超国家治理得到进一步加强。同时，在已经建构的规则基础上，成员国通过一系列首脑峰会制定了具体的计划和措施，以推进治理的真正实现。

---

① 徐军华：《非法移民的法律控制问题》，华中科技大学出版社，2007 年版，第 166 页。

② Communication from the Commission, On Policy Priorities in the Fight against Illegal Immigration of Third-country Nationals, Brussels, COM (2006) 402 final, 19 July 2006.

（一）维也纳峰会（Vienna European Council）（1998 年 12 月）

维也纳峰会同意了欧盟理事会与执委会提出的维也纳行动计划，列出完成自由移动中期（2 年）与长期（4 年）目标的实施细节，以及完成目标任务应采取的措施，强调应改善国家间司法与警察的合作，加强欧洲警察执行的有效性，并建立全方位的移民与庇护政策。

（二）坦佩雷峰会（Tampere European Council）（1999 年 10 月）

会议通过了关于在欧盟地区实现自由公正，建立共同移民和庇护政策的议案，强调了非法移民治理的必要性，以进一步推动《阿约》确定的移民、避难政策的合作。成员国还确立了共同移民政策发展的四个主要目标：①加强与移民输出国合作，关注移民输出国与中转国的政治、人权和社会发展问题；②建立共同的避难体系，捍卫避难权利；③制定针对第三国国民的融合政策，平等对待，反对歧视，赋予第三国国民相应的权利和义务；④实行移民流动的有效管理，加强边界控制，与移民输出国、中转国合作打击非法移民、人口偷运等非法行为。[①] 同时邀请执委会制定计分板（score board），列出五年内应执行的措施，监督移民政策整合的进行。

（三）莱根峰会（Laeken European Council）（2001 年 12 月）

莱根峰会的召开主要是为评估坦佩雷峰会目标的执行成果，峰会明确指出，移民与庇护政策应针对打击非法移民、发展欧洲信息交换、建立共同庇护接收标准与抵制歧视四项设立相应的管理机制，并要求理事会与成员国着手进行共同签证认证系统的建设，探寻共同领事局设置的可能性。

（四）塞维利亚峰会（Seville European Council）（2002 年 6 月）

峰会讨论对象是非法移民和寻求避难者，计划在打击非法移民方面采取以下主要措施：一是进一步严格法规，如建立统一签证标准，设定措施执行时间表；二是加强共同边界管理，如建立边防联合行动和移民联络官员网络，加强信息交流；三是堵住非法移民的“源头”和“中转站”，通过经济援助，建立多层次移民治理模式等合作解决非法移民问题；四是危机分析模式的准备工作，确定难民

① Wide-ranging Common Actions to Combat Illegal Immigration at EU Level and Promote Return of Illegal Immigrants, http://ec.europa.eu/justice_home/fsj/immigration/illegal/fsj_immigration_illegal_en.htm, 30.12.2009.

身份条件的最低标准，安排难民家庭团聚及永久居留身份，评估边界管理的分担费用，并最终制定庇护申请共同程序标准等。[①] 但由于部分成员国认为计划违背了欧盟处理与发展中国家关系的准则，也违背了“人道”与“宽容”的欧盟价值观，计划最终未能通过。

（五）海牙峰会（Hague European Council）（2004 年 11 月）

峰会通过了关于司法、自由和安全领域的多边年度工作方案《海牙计划》，设置了在一系列广泛政策领域打击非法移民的议程，包括边境安全、非法就业、遣返和与第三国的合作。计划还提出在 2010 年前出台欧盟共同避难政策。各国实行统一标准，既体现人道精神，又便于操作，强化同难民原籍国与过境国官方的合作，既最大限度地满足难民的避难意向，又能有效打击非法移民。为此，欧盟将建立遣返押送部队，规范签证审批。2005 年 5 月建立“外部边境管理署”，计划首先将促进各国警方信息交流和共享，更有效地防范恐怖袭击。另外，它还提出更有效防范跨国犯罪措施和检查办法，填补各国边境的漏洞，并强化欧洲刑警组织和欧洲司法组织，使罪犯无法躲避惩治。

二、加强与移民输出国的协调与合作

非法移民属于跨越国界的行为。治理非法移民需要加强输入国和输出国的政策协调。移民系统理论认为，移民活动的兴起，一般都有赖于输出国和输入国之间事先就存在的纽带联系。移民活动就其长期影响而言，有可能导致和加强国际联系网络，从而影响到有关各国的经济关系、社会和政治体制，以及文化和民族认同，移民输入国和输出国之间需要加强移民政策协调。罗格斯（Rogers）曾就移民输出国与输入国相互影响下的移民政策协调合作提出了 14 个方面的对策。[②] 其中涉及非法移民的主要包括以下几个方面：①非法移民控制。包括边界控制、运输管制、内部控制等，虽然输入国控制有所增强，但是不能从根本上改变引起非法移民压力的机制。边界控制应是非法移民输入国和输出国双方共同的事务。②双边或多边协议（合同）。通过协议提供新的机遇，改善旧的移民体系，提供更多合法移民渠道，以缓解非法移民压力。③发展援助与合作。为了减少非法移民输出，移民目标国发展了援助政策计划。长期而言，计划的实施可以缓解非法

① 卢祥：《欧盟移民治理：多层级移民治理模式的建立》，华东师范大学硕士学位论文，2006 年。

② R. Rogers, The Politics of Migration in the Contemporary World, *International Migration*, 1992, Vol. 30, p. 30.

移民压力，发展双边或多边贸易往来。④难民及其遣返问题。遵循联合国关于难民的公约和国际法准则，努力解决难民问题，当难民来源国局势和平时，在国际社会帮助下共同提供自愿遣返的条件。⑤鼓励移民回国创业。在移民输入国、输出国都制定了一系列优惠政策，鼓励移民返回原居国创业或投资。这样既可推动移民输出国的经济发展，也可缓解非法移民压力。

司法与内务合作的对外治理主要通过两种做法：①将传统国家或欧盟的移民控制工具（主要是边境检查）向外延伸，积极与移民输出国及转继国合作，让这些国家也能有打击非法移民的意愿和能力（境管外伸做法）；②借由外援协助开发、贸易、投资、各种外交工具从源头防止潜在移民作出移民欧盟的决定（预先防范做法）。这两种做法在逻辑上有一定程度的相斥性。从长远来看，若境外管理延伸做法受到重视，则将损及对移民/难民权利的保护以及与第三国的合作。[①] 目前，针对近来一直活跃的地中海地区非法移民问题正在执行具体的短期和中期措施，包括联合巡逻，加强监测和反应能力。从长远角度来看，非法移民的推力因素将继续通过发展政策来解决，欧盟将会进一步加强与非洲、拉美以及亚洲部分国家和地区的政策协调。2006 年 7 月 11 日，非洲—欧盟移民与发展部长级会议通过了《最终声明》和《行动纲领》，内容涉及移民治理的挑战、和平与安全、移民与发展、人才流失、人权问题、合法移民、非法移民、保护难民等。欧盟及其成员国与非洲非法移民的来源国、中转国决定建立新伙伴关系，在促进非洲社会经济发展的基础上，携手打击非法移民。其中包括促进合法劳工流动、建立新的财政援助机制、加强司法和警察合作、推动有序和人道的遣返、强调信息与经验交流等。2006 年以来，欧盟与中国香港、中国澳门、斯里兰卡、阿尔巴尼亚、俄罗斯、乌克兰、塞尔维亚等国家与地区签署了双边劳务合作协定。[②] 另外，欧盟还投入大量资金开展相关移民合作项目，以进一步推动合法移民，预防非法移民。（见表 4 – 3）

---

① Christina Boswell, "*The* '*External Dimension*' *of EU Immigration and Asylum Policy*", Wiley-Blackwell, pp. 619 – 620.

② Communication from the Commission to the Council and the European Parliament, Report on Implementation of the Hague Programme for 2006, presented by the Commission, Brussels, 3 July 2007.

表 4－3 欧盟资助移民问题研究项目情况

项目＼内容	时间	地点	执行者	经费(欧元)	项目编号
建立地区移民服务中心	2004 年 12 月至 2006 年 6 月	西巴尔干地区	国际移民组织	65 209 571	2003/HLWG/051
季节性移民管理中心	2006 年 1 月至 2008 年 6 月	摩洛哥—西班牙	卡塔亚市	1 196 000	2005/103564
建立完整的合法移民渠道	2006 年 1 月至 2007 年 12 月	南高加索地区	国际移民组织	777 397	2005/103475
安全移民	2006 年 12 月至 2009 年 3 月	突尼斯—意大利	欧盟跨地区合作协会	137 477 276	2006/120－093
共建美好的移民生活	2006 年 12 月至 2008 年 3 月	埃及—摩洛哥—意大利	意大利某移民机构	51 933 320	2006/120－199
哥伦比亚—西班牙临时移民模式	2007 年 1 月至 2008 年 12 月	哥伦比亚—西班牙	国际移民组织	500 003 748	2006/120－237
地区非法移民治理的建设	2007 年 3 月至 2010 年 2 月	摩洛哥—意大利—西班牙	Movimento Laici America Latina Onlus	86 542 396	2006/120－280
支持人民运动	2005 年 1 月至 2008 年 12 月	摩洛哥	Agence Nationale Pour l'Emploi	5 000 000	MED/2003/5725
乌克兰移民管理能力的建设	2005 年 3 月至 2007 年 12 月	乌克兰	国际移民组织	3 781 505	2004/096－462

资料来源：*Circular Migration and Mobility Partnerships between the European Union and Third Countries*, MEMO/07/197, Brussels, 16 May 2007，加以整理。

三、实施欧盟睦邻政策

早在 1995 年，欧盟为防止冷战后地区动荡，就与地中海沿岸国家签订了《巴塞罗那》协定，以加强与周边睦邻国家的合作。欧盟东扩提高了其在欧洲和世界范围内的地缘政治和经济地位，同时也改变了其与邻国（包括东部的俄罗斯和独联体国家，地中海南岸的国家）的关系。欧盟保证自身内部安全、稳定和增长的能力，越来越受到其能否与邻国合作以促进那里的稳定与发展的影响。欧盟与其地中海邻国的人口总和相当，但人均国内生产总值高很多。按照购买力平价计算，欧盟25国的平均水平是其邻国的4倍。[①] 因此，非法移民的压力是显而易见的。

为适应新的地缘政治形势，欧盟委员会于2003年3月提出了《更广阔的欧洲—邻国关系：与东部和南部邻国关系的新框架》。报告将欧盟睦邻政策作为欧盟与新邻国关系政策的基础，重点关注欧盟与入盟候选国（保加利亚、罗马尼亚和土耳其）以及未来可能的候选国（阿尔巴尼亚和除已入盟的斯洛文尼亚之外的曾属于前南斯拉夫的共和国、冰岛、挪威、瑞士和列支敦士登）之外的邻国间关系。欧盟的新睦邻政策要求成员国作出特别的努力来支持其邻国的经济发展，减少贫困，加强公正和民主制度。欧盟睦邻政策体现了欧盟在移民问题上的整体观和综合观，是与其他政策统筹综合考虑的结果。与此同时，欧盟创立了欧洲邻国与伙伴国工具（European Neighbourhood and Partnership Instrument，简称ENPI）。它替代了以往所有针对欧盟睦邻政策所涵盖的项目，无论这项项目是问题导向型还是地理指向型。这些项目的跨国合作部分为成员国和非成员国交界地区的联合项目提供资金。ENPI工具有三个特点：第一，它不是问题导向型的。资金可以用来支持任何涉及伙伴国的项目，以促进伙伴国发展，推进与欧洲交界地区的区域一体化以及欧盟的一体化。第二，覆盖范围广泛。符合条件的各种团体、组织、公共和私人机构，从成员国到伙伴国，再到地区和欧盟机构等都可以成为受支持的对象。第三，新工具与以往的工具不同，它将各项工具融合在一起，为成员国和非成员国的项目提供资金，同时保留了之前已存在的共同筹资和伙伴关系原则。2000—2003年，欧盟通过与地中海地区国家合作计划和与欧洲交界合作计划，向欧盟睦邻政策所涉及的伙伴国提供的援助总额达到37.161亿欧元。[②] 2004—2006年，拟将通过这两个计划提供的对外援助增加2.55亿欧元。2007—2013年，在ENPI工具框架下的资金投入承诺额达到149.29亿欧元。但是计划支付额仅为63亿欧元。剩余的资金将用于2013年及以后的开支。（见表4－4）

① ［意］雷纳托·布鲁内塔等：《安全、移民与发展援助：一种综合方法》，罗红波编：《移民与全球化》，社会科学文献出版社，2006年版，第21页。

② European Commission, Strategy Paper and Country Report, Annex, May 2004.

表 4－4　2007—2013 年欧盟 ENPI 工具的承诺额和预计支付额

单位：百万欧元

内容＼年份	2007	2008	2009	2010	2011	2012	2013	总额
承诺额	1 433	1 569	1 877	2 083	2 322	2 642	3 003	14 929
支付额	263	495	819	1 200	1 601	1 922	8 629	14 929

资料来源：雷纳托·布鲁内塔等：《安全、移民与发展援助：一种综合方法》，罗红波编：《移民与全球化》，社会科学文献出版社，2006 年版，第 28 页。

欧盟成员国为睦邻政策伙伴国所提供的官方援助占这些国家接受的官方援助总额的 20%，但欧盟成员国对这些伙伴国的双边技术援助有所递减。

表 4－5　欧盟委员会和成员国的官方发展援助额

单位：百万欧元

援助机构＼年份	1997	1998	1999	2000	2001	2002
欧盟委员会援助总额	1 027. 3	1 247. 9	1 014	715. 1	940. 3	1 268
成员国援助总额	1 902	1 855. 1	1 537. 3	1 521. 4	1 550. 1	1 347. 4

资料来源：雷纳托·布鲁内塔等：《安全、移民与发展援助：一种综合方法》，罗红波编：《移民与全球化》，社会科学文献出版社，2006 年版，第 29 页。

欧盟管理移民流动的安全与移民入境政策有赖于发展合作政策的支持，后者起了“预防性”的作用。睦邻政策已成为欧盟、各成员国和邻国为实现共同的安全与发展目标而合作的重要领域之一。这一政策的实现既需要欧盟层面，也需要成员国层面的资金支持。但数据显示，欧盟的发展援助支出——尤其是对接壤国的援助——在本应增加的年份却逐年减少，未来援助拨款也没有显著增长，欧盟拨款无法弥补成员国双边援助的下降。安全与移民管理要求欧盟的发展援助融资在质和量上都要发生较大的改变。为应对这一挑战，欧盟必须放弃“紧急应对”方式，建构新的治理方式，对其相关政策和机构进行整合，并将援助的外部和内部因素统一起来加以考虑。[①] 睦邻政策计划给合作伙伴国相关部门（边防、

① ［意］雷纳托·布鲁内塔等：《安全、移民与发展援助：一种综合方法》，见罗红波编：《移民与全球化》，社会科学文献出版社，2006 年版，第 35—37 页。

海关、内政部和司法部等）的现代化特别支持，以加强对公共边界的控制。作为合作的条件，欧盟委员会表示签证政策将更为灵活，进入欧盟劳务市场也会更为便捷。

四、强化外部边境管理

欧盟对外来移民是一种危险或威胁的理解远远超过移民是一种生活改变和文化依存因素的认识。[①] 这种思想促使欧盟将加强外部边境控制、防止非法移民进入作为欧盟实现内部自由流动后的重要治理目标。《申根协定》实施后，欧盟开始将部分边境控制外推到第三国（非欧盟国家）。所谓“入境前控制”（pre-frontier control），就是在移民尚未达到边境时就先在出发地机场、港口进行入境检查，加强中转国家对于移民及寻求庇护者的检查及辨别能力，要求第三国替欧盟执行边境检查工作，以及与欧盟签订遣返协议，直接将欧盟负责边境检查的警力部署到西巴尔干等难民、移民寻求进入欧盟数量较多的地区。这种做法也被称作“遥控式的移民管理”。[②] 2003 年初，欧盟首次组成联合巡逻船队，以“尤里西斯行动”（Operation Ulysses）之名巡防地中海，防止偷渡客进入南欧国家。参与的国家包括西班牙、英国、法国、意大利、葡萄牙的警方、海关以及海军人员。2005 年欧盟又成立了总部设立在华沙的“欧盟外部边境管理署”（the European Agency for the Management of Operational Co-operation at the External Borders of the Member States），这是具有独立法人资格的共同体机构。其任务主要是促进成员国在外部边界管理方面的合作，对成员国巡防人员进行训练，协助成员国进行风险评估，并对非法移民进行侦察调查、收集成员国中的非法移民信息等。[③]

同时，欧盟在边境管理上还加大了财政投入。2000—2006 年的欧盟财政安排中，规定拨款 9.34 亿欧元用以实现其对外行动中有关移民入境的目标，其中 4.42 亿欧元用于移民流动。后来对此又追加 5 960 万欧元用于内务政策，包括分配给欧洲难民基金、应付突发事件、相关一体化措施、培训和司法领域的合作。萨洛尼科欧盟首脑会还为移民与边境管理提供了另外的资金支持，即规定 2004—2006 年期间拨款 1.4 亿欧元。另外有 5 000 万欧元用于非法入境移民的流出国和穿越国的专门计划。2004 年 2 月 10 日，欧盟发表了“建设我们共同的未来——

① Ana Becerro, The External Aspect of Migration Policy, *EUI Working Paper*, RSCAS, No. 2004/05.

② Andrew Geddes, Europe's Border Relationships and International Migration Relations, *Journal of Common Market Studies*, 2005, Vol. 43, No. 4, p. 789.

③ Judith Grosbie, August 3, Frattini Fumes as States Offer amnesty to Illegal Immigrants, *European Voice*, 2006, Vol. 12, No. 30.

对扩大后的欧盟的政策挑战及2007—2013年的预算安排”。欧盟委员会阐述了有关安全与移民入境问题的资源利用得更加有效和合理的程序，并建议遵循团结原则，移民入境政策应该能够促使欧盟成员国在对移民流动的长期有效管理、打击非法移民入境、融合合法移民等方面承担更多的责任。在分配给“公民权、自由、安全和法治”建设的财政预算（见表4－6），大部分用于移民入境方面。2005年，欧盟委员会在拟定2007—2013年共同移民政策与治理框架下，又创立了外部边境管理基金和遣返基金，计划在2007—2013年投入外部边境管理基金总额为21.52亿欧元，2008—2013年的遣返基金为7.59亿欧元。

表4－6　2007—2013年欧盟财政预算拨款额

单位：百万欧元

年份	2007	2008	2009	2010	2011	2012	2013	总计
拨款额	1 630	2 015	2 330	2 645	2 970	3 295	3 620	18 505

以2004年价格为基准。数据来源：COM（2004），final，Brussels，12 March 2004，转引自雷纳托·布鲁内塔等：《安全、移民与发展援助：一种综合方法》，罗红波编：《移民与全球化》，社会科学文献出版社，2006年版，第14页。

由于非法移民的情况日益复杂，欧盟在加大资金投入的同时，还重视将高科技检查手段运用于边境控制系统，包括未来更高水平的生物识别技术，如指纹和数码照片，并成立了欧洲巡防网络（European Patrols Network）以及欧洲侦察系统（European Surveillance System），① 以此来强化边境管制行动的有效性。欧盟正在建设一个非法移民信息交换网络，以帮助成员国在最早时间了解欧盟境内非法移民综合信息，打击非法移民。② 欧盟还考虑建立一个针对第三国国民进入或离开欧盟领土自动登记系统。第一，在第三国国民“逾期居留”时可进行核实。例如，签证到期，或之前有过类似行为。第二，能够作为来自于第三国家的季节劳工的登记簿之用，方便移民管理。更重要的是，它能够提供移民信息，用来进行威胁分析与评估，以达到边境与非法移民控制的目的。③

在边境管理方面，还值得一提的是，欧盟接纳了新成员国后，并未立即对这

① Council of the European Union, 2794th Justice and Home Affairs Council Meeting Press Release, Luxembourg, 19－20 April 2007, p. 27.

② Reinforcing the Fight against Illegal Immigration—Secure Web-based Network for the Co-ordination and Exchange of Information on Irregular Migration, IP/06/57Brussels, 20 January 2006.

③ Wide-ranging Common Actions to Combat Illegal Immigration at EU Level and Promote Return of Illegal Immigrants, http://ec.europa.eu/justice_home/fsj/immigration/illegal/fsj_immigration_illegal_en.htm, 30 December 2009.

些新成员国进行完全自由开放边境，而是采取了一个 2 ~5 年过渡期和 2 年延长期的缓冲制度。在过渡期内，双方逐步减少边境限制。这在一定程度上防止了新成员国已有非法移民的流入。

五、打击人口偷运和非法雇用

人口偷运是非法移民进入欧盟的重要渠道之一，这也使打击人口偷运成为欧盟治理非法移民的焦点。欧盟计划制定更佳的打击和防止人口偷运的措施、标准和程序。2005 年 12 月 1 日，欧盟部长理事会通过了委员会提出的行动计划，涵盖了一系列问题。其包括：采取措施进一步认识犯罪行为及其根源、预防人口偷运、减少劳工需求、实施更有效的调查和起诉、保护和支持受害者、安全遣返和在第三国打击人口偷运、重新评估对商业承运人须承担义务的立法、制定过境和居留的便利化措施等。非法雇用仍然是引发非法移民问题的一个重要推动因素。据欧洲议会所掌握的数据显示，每年有 89. 3 万到 92. 3 万名非法移民进入欧盟，目前整个欧盟境内约有 800 万黑工，主要在建造业、饮食服务业、农业和纺织行业等领域。针对此问题，成员国呼吁制定专门的非法雇用惩罚机制。2007 年 5 月 16 日，欧盟委员会批准了一项关于惩罚雇用非法移民的法令。2009 年 2 月 5 日，欧盟议会通过一项新法令，对使用无居留权的非欧共体移民的雇主实行行政和刑事罚款，罚款数额将与非法雇用人员数量成正比，还要增加用于遣返非法人员的数额，偷税漏税部分及其他未上缴的税务等。从行政角度来说，使用非法移民的企业将被排除在公共资助和合作之外，相关企业有可能被暂时或永久关闭，或者企业营业执照被暂时或永久吊销。对于比较严重的情况，将给予刑事处罚。各国根据自己的情况，在两年的时间内，修改相关立法，作出具体的处罚规定。欧盟自由、安全与司法委员 Jacques Barrot 说，“该法规针对的是黑工雇用者，是在打击非法移民道路上所迈出的重要一步”①。欧盟期望通过超国家努力使各国在此方面政策趋同，成为治理非法移民的一个有效手段。②

① 欧盟即将实施新法令——雇用黑工者坐牢，http：//www. eulam. com/html/200902/5/134599. html，2009 年 11 月 22 日。

② Wide-ranging Common Actions to Combat Illegal Immigration at EU Level and Promote Return of Illegal Immigrants，http：//ec. europa. eu/justice _ home/fsj/immigration/illegal/fsj_ immigration _ illegal _ en. htm. ，30 December 2009.

六、制定共同的遣返政策

遣返仍然是欧盟移民政策的基石，一个有效的遣返政策是支持合法移民和庇护的关键。2004 年，欧盟内政部长会议决定将联合包机遣返第三国非法移民，以降低成本。[①] 2005 年 9 月，为充分落实 2002 年通过的遣返行动纲领，委员会通过了一项关于遣返在成员国非法逗留的第三国国民的共同标准和程序的提案，旨在制定一个涉及遣返、迁移、强制措施使用、临时逗留以及再入境方面问题的清晰、透明和公正的标准。同时该提案也符合“海牙计划”的要求，明确指出遣返应该以人道的方式执行，尊重被遣返者的权利与尊严。内容主要包括：①通过公平和透明的程序结束规则结束非法居留；②推动建立自愿遣返原则；③建立一个和谐的两步程序，第一步为遣返决定，如有必要，再作出第二步遣返令，以修正当前各成员国之间的遣返分歧；④提供最低限度的程序保障；⑤限制使用强制措施和临时拘留，并同时规定了强制遣返和临时拘留的最低行为保障；⑥建立一个在整个欧盟有效的重新准入禁令；⑦奖励遵守法律者（包括撤销重新入境禁令）和惩罚违法者（包括延长重新入境禁令）；⑧处理好由一成员国发出的遣返令或遣送决定的第三国公民在另一国边境被捕的情况；⑨该提案依据欧共体条约第 63 条，且采用共同决策程序。[②] 2008 年 6 月 18 日，欧盟议会以 369 票赞成、197 票反对和 106 票弃权通过了遣返非法移民法令。这个法令在 7 月份的欧盟各国司法和内政部长会议通过后很快生效，各成员国将有两年的时间将该法令适用至本国法律。根据法令规定，给予自愿返乡者优先权，但也制定了强制性遣返的正式手续，确定了非法移民在收容中心的收容时间延长至 6 个月，几种情况下可以延长至 18 个月。非法移民在被遣返后 5 年内禁止重新进入欧盟各国，包括无陪伴未成年人。[③] 未来遣返政策将在以下领域优先考虑：加强成员国联合遣返航班的利用；对没有证件的第三国国民进行备案；建立培训遣返官员的共同标准，等等。欧盟移民政策中对付非法移民的措施一直难以取得共识，对非法移民采取强制遣返的手段，不只显示了欧盟解决问题的决心，另外也可以看出非法移民在欧盟各国的严重性。

---

① Council Decision of 29 April 2004 on the Organization of Joint Flights for Removals from the Territory of Two or More Member States of Third-country Nationals Who Are Subjects of Individual Removal Orders, OJ 2004 L 261/28.

② On Common Standards and Procedures in Member States for Returning Illegally Staying Third-Country Nationals, Presented by the Commission, Brussels, COM (2005) 391 final, 1 september 2005.

③ On Common Standards and Procedures in Member States for Returning Illegally Staying Third-Country Nationals, Directive 2008/115/EC of the European Parliament and of the Council of 16 December 2008, *Official Journal of the European Union*, 24 December 2008.

第五节　欧盟非法移民的超国家治理评价

一、超国家治理的必然性

欧共体/欧盟非法移民超国家治理的必然性体现在治理的动力和已经取得的成效上。伴随着欧洲一体化进程潮汐起伏的移民潮，既是欧洲一体化变化的结果，也是欧洲一体化发展的强大推力。正如埃默可·于卡尔（Emek Ucarer）所言："欧共体/欧盟国家人员自由流动问题已经成为测验欧洲一体化进程深度的试纸，欧共体/欧盟国家人员自由流动程度是与欧洲一体化进度相同步的。从商品、人员、劳务、资本自由流通的统一大市场的建立，到趋向更自由、更安全、更公平的共同移民政策，这其中每一步都印证着欧洲一体化的艰难历程。在欧洲一体化的移民政策变化发展中，可以得出两点变化趋势：第一，欧共体/欧盟成员国移民政策发展日益趋同；第二，移民政策合作涉及领域日益广泛。"① 与此同时，非法移民问题也从其"国家属性"逐步上升至"欧盟属性"。在欧盟层面形成一个开放的、一贯的和相互协调的移民政策是欧盟移民治理的必由之路。加强同非法移民作斗争，是欧盟移民政策的优先选择。欧盟在这方面也不断取得进展，否则将影响到欧盟移民政策的可信度。②

各成员国在非法移民问题上的关联性推动了欧共体/欧盟层面上的共同治理发展。虽然《阿约》在很多方面保留了移民政策的政府间合作性质（权限仍属于各成员国及其地方当局），但是后来的欧盟部长理事会全体一致通过了一项决议，即如果相关最低限度的法律和制度框架得以确立，那么自 2004 年 5 月 1 日开始，有关庇护权、难民身份、保护难民等问题都将由欧盟层面作出决定，即由欧盟部长理事会和欧洲议会对欧盟委员会提出的专门提案作出共同决定。③ 这一框架至今仍然适用。欧盟在创建自由、安全和法治地区上所取得的进展显示，各成员国在庇护权、难民、签证、各国努力程度的平衡、调节发展不平衡（包括创

① Emek Ucarer, *Immigration into Western Societies: Problems and Policies*, London, 1998, p. 281.

② Communication from the Commission to the Council and the European Parliament, Report on Implementation of the Hague Programme for 2007, presented by the Commission, Brussels, 2 July 2008.

③ 《欧洲共同体条约》第 67 条（2）款，附于《尼斯条约》之后的第 5 条声明为解释这一条款提供了基础，并给出了明确的政治承诺，即对可归于第 62 条（3）和第 63 条（3，b）条款之下的措施——分别涉及第三国公民不超过三个月的迁移自由与非法移民入境问题——都采取共同决定程序。

立欧洲难民基金）和建立移民联络官交流网络等方面都拥有了共同规则。[①] 主要包括：①签证制度方面。2004 年 6 月 8 日，理事会通过了一项决定，成立签证信息系统（VIS），它确立了欧共体对于 VIS 发展进行预算和对此预算执行的法律基础，并界定了 VIS 的架构，同时要求委员会在申根信息系统的技术帮助下进一步发展 VIS，确定目标、功能和责任，建立成员国之间信息交流的程序和条件，以方便审查。②信息交换、合作与协调方面。2005 年 3 月 16 日，理事会通过决定，建立一个用于成员国移民管理安全的信息和协调网络。③边境管理方面，2002 年 5 月 7 日和 6 月 13 日，欧盟部长理事会和委员会通过了一个成员国外部边境管理的计划，并在波兰华沙成立了相关机构，2005 年开始运行；同时欧盟还加强欧洲警察组织的高级合作。④外国人法和刑法方面，加强对非法移民的惩罚，剥夺非法利益是治理非法移民的有效手段，理事会通过了 2002/90/EC 指令，对未批准进入、过境和拘留行为进行了定义，而 2002/946/JHA 则确定了阻止未批准进入、过境和拘留的刑罚框架。⑤遣返和重新接纳政策方面，遣返政策需要加强内部协调，如建立共同标准、共同措施。委员会通过了两项关于非法居留者遣返的协定（2002 年 4 月 10 日的绿色文件 175 决议和 2002 年 11 月 4 日的 564 决议），从而使得理事会在 2002 年 11 月 28 日通过了遣返行动方案，2005 年委员会一项遣返基金已经获得通过，作为 2007—2013 年期间移民管理项目的四项基金之一。2008 年 12 月 16 日，欧洲议会和欧盟委员会通过了遣返第三国非法移民的共同标准和程序的 115 号令，要求各国最迟在 2010 年 10 月 24 日执行。[②] 2008 年的《海牙计划执行情况报告》也表明，第一支柱中的移民事务、边界治理和民事司法合作取得了显著进展。[③] 2009 年 12 月 1 日生效的《里斯本条约》将进一步提升欧盟超国家机构在司法与内务合作领域的地位和作用。

欧盟针对非法移民超国家层面上的治理也取得了良好成效，尤其是欧盟睦邻政策在消除欧盟周边地区的发展不均衡、减少移民压力方面取得了重大进展。表现为：①欧盟—地中海国家关系有所拉近。2004 年欧盟的周边关系计划——睦邻关系战略就包括了俄罗斯、乌克兰等苏联垮台后独立的各个共和国和地中海国家。2006 年 3 月 5 日，欧盟—环地中海国家政策国际会议标志着欧盟—地中海国家关系在新的合作框架下开始迈步。②欧非关系得到改善。欧盟加强与非法移民

① ［意］雷纳托·布鲁内塔等：《安全、移民与发展援助：一种综合方法》，罗红波编：《移民与全球化》，社会科学文献出版社，2006 年版，第 6 页。

② Wide-ranging Common Actions to Combat Illegal Immigration at EU Level and Promote Return of Illegal Immigrants, http://ec.europa.eu/justice_home/fsj/immigration/illegal/fsj_immigration_illegal_en.htm, 30 December, 2009.

③ Communication from the Commission to the Council and the European Parliament, Report on Implementation of the Hague Programme for 2007, presented by the Commission, Brussels, 2 July 2008.

的来源国和中转国的合作，提供必要的物资设备。欧盟还成立了危机处理行动小组，以应付类似非法移民集体闯关等事件，与塞内加尔、佛得角、毛里塔尼亚和摩洛哥在西非和北非大西洋沿岸进行联合巡逻。③跨境合作开始启动。从欧盟外部边境加强跨境合作实践证明，边界的开放能够在不影响地区和当地互助关系的同时，保障欧盟内部的安全。随着欧盟的扩大，芬兰—俄罗斯边境线（1 300 公里）加上从波罗的海沿岸国家到斯洛伐克（3 000 公里）的那一段，构成了欧盟在东部邻国计划的持久边境线。[①] 欧盟的睦邻政策不仅在移民和边境控制方面取得了一定的进展，在地缘政治中也取得了优势地位。

二、超国家治理的局限性

地区治理处于全球治理和国家治理的中间层次，它的兴衰既受到主权国家内各种行为体的结构方式和运作方式的制约影响，也受到国际、超国家行为体互动方式的制约影响。欧盟出现了移民治理结构的“欧洲化”趋势，即欧盟通过与民族国家的权力博弈最终发挥多边机制的作用。民族国家在这种背景下面临两种挑战：欧盟这种超国家机构从主权国家垄断中不断提升移民问题高度，形成强大的纵向“拉力”；移民对主权国家团结形成“扯力”。尽管如此，目前看来欧盟各成员国在移民问题上仍然暂时掌握着“实权”。[②]

首先，移民主权让渡的艰难性制约了超国家治理的发展。超国家主义者认为，跨越国界社会的逐渐扩张、超国家组织活动能力的日益增强以及超国家法律逐渐增多的过程，已经将政府间的讨价还价和政策制定纳入其中，并且这一过程无疑会逐渐降低成员国控制其产出结果的能力。[③] 从发展的角度来看，欧盟在欧洲非法移民治理上发挥着越来越重要的作用。但即使基于制度化的背景把超国家行动集中在移民事务上，欧盟的作用也是有限的。全球治理的有效领域仍然主要集中在一些直接关系到人类生存共同利益的领域，其中以环保领域为典型，而在涉及高级政治领域，主权的让渡非常困难，过程也非常缓慢。Zolberg 认为：“国际性的移民政策贯穿于世界上现行的移民规则中，是建立在国家之间的领土概念与私人确定界限的基础上的。”[④] 这对理解国际移民中的国家主权的政治敏感性，

① 陈志强：《欧盟移民政治研究》，华东师范大学博士学位论文，2007 年。

② 陈志强：《欧盟移民政治研究》，华东师范大学博士学位论文，2007 年。

③ Wayne Sandholtz and Alec Stone Sweet, *European Integration and Supranational Governance*, Oxford University Press, 1998, p. 5.

④ 转引自宋全成、葛谨雁：《移民政策中的民族国家主权的部分让渡与欧洲一体化》，《欧洲》，2000 年第 5 期。

带有根本性的意义。欧盟移民政策既有优点也有不足，一方面，通过司法与内务合作，整合内外移民事务，将移民拒之于第三国之外，提高了欧盟在移民治理中的作用；另一方面，有时欧盟在参与跨边界行动时所需要的能力值得怀疑。另外，成员国总是“兜售”本国的国内利益或优先权，而可能使得欧盟移民政策的时间表和一致性遭受瓦解的风险也非常高。①

其次，欧盟与各成员国在治理合作上存在障碍。欧盟的一些建议是建立在主权国家的移民政策基础之上的，但欧盟的困难在于共同行动依赖于成员国，并且缺乏立法约束和监督约束的手段，各成员国经常会顾及本国利益而自行其是，只遵循本国法律。很多成员国往往超过过渡期限，仍然无法适用欧盟法令。② 在欧盟的立法决策机制中也存在着诸多问题：①机构之间的框架关系不合理。欧委会和部长理事会具有双重作用，而欧洲议会的力量较为薄弱，一直没有赋予更多的立法权和民主监督权，没有形成真正的制衡；②决策程序复杂，效率低下。其原因不仅有技术方面的，还有利益方面的；③缺乏民主监督，存在民主赤字问题。欧洲公民直选的欧洲议会没有真正的立法权和监督权，而真正的权力机构部长理事会和欧委会却不是直接选举出来的，其立法与决策的合法性受质疑；④决策过程不够公开、透明。尽管近年来欧盟的决策过程透明度有所提高，但离民主的要求仍然还有一定距离。因此，欧盟的超国家治理还应该在如何清理各成员国在移民事务上所设置的重重障碍，发挥共同的欧盟移民政策作用上努力。除此之外，欧盟内部的合作还影响到与外部的合作。20 世纪 90 年代末以来的这些将移民政策范围扩大至发展、外援、民主、人权的措施是否落实？整体而言，欧盟相关方面的发展受到的批评多于认可。批评者指出，第三国因为欧盟移民政策范围向外延伸而未获其利先受其害。原因在于欧盟对第三国提出种种要求，而这些要求的成本往往要由第三国自行负担。③

最后，欧盟治理本身存在矛盾。例如，欧盟文件对移民外部政策的指导思想是，增进移民来源国与接受国之间的利益，加强移民在双边之间的桥梁纽带作用。移民治理合作必须建立在政府与移民以及移民团体之间对话的基础之上，考虑相关国家人口迁移中涉及的发展、经济和社会权益。在此基础上，各国对移民采取的原则应该包括：移民是一种动力也是一种复杂现象；移民是相关国家追求利益的结果；全面综合治理移民，包括处理与跨境相关事宜、使迁移更加容易、保护移民权利、正视非法移民、预防人口贩卖等。但事实上到目前为止，这些原

① Ana Becerro, The External Aspect of Migration Policy, *EUI Working Paper*, RSCAS, No. 2004/05.

② Communication from the Commission to the Council and the European Parliament, Report on Implementation of the Hague Programme for 2007, presented by the Commission, Brussels, 2 July 2008.

③ Andrew Geddes, Europe's Border Relationships and International Migration Relations, p. 798.

则在欧盟的移民政策和措施中很少体现。[①] 另外，欧洲一体化的中心目标之一是人员的自由流动，但是这个权利的适用对象仅限于欧洲公民。《罗马条约》第 48 条第 1 项说明了自由流动规定的对象为成员国公民及其家属，以及与欧共体签约国家的公民。因此，在早期的欧盟移民政策中，第三国国民若不具有成员国国籍，仅为单纯的第三国国民，则不享有自由流动的权利。由于欧盟对欧洲公民（即欧盟境内移民）与对欧盟移民的管理方式有明显区别，因此内部移民治理为超国家模式，外部移民治理则仍维持政府间合作形式。虽然欧盟立法明确了禁止歧视外来移民的原则，但是应用于欧洲公民与欧盟移民的法律规定的不同，以及欧盟超国家机构权利的有限性，都说明了欧盟无法有效阻止法律歧视的发生，这也使人们对超国家治理的可行性产生了怀疑。[②]

小　结

非法移民问题已经成为欧盟超国家治理层面所关注的共同利益问题。欧盟范围内统一的内部市场的要求，福利国家的民族利益和国家利益需要，欧洲安全观念变化的现实考量，非法移民问题和移民政策本身的性质等因素构成了欧盟统一移民政策框架的形成动力。通过签订《申根协定》、《马约》、《阿约》、《里斯本条约》等法律文件，欧盟逐步构建统一的移民政策框架，使得欧盟非法移民的超国家治理制度日益彰显。但移民政策不仅属于民族国家主权的一个核心部分，还是民族自主权的一个根本因素。欧盟移民政策的框架规定，限制了欧盟民族国家的部分国家主权，加快了欧盟政治、法律一体化的步伐。但在非法移民治理上，民族国家仍然发挥着关键性作用。从法律意义上来看，在迄今为止的欧洲移民政策领域内，只对欧盟成员国的国家主权作出了很少的限制。[③]

---

① Ana Becerro, The External Aspect of Migration Policy, *EUI Working Paper*, RSCAS, No. 2004/ 05.

② *The Development of EU Immigration Policy*: *Supranationalisationandthe Politics of Belonging*: *Migrants and Minorities in Contemporary Europe*, Andrew, Geddes and Adrian Favell, Ashgate, 1999, pp. 180 – 181.

③ 宋全成、葛谨雁：《移民政策中的民族国家主权的部分让渡与欧洲一体化》，《欧洲》，2000 年第 5 期。

第五章　欧盟非法移民的次国家治理

罗兰·罗伯逊（Roland Robertson）认为："一个日益全球化的世界带来的是文明的、社会的、种族的、地区的和个人自我意识的升温。"[①] 全球经济强烈地冲击着政府的合法性和与此相关的结构功能与过程。传统的中央集权式治理形态将不足以有效地应对来自全球大环境的问题与挑战，取而代之的则是以地方政府"治理"为特色的、以网络式管理与合作模式为基础的、跨区域间的、更富有弹性和回应能力的地方组织体系。当代地方治理变革运动是20世纪以来国际社会性第三次较大地方化的浪潮，与经济全球化相伴而生。[②] 这一过程中，经济全球化扮演了催化剂角色。"二战"后，国际社会行为体不断增多，从国家、政府间国际组织、政党，到跨国公司、传媒，以及非政府组织的大量涌现，参与全球治理的行为体日趋多样化。行为体的多元化是全球治理民主化的前提。非政府组织等次国家行为体的大量涌现，所参与活动范围的不断扩展，促进了民主原则和治理的参与，并推动了决策的民主化进程，提高了治理的合法性和有效性。

随着欧洲一体化的发展，成员国独享治理权限的状况逐步发生改变。首先是超国家主义有了较大发展；其次是次国家行为体的重要性逐步显现。欧共体/欧盟也逐渐意识到这一点，自《马约》后，成立了地区委员会，为次国家行为体专门开辟了参与欧盟治理的渠道。

第一节　全球化与欧盟次国家治理的兴起

战后的欧洲一体化进程被认为是上层政治运作的结果，即从某些经济部门出发，逐渐过渡到其他的经济部门并上升到政治上的合作以至最终达到政治联盟。这一模式源自于战后欧洲特殊的国内外环境。各国亟待发展，建立新的秩序，以保障安全与维护和平。而欧洲的历史经验证明，在权利和义务上彼此平等的民族国家间是无法制止和处理国际危机的。传统的欧洲民族国家之间的关系应该从相

① Roland Robertson, *Globalization: Social Theory and Global Culture*, London: Sage, 1992, p. 27.
② 孙柏瑛：《当代发达国家地方治理的兴起》，《中国行政管理》，2003年第4期。

互对立走向相互合作，这样欧洲的和平才有保障。为了实现这一目标，必须把民族国家的利益紧密结合到一起，以形成国家间的共同利益。1967 年三个共同体机构合并后，欧洲共同体的成立以及 1974 年欧洲理事会机制的确立标志着欧共体框架基本形成。这一时期，政府间主义占了上风，民族国家的作用得到加强，欧共体的治理明显倾向于成员国国家层面的治理，这在一定程度上阻碍了欧共体的发展。1979 年至 1984 年，欧共体徘徊不前。如果不采取弥补措施，欧共体内部的裂痕可能导致共同市场的彻底瓦解。

1986 年，欧共体 12 国签署了《单一欧洲法令》，使得经历了长期发展停滞的欧洲一体化进程得以重新启动。重启后，欧洲一体化不仅激活了欧洲的超国家主义，也推动了次国家主义的发展。因为与《罗马条约》相比，《单一欧洲法令》大大拓展了欧共体的职能和活动范围，促使各种各样的利益集团逐步强化它们在欧盟治理的作用与存在。与此同时，共同农业、渔业政策、地区政策等共同体政策的实施也把成员国内的地方、地区政府动员起来，各地方、各地区政府通过建立欧洲地区大会和欧洲联合会、设立联络处等方式强化它们在欧共体层面的存在，积极参与欧共体的治理。同样，欧共体一方面为了更好地制定和实施共同体政策，另一方面也为了抗衡成员国政府对超国家治理的反对，积极鼓励各行业组织、利益集团、社会团体、民间机构、地区和地方政府在欧洲治理中发挥更大的作用。另外，成员国内部也出现了中央权力下放和地区自治的发展趋势。①

进入 90 年代后，全球化与区域化的发展进一步改变了欧盟的社会政治环境，主要表现在知识社会的来临、地区主义的上升和公民社会的迅速发展三个方面。欧盟面临的不再是单纯的民族国家资源整合和提高欧洲集体认同这样的任务，而是同时面临着政治和社会资源的多元化和分散化的新课题和新挑战。② 首先，知识的广泛传播大大提高了私人的行为能力和活动空间。如果知识在越来越深的程度上不仅是现代经济及其生产链条和生产关系的核心要素，而且从总体上成为现代社会组织和聚合的原则，那么，这样的社会模式就可以称为知识社会。③ 其结果一方面是个人兴趣的多元化和生活方式的多样化；另一方面是群众性的社会组织，如政党、工会和青年团等被一些充满机动性和灵活性的小型社会组织所挤占。在知识社会的背景下，欧盟面临的处境可能是社会关系的多元化、社会力量的分散化以及国家和政治在社会生活中作用的逐渐淡化。其次，地区主义在欧盟内部的政治发展表现为：一是地方行政机构要求在欧盟一级政治生活中享有发言

① 朱贵昌：《多层治理理论与欧洲一体化》，山东大学出版社，2009 年版，第 65 页。
② 李华：《浅析欧盟的治理结构》，《国际问题研究》，2005 年第 2 期。
③ 转引自李华：《浅析欧盟的治理结构》，《国际问题研究》，2005 年第 2 期。

权和参与权；二是欧盟内部地方行政区域联合趋势加强。作为欧盟的咨询机构，《马约》成立了专门的新的咨询机构“地区委员会”，具体代表欧盟地方政府机构的利益，在众多欧盟特别是涉及地区事务的决策过程中享有知情权或听证权，有权对欧盟相关政策发表建议和看法。欧盟创立了联盟公民身份制度，规定凡成员国的国民均是联盟的公民。欧盟公民可以在欧盟内部任何地方定居、旅游、工作等，参加当地和欧盟的议会选举，还具有直接向欧洲议会进行请愿和向特定机构申诉的权利。[①] 欧盟通过设立地区委员会和建立欧盟公民身份制度等措施，进一步密切了欧盟与欧洲公民的联系。这表明，欧盟治理将不仅有成员国参与，还与成员国内的地方和地区政府、公民等直接发生关系。最后，公民社会的蓬勃发展被认为是公民的自我实现意识和政治自主意识不断提高的结果。全球公民社会的来临意味着没有掌握公权力的多元行为体可以和公权代行者平等参与各种事务。按照哈贝马斯的观点：“新的社会运动已经成为多元化和个性化的动力。实现民主参与、过渡到一种现实多元主义的必由之路不是大众的心理，而是公共交往潮流的群众性展开。只有通过公共交往，以理性的政治舆论形成和政治意识形成为核心的自由才能得到实现。”[②] 公民社会作为国家和政治的对应物，成为私人追求的应然载体，公民参与不同的社会组织并在其中实现自己的创意和理想。越来越多的人参加各种各样的社会组织或松散的联合体，如协会、联合会、非政府组织、公民倡议组织和基金会等。这些行为体通过排挤其他群体的政治空间而扩大其存在空间以争取自身权益，或者建立一种由专家们设立的“专门知识圈”来增强其利益带。公民社会为私人和私人组织完成公共领域的事务提供了可能，同时也降低了国家治理的成本，有利于社会资源的整合和优化，成为传统公共领域的有益补充。

赫尔德认为：“全球治理过程是一种城市、国家、地区和全球网络式的民主结合的政治秩序。在这样一种秩序中，自治原则将在多样的权力点上，在跨越多样的空间内得到巩固。”[③] 这体现了治理过程公民自治权的满足，提高了公民社会与国家体系的相对自主性。人民之所以重要，是因为制度的变迁只有通过各种各样的行为体才能向前推动。在欧盟国家范围内的公民社会已经基本成熟，但欧盟层面上的公民社会还处在开始状态。公民社会的泛欧化是一个缓慢的发展过程。它需要两个方面的合力，一是欧盟的机构改革需要适应以公民社会发展为代

① Consolidated Versions of the Treaty on European Union and Treaty on the Functioning of the European Union, *Official Journal of European Union*, 2008, Vol. 51, pp. 56－58.

② ［德］尤尔根·哈贝马斯、米夏埃尔·哈勒著，章国锋译.《作为未来的过去——与著名哲学家哈贝马斯对话》，浙江人民出版社，2001 年版，第 93 页。

③ ［英］戴维·赫尔德著，燕继荣等译：《民主的模式》，中央编译出版社，1998 年版，第 445 页。

表的社会关系的变革；二是公民社会的各种组织需要积极运作，以形成欧洲范围内的社会网络和社会空间。西方学者开始关注一种有争议的组织形式和政治运动战略——工会、边缘政党、竞选组织是如何与现代国家的形式紧密结合起来的，以及它们是如何在有限的政治领域内向中心权力和合法性稳步积聚力量的。因为这些群体在推进国家和政治构建中的民主化发挥着关键作用。在这一种新型的多层治理结构内，民族国家主权将削弱，政治成为多级的政治游戏。欧盟为这些社群和组织提供了主权国家所不能给予的跨国家的活动空间，并改变了以往欧盟和主权国家以及主权国家间旷日持久的争吵，成为欧盟和民族国家间的缓冲器和减压阀。①

欧洲共同体条约经《阿约》改革后，给予了欧盟共同移民政策多层次治理的法律基础，移民决策程序包含政府间合作的限制性多数决策与超国家治理的共同决定程序。各层次间的互动方式并不是低层次政治单元依附于高层级政治单元的关系，而属于一种互相联系（interconnectedness）的关系，国家上下不同层次交错影响。在这种关系中，国家并不是次国家与欧盟层次的唯一联结，而次国家行为者在国家与欧盟层次上都可有所作为。② 次国家团体，如经济或人权团体超越国家层次直接向超国家机构进行游说，非政府组织也在欧盟共同移民政策中逐渐占有一席之地，尤其是在帮助第三国移民争取政治及社会权利方面。

总之，在1992年欧洲统一市场完成和欧盟建立后，欧洲一体化进入一个全新的发展阶段。欧盟的职能涵盖了经济、政治、社会、外交与安全等各个方面。欧盟构建了由三大支柱支撑的治理架构。三大支柱中的运作机制和决策方式各不相同，政府间主义、超国家主义、次国家主义的运作方式，简单多数、有效多数、一致同意的表决方式在三大支柱以及每个支柱内部各个领域同时存在，逐渐形成了一种复杂的多层治理体系。有学者认为，欧共体在签订《马约》后就逐渐走上了一条从政府统治到没有政府的治理之路。欧盟发展出了一套既超越民族、国家之上又直接下及个人的社会、政治和经济制度。③

---

① 陈志强：《欧洲移民政治研究》，华东师范大学博士学位论文，2007年。

② James A. Caporaso, James A., The European Union and Forms of State: Westphalian, Regulatory or Post-modern? *Journal of Common Studies*, 1996, Vol. 34, p. 47.

③ ［英］安东尼·吉登斯著，郑戈译：《第三条道路——社会民主主义的复兴》，北京大学出版社，2002年版，第148页。

第二节 欧盟非法移民的次国家治理参与

欧盟研究一直关注的是主权国家及超国家组织制度的研究，直到20世纪80年代末，次国家治理的作用才得到关注。从一般意义上讲，次国家行为体是存在于国家内部，有一定行为能力的群体、组织和机构等，在现代国家内主要体现为存在于政治、经济以及社会领域内的地方政府、利益集团、私人机构、非政府组织等。[①] 在实际治理中，从行为体的类别来看，欧盟涉及非法移民治理的次国家治理主要包括以下三类：一种是地区/地方政府的治理；二是非政府组织的治理；三是私人机构或团体的治理。次国家行为体参与欧盟治理的渠道包括以下三种：一是通过欧盟层面代表和维护次国家行为体利益的机构经济社会委员会和地区委员会来参与欧盟治理；二是通过在欧盟总部布鲁塞尔设立地区代表处来参与欧盟治理；三是通过各种组织、联合会参与欧盟治理。多层级治理中公民的参与性主要表现在欧盟和国家层次的某些权限的下放和次国家层次——地区/地方政府参与性的增强，以及公民和私营利益集团等公民社会组织在各层次的连接和互动。在欧盟有两个咨询机构，一是欧洲经济与社会委员会，由有组织的公民社会和产业的劳资双方的代表组成；二是区域委员会，由地区及地方政府的代表组成。它们是欧盟机构与公民社会和地方沟通的重要桥梁，欧盟委员会有义务随时向这两个机构咨询。

一、地区/地方政府的治理

地方政府是参与移民事务重要的次国家政治行为体。在国家治理过程中，中央政府可能把授权地方作为节约公共支出的一种政治手段，透过分权适时地给地方政府治理提供权力和技术，以便更灵活地回应日益增加的公共需求，更专业化地提供公共服务。很多地方政府通过欧洲地区发展基金资助，加强跨边界、跨国家和跨地区的合作，促进相邻地区解决共同的发展问题。

欧盟的很多城市已经集群化，城市和城市联结成地区，成为非法移民存在的具体外壳。非法移民问题本质上成为城市问题的一个重要组成部分。城市是干预移民政策的重要立足点，因为欧盟以及成员国的移民政策必须通过内化为城市和

---

① 刘中民：《中东伊斯兰地区与国际体系的关系缘何紧张？——次国家行为体视角的分析》，《国际观察》，2009年第5期。

地区的政策才能有效执行。欧盟的许多城市和地区之间都有跨越国境的合作网络，共同致力于在欧盟层面的地区发展和城市政策。一些边界城市是城市发挥移民疏导作用的重要阵地，同时由于人员自由流动问题和越境问题是欧盟各国最关切的问题，使得边境城市的地位日益重要，这些城市也成为官员展示政绩的主要场所。他们从遭受挫折的越境群体中汲取政治力量和动力，提升自身的政治地位，进入国家政治的核心层。他们利用这个优势的另一个途径是广泛开展移民和城市社会政策研究，并得到大批的国家项目资金。[①]

2008 年，英国面对近年来国内大量涌现的非法移民，一方面不断调整、收紧移民政策，另一方面，中央政府开始强化地方政府在非法移民治理中的角色作用。英国将大约 7 500 名边防署人员，分成 70 至 80 个地区移民小组，与地方警察部门建立伙伴关系，联合打击地区性的移民犯罪活动，作为重整英国边防署计划的一部分。每一个地区小组都会完全执行移民法律所赋予的权力，搜集情报，干扰非法移民活动，打击非法工作。移民小组还与警方、税务局和地方伙伴机构紧密合作，拘捕非法移民。时任英国内政大臣施卓琪认为，移民进入英国时，与英国有一份协议，即必须努力工作，只有按照英国法律办事，才能取得在英国合法居留的权利。为了达到此目标，英国还计划在 2009 年至 2010 年增派 1 000 名移民官员，加强与各地区和一些非政府组织建立联系，获得最新信息，以打击非法移民和惩罚非法雇用单位。[②] 组建移民管理执行小组的目的是为了让移民官员更贴近社区，并加速打击移民犯罪网络的发展。为了执行这项新策略，内政部将会增加人力用于在社区中强制实施移民法。无论是欧盟的政策还是成员国的政策，都需要地区等次国家行为体密切配合才能有效地贯彻执行下去。英国政府化整为零的做法，是将此前边防署的力量渗透到各个地方和社区的重要一步，显示出次国家治理在英国整个非法移民治理中的重要作用。

城市处于当代各种挑战的中心。在全球化的背景下，所有在全球层次提出的问题在地方层次同样存在。城市和区域是治理的基石，经常被看作是执行国、洲和世界政策的地方，就好像在全球化运动中，地方政府唯一能起的作用就是为民众提供普通服务，真正的决策都是在另一个层级做的。随着地方治理的兴起，国家制度以及政党政治要求转变成有效的政治行动能力的合法性和共识已经下降，人们对经常向公众封闭而对腐败公开的政治过程的认识在逐渐觉醒。这也使得地方政府重新思考公民身份的加强以及个人参与在促进民主中所起的作用。[③] 另

① 陈志强：《欧洲移民政治研究》，华东师范大学博士学位论文，2007 年。

② 打击非法移民犯罪活动，英国将设立地区移民小组，人民网，2008 年 6 月 23 日。

③ ［英］卡洛林·安德鲁、迈克·戈登史密斯：《从地方政府管理到地方治理》，俞可平：《治理与善治》，社会科学文献出版社，2000 年版，第 183—192 页。

外，应该重新思考地方、国家、世界之间的关系，治理层级之间的关系应该建立在一个新的原则之上，这个原则就是“主动辅助性”，思考解决办法要从地方层级，而不是从中央一级出发，因为解决办法只能来自各个不同层级之间的密切合作。①

二、非政府行为体的治理

在全球治理中，非政府行为体广泛而积极地参与解决全球经济和社会发展问题，被认为是可持续发展的代言人和捍卫者，在实施全球可持续发展战略方面发挥了不可或缺的建设性作用。由于“一系列独特的社会和技术变化，以及酝酿已久的对国家能力的信心危机”②，从一定意义上讲，非政府组织参与全球治理，促使传统的自上而下的单纯由国家（政府）主导的治理向既由自上而下又由自下而上的国家（政府）体制与非政府的社会体制相结合的治理结构转变，是治理结构和安排中出现的制度创新和组织创新。非政府组织等次国家行为体异军突起，以其自身的优势适应了全球化的需要，在国际社会的多个领域和全球治理的舞台上扮演着多重角色。非政府行为体主要包括私人机构和非政府组织。私人机构的治理力相对而言比较弱，但它们却为非法移民做了许多实事。在英国，一些人道主义机构、社区义工组织、外国人文化中心、教会等给非法移民提供无偿的法律、社会、财政等方面的服务与支持。特别是冬天，教会会给那些流浪的非法移民和难民提供膳食、住房设施和衣服。一些民众也会对非法移民给予直接的帮助。基于所有人都拥有进入卫生健康系统和学校教育通道的权力，城市中的职员和那些非政府组织的雇员在需要的情况下，都积极地扮演了帮助非法移民进入卫生健康系统和学校教育通道的角色。③ 2008 年，英格兰和威尔士的天主教会呼吁政府对那些在英国生活了数年的非法移民进行大赦。他们认为，非法移民来到英国数年后，应该给予合法的身份，以获得合法的利益。意大利 2008 年设立“非法移民罪”后，也遭到天主教协会以及保护人权组织的指责。因为根据西方民主法制的基本原则，应当是法律面前人人平等，“非法移民罪”以及非法移民触犯刑律要重判显然是歧视行为。

---

① ［法］皮埃尔·卡蓝默：《城市和区域的可持续发展》，http：//www. governance. cn，2010 年 1 月 20 日。

② ［美］莱斯特·萨拉蒙：《非营利部门的兴起》，何增科：《公民社会与第三部门》，社会科学文献出版社，2000 年版，第 243 页，转引自杨文兵、王晓双：《全球治理语境下非政府组织角色定位新探》，《学术论坛》，2008 年第 4 期。

③ Norbert Cyrus，Franck Düvell und Dita Voge，Illegale Zuwanderung in Gro β britannien und Deutschland：ein Vergleich，p. 68. 转引自宋全成：《英德非法移民社会问题之比较研究》，《欧洲研究》，2008 年第 5 期。

非政府组织是指社会力量按照自愿原则联合建立并提供公益的非政府的、非营利的社会组织。欧盟区域内的非政府组织可以分为跨国的区域性非政府组织和国家层面的非政府组织，或者二者共性兼而有之。跨国的区域性组织，它们一般在各国有分支机构，如移民政策团体（MPG）和欧盟移民论坛（EUMF）等非政府组织。移民政策团体是目前活跃在欧洲地区，专门负责移民事务的非政府组织，已经成为国际移民网络和一些试图进入欧盟的少数族群活动家的中心。欧盟移民论坛的宗旨主要是设立基金，为来自于成员国的移民代表撑起保护伞。国家层面的非政府组织由于层次较低，往往通过欧盟层面的同类组织争取其在欧盟的权利和地位，但它们在调动资源、改变观念和采取行动方面往往是超国家非政府组织所不能比拟的。在欧盟"民主赤字"和缺乏与基层民众有效沟通的背景下，国家层面的非政府组织的存在具有一定意义。欧盟区域内涉及移民治理的非政府组织众多，有些是受政府资助的，有些没有政府资助，由民间自主运作。

草根阶层和自助组织，包括移民组织和少数民族团体是英国公民社会的一个显著特征。由于非法移民主要依赖于已经居住在当地的老乡的帮助，尤其是在早期，他们首先需要栖身之处和工作。这些移民团体扮演着移出国、移民和东道国之间的双向交流渠道的角色，它们为新移民提供关于安全移民、东道国社会知识以及定居策略的选择等信息。[①] 这些基层团体从 20 世纪六七十年代的社会运动时开始出现，参与公共服务，并得到政府部分资助。但 1979—1997 年保守党政府取消了对低收入阶层的倾斜政策。至 90 年代，来自这种不平衡福利制度的反作用力越来越大，许多新的团体和组织产生，以争取政府对新移民（包括寻求庇护者和非法移民）的关注。相关的移民团体达 19 个之多。（见表 5 - 1）

表 5 - 1　英国移民非政府组织一览表

名称	缩写	组织类型（专门和一般）
类型一：国家层面的非政府组织（接受国家资助）		
移民帮助热线	MH	专门
难民行动	RA	专门
难民委员会	RC	专门
儿童协会	CS	一般
国家公民学会荐言办公室	NACAB	一般
避难所	SH	一般

① Bill Jordan and Franck Düvell, *Irregular Migration: The Dilemmas of Transnational Mobility*, Edward Elgar Publishing, Inc. USA, 2002, p. 150.

（续上表）

名称	缩写	组织类型（专门和一般）
类型二：国家级非政府组织（独立，非接受国家资助）		
避难救助	AA	专门
避难者保护委员会	CDAS	专门
移民法律律师学会	ILPA	专门
移民福利联合委员会	JCWI	专门
医疗基金	MF	专门
国家反遣送运动联合会	NCADC	专门
国家反种族歧视委员会	NAAR	专门
关闭难民营运动	CCC	一般
类型三：跨国非政府组织（接受国家资助）		
难民服务耶稣会	JRS	专门
英国特赦	AIUK	一般
牛津饥荒救济委员会	OXFAM	一般
英国儿童救助	SCUK	一般
类型四：欧盟层面非政府组织（接受国家资助）		
欧洲难民和流放委员会	ECRE	专门

资料来源：European Political Communication Working Paper Series，Issue 9/05．转引自陈志强：《欧洲移民政治研究》，华东师范大学博士学位论文，2007 年。

90 年代以来，欧盟成员国中类似的组织发起了一系列为非法移民争取权益的运动。其包括：1996 年法国的 Sans Papiers 运动；意大利 Il 3 Febbraio 联盟的大赦游说行动；1997 年德国由人权分子、记者、牧师、社会工作者、艺术家和移民发起的“No-one Is Illegal”网络运动组织创立，其宗旨就是为非法移民提供医疗救助、教育、住宿和生存技能的帮助；2000 年和 2001 年，西班牙爆发了全国范围内的非法移民大游行；2001 年夏天，瑞典的几个非法移民团体也占领教堂，以引起公众对他们生活困境的关注。①

工会是各国工人维护自身权益的重要的非政府组织。意大利有三个全国性工会组织，即意大利总工会（CGIL）、意大利自由工会联合会（CEL）和意大利劳工联合会（UIL），在过去的五十年里，始终在意大利社会中保持着稳定的代表

① Bill Jordan and Franck Düvell，*Irregular Migration：The Dilemmas of Transnational Mobility*，Edward Elgar Publishing，Inc. USA，2002，p. 153.

性。工会积极组织移民工人，包括非法移民工人加入工会。意大利劳联的会员中移民工人已占 12.4%，在 2001 年已超过 17 万人，其中包括很多非法移民会员，有的地方工会的移民工人会员几乎占了 1/4。2009 年 7 月，意大利政府准备对非法家庭工进行合法化的消息传出后，意大利工会组织各地非法移民积极申请。很多意大利人因有非法雇工，希望能够为雇工办理合法化手续，由此免除可能承担的税务处罚。意大利总工会负责人表示：意大利的雇主们愿意使自己的雇工合法化，但只给予家庭工这样的机会是不公平的，应该把它扩大到那些使用非法劳动力比较多的生产系统。意大利劳动者联合会 UIL 秘书长也强烈要求政府把非法移民合法化的范围扩大。他坚持要求政府给予那些已经在意大利，特别是有工作的非法移民合法化的机会。

法国工会为争取移民享受平等的劳动与生活权利开展了许多活动。1995 年，法国总工会为了消除歧视移民的法律，组织了签名请愿活动，并在反对种族歧视国际日向国民议会递交了 2 万余人签名的请愿书；1996 年 4 月，工会代表在移民问题会议上，提出非法移民工人也应享有合法地位；1997 年法国总工会提出了"反对种族主义"等口号，主张移民应该享受平等权利；1998 年总工会委托有关机构组织了移民问题社会调查；1999 年举办了"欧洲工会、移民和少数民族"问题国际讨论会，等等。

实际上，当治理问题与地方政府的服务提供和政策制定有关时，衡量这些治理问题的尺度主要是机会和平等问题。随着不同团体直接参与公共政策制定过程，公平、机会和政治参与也会随之增加。[①] 在一些地方，地方自愿团体主动为非法移民提供了帮助，有些服务后来也得到地方政府的资助和支持。而在另外一些情况下，地方政府有时也会主动想一些办法，让那些被排除在外的团体可以进入政策制定和服务提供的过程中。

三、个案分析：移民政策团体（MPG）的治理

移民政策团体是欧洲专门负责移民事务的非政府组织，成立于 20 世纪 80 年代，其宗旨是通过加强与欧盟组织、成员国政府以及民间组织和私人团体之间的联系，构建一个开放和包容的社会，所有的移民都可享有平等的权利、责任与机会，共同促进多元社会政治、经济、文化的发展。移民政策团体参与移民事务的内容主要涉及三个领域：移民与迁移、反歧视与平等、多样性与一体化。参与治

① ［英］卡洛林·安德鲁、迈克·戈登史密斯：《从地方政府管理到地方治理》，俞可平：《治理与善治》，社会科学文献出版社，2000 年版，第 192 页。

理的手段主要包括：收集、分析和共享信息，创建对话和相互学习的机会，动员利益相关者参与政策辩论，建立、激励和管理专家网络。①

移民政策团体是一个从普通的宗教组织——欧盟移民教会委员会［The Churches' Commission for Migrants in Europe（CCME）］发展起来的，并视欧盟为其潜在的权力来源和反对世俗国家的资源。一开始，移民政策团体只是从事一些移民新闻资料整理的事务，比较关注南欧人权和宗教信仰事务。因为在那些国家，政府权力比较软弱，客观上为一些民间组织开辟了生存空间，移民可以不谋求通过政党或政府来获得利益，往往依靠工会、协会和教会仲裁协调来保护其利益。后来该委员会通过组建移民政策团体组织壮大了自身实力，积极开展多项移民事务，把影响扩大到欧盟层面，并与各国移民组织建立了联系。（见表 5－2）

表 5－2　移民政策团参与欧盟移民治理的主要大事记

时间	事件或完成项目	内容
1995	创立“大都市：关于移民政策与研究的国际论坛”	探讨大都市移民治理问题，促进了都市网络的形成。
1995—1997	完成“整合少数族群和移民的社会经济发展：构建新的伙伴关系”项目	项目汇聚了非政府组织、学术专家、移民团体和其他社会组织的研究力量，探讨欧洲六国移民政策的得失，试图通过成员国经验交流促进移民整合。项目考察、评估了欧洲整合移民和移民进入劳动力市场的战略，认为就业是防止弱势群体边缘化的关键，强调同就业问题涉及一些重要的部门缺乏战略，雇用非法劳工，导致企业就业机会流失，等等。
1996—1997	完成“移民城市就业调查”报告	对伦敦、哥本哈根、里昂、米兰、斯德哥尔摩、维也纳、雅典、科隆、法兰克福、赫尔辛基、马德里和巴黎等城市的移民，包括非法移民就业情况进行了调查。该报告在 1997 年 12 月卢森堡举行的欧洲反对种族主义大会上发布。
1995—2000	与欧盟委员会召开圆桌会议	与欧盟合作完成项目，包括：①欧盟地区关系政策的调整（1995—1996），审查法国、德国、意大利、荷兰等 10 国政策执行情况，与 150 多个政府和非政府组织代表进行了访谈研究；②多样性与统一性，移民和少数民族融合的新挑战（1998—2000），在地区关系政策的基础上，通过与中欧和东欧等新移民国家进行了圆桌会议，编写报告书提交给欧洲移民委员会（CDMG）。

① 移民政策团体网页：www. migpolgroup. com，2010 年 1 月 5 日。

（续上表）

时间	事件或完成项目	内容
1996	建立欧洲反种族主义网络	加强与各国相关组织的联系。
1999	出版《欧洲移民法律》杂志	该杂志区别于传统的民族学和社会学视角，主要从法律角度研究移民问题，为欧洲官员、非政府组织、专家学者、个人等提供参与移民问题讨论的平台。
2002	创建“欧洲平等主体网络（European network of equality bodies）”	旨在为加强各国之间移民法律、政策信息以及其他情况的交流提供平台。目前，共有22个欧洲国家的28个团体加入。
2004	设计“移民融合政策指数”工具	用以评估欧盟25个成员国和3个非欧盟国家的移民融合政策和措施。
2006	完成“欧安组织多元化和一体化政策”报告	向欧安组织高级专员会议提交了“建立民主国家的一体化政策比较研究和新移民地位分析”的报告，比较了加拿大、丹麦、法国、德国、荷兰、瑞典和英国的社会一体化政策。
2008	参与“欧盟委员会移民政策”工作	主要是宣传欧盟委员会最新的移民政策信息，为相关国家提供移民政策咨询等。

资料来源：根据移民政策团体网页 www. migpolgroup. com 中发展历史部分内容整理。

在移民政策团体参与欧盟移民事务所完成的工作中，有三个重要的项目值得关注。

（一）1999—2004 年：移民与对外关系

移民与对外关系是两个不同领域的问题，政府与民间观点很难达成共识。一直以来，欧洲主流的观点是移民弊大于利，应该加以限制。不过，两者也有一些共同关注的地方，例如，移民汇款、人才流动、慈善事业和移民投资领域等。移民输出国、移民接受国和移民个人都关注利益最大化问题，并且移民已成为国家之间、地区合作协定甚至世界贸易组织谈判中探讨的话题。移民政策团体正是基于这个共同利益的背景在各种场合促进了这些共同想法的形成。2004 年 6 月 9 日，移民政策团体在布鲁塞尔组织举办了“跨大西洋移民和外交关系对话”会议，参会者包括政策制定者、欧洲移民对话团体以及其他非政府组织人员，主要讨论了移民与发展间的关系，包括资金流动与劳动力流动等问题，推动了各界对移民问题的进一步认识。

（二）2000—2003 年：《阿姆斯特丹条约》建议

2000 年，移民政策团体联合移民法执行者协会发起成立了建议小组（ILPA/MOG Proposals）。针对《阿约》关于欧盟移民与庇护内容立法新的第四部分，提出了六项建议。建议认为《阿约》赋予了机构对移民和庇护采取行动的权力，包括庇护范围、家庭团聚、长期居住的第三国公民、边界控制、非法移民和主要移民等。这些建议为欧盟制定移民和庇护法律提供了一个综合框架。移民政策团体在欧盟有关机构和非政府机构与各成员国举行的各类研讨会上传递这些观点。主要包括：①受邀欧盟委员会发表评论了一项关于家庭团聚的提案，一份关于《都柏林公约》修订的政策文件，委员会关于移民与庇护联络机制，一项关于长期居住的提案；②建议成立两个部长理事会领导下的工作团体处理移民和庇护问题，对欧盟所有成员国负责；③2000 年 6 月，应欧盟轮值主席国葡萄牙邀请，参加关于欧盟庇护政策部长会议，并在会议上发表阿姆斯特丹建议；④2000 年 5 月，应邀在布鲁塞尔举行欧洲议会的反歧视和第三国国民听证会上发言；⑤2000 年 10 月，应欧盟轮值主席国法国邀请，在欧洲人权会议上发言。这些建议对非政府组织、学界、政界人士和政府官员产生了较大影响。欧盟委员会、欧洲议会议员和欧盟经济和社会委员会在起草移民领域的立法报告时，都与建议小组进行了多次探讨。政府官员和非政府代表双方都将“阿姆斯特丹建议”作为参考文件。这一系列活动使得移民事务的各方利益相关者在欧盟和国家层面上得到了有效的信息交流。

（三）2003—2006 年：欧洲移民对话

欧洲移民对话（EMD）是一个由 17 个国家的公民社会组织构建的协调机制，旨在促进和推动移民和移民政策的信息交流与讨论，每年在布鲁塞尔举行一次会议，以传递各组织所了解的关于移民的信息，监督各国移民政策的执行情况。同时该组织还加强与其他非政府组织的联系，提高在政府政策制定过程中的话语权。移民政策团体协助伙伴国监督，评估和交流有关欧盟移民领域的发展情况，促进合作伙伴之间的相互作用，以及它们在与欧洲机构对话中的作用。通过欧洲移民对话交流，各移民组织认为，要实现高效的欧盟移民政策，就必须让更多的非政府利益相关者参与到移民政策的讨论中来，以避免技术官僚决策的影响。这种讨论既要在欧盟层面也要在成员国层面上展开，因为欧盟的政策在国家和地方都具有影响力，尽管政府在决策中起着中心作用。为了有效地在国家层面开展对话，非政府组织的工作必须有欧洲层面的视角，包括新的利益相关成员国，如挪威和瑞士等联系国。欧洲移民对话希望把欧洲的辩论和成员国的辩论整合起来，并在国家层面上将之扩大到更广泛的利益相关群体。通过构建欧洲移民对话网络，促进有关移民政策的辩论，推动移民政策的发展。

非政府组织是经济全球化过程的产物。民族国家创立了国际机制来为集体利益服务，便激发了跨国行为主义的出现。[①] 跨国行为主义的发展使得国际机制政策领域产生出一批跨国行动主义精英，他们作为国际非政府组织的带头人联合起来反对跨国机制所出台的政策，[②] 并通过与一些国家政府、国际制度中的高素质官员和国内社会运动的联合形成跨国行动主义者的网络。因此，以这种跨国主义成员及其团体构成的全球公民社会网络是“政府及政府间作为或不作为的副产品”[③]。决策越是多边化，就越可能为了强化自己在多边体系的存在而为一些利益集团提供机会或给予资助。这些利益集团在为跨国机制提供真实情报和国际机制决策过程中发挥了重要作用。在欧盟次国家治理中，伙伴关系原则是执行欧盟地区政策的基本原则。它意味着欧盟委员会、成员国政府、地区、地方行政当局和其他政府以及非政府组织要在地区政策的执行中密切合作。伙伴关系原则的提出主要基于两方面的压力：一是来自下面的地区层面的行为体在欧盟寻求在欧盟地区政策中更多的参与权和话语权，以此来保持或扩大自己的权力；二是来自上面的欧盟委员会寻求地区政府对地区政策的支持，以确保政策的有效实施。它具有重要的潜在价值：首先，大量伙伴关系的广泛参与，可以为地区治理提供大量的专业知识，提高治理的效率；其次，地方政府以及公民社会的参与有利于增强决策进程的合法性和透明度；最后，大量伙伴的参与有助于治理网络的发展和治理能力的提高，进而形成一个更为有效的制度框架。[④]

从移民政策团体参与欧盟移民治理的历史来看，其主要途径是通过与欧盟或其他机构合作，从欧盟和其他移民组织获得资助，通过开展社会调查、收集数据、参与社会大讨论，向决策者提供咨询建议等措施来影响欧盟和国家的移民政策。移民政策团体通过创建欧洲移民对话网络，将各成员国的移民团体起来，把各成员国各不相同的移民信息和各不相同的移民联系起来，这在一定程度上聚合了移民和移民组织在欧盟移民政策制定中博弈的向心力，扩大了自身在移民问题治理领域的影响力，也提升了其在欧盟移民治理中的地位和话语权。从治理的效果来看，移民政策团体在一定程度上得到了欧盟的肯定和信任，成为欧盟移民政

---

① Sydney Tarrow, Transnational Politics: Contention and Institutions in International Politics, *Annual Review of Political Science* 4, 2001, No. 1, pp. 1 – 20.

② Margaret E. Keck and Kathryn Sikkink, Transnational Advocacy Networks in International Politics: Introduction, in Keck and Sikkink, *Activists Beyond Borders: Advocacy Networks in International Politics*, Ithaca: Cornell University Press, 1998.

③ John Keane, *Global Civil Society?* Cambridge University Press, 2003, p. 92.

④ 朱贵昌：《多层治理理论与欧洲一体化》，山东大学出版社，2009 年版，第 146—147 页。

策的重要智囊，并逐渐垄断了非政府组织在欧盟层面的移民事务；另外，它又代表欧盟各阶层移民的声音，并把它直接传递给欧盟的决策者们。它最了不起的一件事是向法律专家游说并促使将反种族歧视条款列入《阿姆斯特丹条约》中。

第三节　欧盟非法移民的次国家治理评价

一、次国家治理的可行性

未来全球政治面临的各种挑战中，最大的挑战也许是如何实现一种更真正的、更有效的全球治理体系，使之成为通向民主的、公正的世界秩序的制度化桥梁。[①] 有学者认为，解决这一挑战最有效的途径就是充分发挥非国家行为体在治理中的效能。历史制度主义在进行制度分析时突出权力和权力游戏中的非对称关系。欧盟治理过程发生了权力转移，并且转向资源优势配置的市场，即分布于整个多层级治理空间的公私利益集团、民族团体、公司机构等，而非传统意义上的国家主权让渡。这使得次国家行为体能够通过治理网络表达他们的利益诉求。大量非政府行为体，包括商业公司、工商协会、劳工组织和非政府组织，越来越活跃地参与多边的决策过程，为国际社会提供了“第三种机制”的选择。[②] 在一定意义上，地方政府和非政府行为体参与治理是全球治理体系中多重治理价值的体现。

欧盟非法移民的大量出现是从 20 世纪 90 年代才开始的，而欧盟的多层治理也是从那时开始兴起的。欧盟地区一级的区域联合在成员国边境地区尤为活跃，如德、荷、比三国交界的“欧洲地区”，分别由三国的三个地区级行政区域构成，实现了交通、教育和语言培训等方面的协同治理，类似的还有德法边境的“欧洲地区”等。这些区域性的联合行为，使得全球化背景下的生产、物流、投资、人口流动行为越来越灵活便利。这种区域性联合不仅可以优势互补，而且可以比欧盟和国家层面的集权式管理机构更迅速、更有效地应对多变的经济环境和形势。地方城市一般是非法移民的真正立足点。它们对非法移民问题的认识与理解比中央政府更加深刻。在治理非法移民的措施上，地方政府的建议或许更加实

① ［英］戴维·赫尔德、安东尼·麦克格普著，曹荣湘、龙虎等译：《治理全球化：权力、权威与全球治理》，社会科学文献出版社，2004 年版，第 28 页。

② 刘清才、张农寿：《非政府组织在全球治理中的角色分析》，《国际问题研究》，2006 年第 1 期。

际，所以超国家、国家的政策法律最终要通过各地方政府的执行才能实现目标。

欧盟各成员国工会组织以及移民团体的出现体现了公民自治的需求，能够更全面、更真实地反映多元化社会中各种群体的声音，其发展也正是满足这种需求的客观反映。从资产阶级启蒙运动开始，公民自治权就被认为是天赋的权利。非政府行为体为公民自治提供了新的沟通方式和广阔的交流平台，能够更全面、更真实地反映多元化社会中不同群体的声音，培育了民众的参与意识。公民通过各种非政府行为体参与治理，是一个“造就一个更加开放、更具参与性和更少权威的社会的过程”①，推动了国际决策的民主化进程。它增强了治理的合法性和有效性，弥补了主权国家能力的不足，促进了国家体系和公民社会的有效合作。

全球治理的一个重要特征是多元结构和非国家行为体参与原则。欧盟地区政策中伙伴关系原则使次国家行为体成为欧盟地区政策的积极参与者和塑造者，而不是被动接受者。虽然主权国家仍然占据着国际社会的主导地位，但在多层治理结构中，成员国政府不能再像过去一样垄断欧盟事务，在向欧盟超国家机构让渡权力的同时也不得不下放权力，使得更多的次国家行为体参与治理。次国家行为体能够独立地承担起治理的责任。它们拥有丰富的人力和泛知识资源，通过承担责任和提高治理效率，在不同层次的治理中发挥重要作用，包括政策建议、执行监督、调查咨询等。随着《马约》确立辅助性原则，伙伴关系原则具有了更大的合法性，它与辅助性原则要求欧盟的决策尽可能与最底层作出的精神是一致的。《马约》建立的地区委员会虽然只是欧盟的立法咨询机构，但它可以就涉及地区利益的欧盟立法发表意见。因此，伙伴关系原则促进了次国家行为体参与欧盟治理，而辅助性原则以及地区委员会的建立则扩大了次国家行为体的参与范围与程度，并使之更加合法化。欧盟次国家行为体及其活动方式的多样性，将在欧盟形成一种新的治理结构。在此结构内，这些行为体在超国家和次国家领域发挥作用，民族国家主权将削弱，政治成为多级的政治游戏。它们也将改变以往欧盟和主权国家以及主权国家间的较量，并充当欧盟和民族国家间的缓冲器和减压阀。

二、次国家治理的有限性

哈贝马斯的多元主义理想与现实还有很大距离，原因是现实主义还很强大，权力的再分配需要一个过程。首先，次国家治理在欧盟治理中仍未能得到充分重视。欧盟次国家治理的作用一直未能显现，即使是在欧洲经济一体化领域也是如

① 加利：《联合国与民主化》，见刘军宁编：《民主与民主化》，商务印书馆，1999年版，第305页。

此。20 世纪 80 年代以前，推动欧洲边境地区经济合作的力量还主要是各成员国的边境地区地方政府和欧洲边境地区协会。但作为一个由边境地区地方政府和各利益团体组成的非官方机构，其协调和组织能力没有充分发挥出来。跨边界区域也没有成为欧洲边境地区一体化特有的模式，到 1980 年仅成立了 23 个跨边界区域。这个时期，欧洲边境地区经济合作的动力是自下而上的。同时，欧洲的边境地区合作也没有得到超国家机构、成员国中央政府的真正支持，边界地区的企业和民间机构对边境地区的合作也缺乏热情。直到 1986 年通过《单一欧洲法令》和 1993 年欧洲内部共同市场形成后，边境地区经济合作的影响才开始彰显。在第一支柱领域内治理尚且如此，在第三支柱领域内的问题治理则更是进展缓慢。另外，由于移民问题涉及国家核心政治问题，因此移民治理的权力一直以来主要集中在国家层面。有些成员国甚至还没有形成地区层次的治理体系。成员国中央政府并不真正希望看到自己的地区政府跨越它们直接与欧盟委员会联系，相反，在一定程度上可能还会想方设法阻止这种行为的产生。它们担心伙伴关系原则会进一步助长国内地区分离主义势力，冲击国内政治体系和中央政府的权威。成员国政府也反对欧盟委员会过度干预自己的国内事务。它们将伙伴关系原则成功地置于控制之中。各国政府限制了欧盟委员会在伙伴关系原则应用上的权力，规定由成员国政府自己决定伙伴范围，自己指定参加地区政策治理的地区伙伴，派往地区委员会的代表也是由各成员国自己决定。

其次，次国家行为体的力量还相对比较分散，没有形成合力。次国家治理的效力与行为体本身的特点和现有发展水平相联系。这主要是由于政治事务仍然由国家精英控制，并以制度化的形式运行，对国家政策拥有强大的引导作用，从而减少了非政府组织的活动空间。欧盟移民领域的治理没有完全对新的参与者开放。国家移民政策主要由内务部来负责，它拥有控制、实施和发布社会政策及监控非法越境活动的职能。这种由政党精英控制的超乎寻常的一致，使得移民问题始终处于防止对立党派争吵和远离公众视线的状态。造成精英垄断局面的原因与国内几乎没有非国家行为体有关。比较进步的政策（如反种族歧视法、文化多元主义等）事实上是由少数国家精英来制定的。[①] 而根据一定目标和一定功能组建的非政府组织，其治理参与和有效性更是受到自身条件的制约，如资源、管理、执行等问题，在很大程度上，非政府组织的有限领域治理还难以摆脱大国政治、强权政治的阴影。

再次，欧盟次国家治理还没有形成有效的参与渠道。随着欧洲一体化的深入发展，各次国家行为体逐步意识到一体化进程对它们的影响，并可能通过各种形

① 陈志强：《欧洲移民政治研究》，华东师范大学博士学位论文，2007 年。

式参与欧盟治理，维护自身权益。形式上，次国家行为体似乎有很多参与欧盟治理的渠道，但事实上，它们的参与受到多方面因素的制约。即使是地区委员会这个最能代表次国家治理的法定机构，也只是作为一个咨询性机构存在，它对欧盟治理的影响也是非常有限的。原因是成员复杂，利益多元，在很多问题上难以达成一致，无法形成有效的治理建议。地区委员会的内部分裂不仅难以集中力量参与欧盟治理，也降低了公众对它的期望。另外，地区委员会还要得到各成员国地方政府以及欧盟的支持与合作。尽管地区委员会自成立以来多次试图改革，扩大自身权限，但每次提议都遭到成员国的拒绝，无法成为欧盟真正的治理机构。这表明欧盟地区委员会仍然将继续作为次国家治理的发言机制而存在。①

一种权力产生，就会有另一种权力与之抗衡；一种策略在政治上获得成功，就会有人模仿这种策略，这种情况扎根于政治的——正是我们现代所说的政治——本性当中。② 现代国家已经存在了三个世纪，而非政府组织只是二十年前才开始在国际上日渐活跃。因此，未来非政府组织要在国际治理中发挥更大影响还将受到诸多挑战。皮埃尔·卡蓝默（Pierre Calame）曾将治理的五个原则（权力行使的合法性及其根基、民主与公民性、能力和效率、合作与伙伴关系、地方与整体、治理层级之间的关系）应用于非政府组织治理的分析，发现这几方面都存在不足，尤其是能力和效率的实现以及与其他治理行为体的关系方面。③

小　结

次国家行为体参与欧盟治理引发了欧盟政治结构的变革。传统主权国家主导的一元化政治结构正在向多中心、多层次、多元化的网状政治结构转变。次国家行为体在治理过程中不断提升其地位与作用，并对主权国家的权威形成了一定的挑战。但事实上，次国家行为体所发挥的作用并没有削弱国家的地位，在一定程度上反而强化了主权国家的本质特征，使国家形态更趋于合理和完善。非政府组织虽然积极参与和推动了欧盟和各国政府的决策，但从目前态势来看，尽管非政府组织在形式上已经取得了一定成绩，如举办一些国际移民会议、开展非法移民调研等，但在实际的治理过程中作用还非常有限。次国家行为体并不能改变主权

① 朱贵昌：《多层治理理论与欧洲一体化》，山东大学出版社，2009 年版，第 155 页。

② ［美］罗伯特·吉尔平：《国际治理的现实主义视角》，［英］戴维·赫尔德、安东尼·麦克格鲁著：《治理全球化：权力、权威与全球治理》，社会科学文献出版社，2004 年版，第 351 页。

③ ［法］皮埃尔·卡蓝默：《非政府组织的治理与治理的普遍原则》，http：//www. governance. cn，2010 年 1 月 20 日。

国家在治理中的主导地位，同时其本身也存在着局限性，但总体上其参与治理代表了国际政治变革的客观趋势，反映了欧盟社会多元化和多层治理的特点。随着社会的发展和公民素质的提高，其作用将更加显现。

第六章　欧盟非法移民多层治理：挑战与前景

欧盟多层治理是一个新的民族国家联合体，包括国家与超国家甚至次国家手段并用的一种非等级的、协商的“多层治理”的独特政治框架。其实践形式削弱了国家独占主权的权威，使国家主权丧失了传统意义上的绝对性与不可分割性，但实质上发展了国家主权的适用性，并探索建立了一种既尊重国家主权又超越国家主权的混合体制。有学者认为，欧盟治理体系的制度特性——高度的制度碎片化、流动性以及明确的等级制的缺失——是有利于解决问题的条件。欧盟“多中心”的治理体系产生了一种特殊的问题解决模式——商讨，并具备友好合作的行动导向和较强的解决问题能力。[①] 欧盟多层治理模式也为政治学理论突破和创新提供了实践基础和探索空间。多层治理模式是与欧盟治理的主、客观环境相适应的，同时，任何一种理论模式都不是至善至美的，它存在着很多局限性，并且会随着欧洲一体化的发展不断调整演变。

第一节　欧盟非法移民多层治理的适应性

全球化依赖于有效的治理。治理要取得成功，有赖于所采取的协调方式、治理对象以及有关角色据以协调活动实现目标的环境。[②] 在社会政治治理中，动态性、复杂性和多样性三个特征被认为是有效治理的重要而基本的因素。无论是微观、中观还是宏观层次，社会政治管理问题都出现在社会政治行动者的互动过程中，这些互动不仅反映了社会基本的复杂性、动态性和多样性，而且它们自己也是复杂的、动态的和多样性的。[③] 目前，欧盟非法移民的多层治理也是各行为体

---

① ［德］贝娅特·科勒—科赫、波特霍尔德·利特伯格著，吴志成、潘超译：《欧盟研究中的“治理转向”》，《马克思主义与现实》，2007 年第 4 期。

② ［英］鲍勃·杰索普：《治理的兴起及其失败的风险：以经济发展为例的论述》，参见俞可平：《治理与善治》，社会科学文献出版社，2004 年版，第 66 页。

③ ［美］詹·库伊曼：《治理和治理能力：利用复杂性、动态性和多样性》，参见俞可平：《治理与善治》，社会科学文献出版社，2004 年版，第 227—228 页。

基于非法移民本身的特征及其客观环境而不断互动形成的结果。

一、欧盟非法移民问题的复杂性

（一）治理对象的复杂性

首先，非法移民产生的根源多元化，有政治、经济、历史、文化、环境、政策等多方面的原因。其中主要包括：

（1）全球经济发展的不平衡。欧盟各国经济发达、收入较高、福利完善，成为吸引非法移民的根本拉力。同时，发达国家由于经济发展后形成的双重甚至三重劳动力市场客观上也需要大量劳动力。

（2）交通、信息的便利化。这为非法移民的产生增加了可能性。信息咨询的发展使得各国人民对国外情况更加了解。不发达国家的人民也更清醒地认识到自己与发达国家的差距，鼓励本国人民出去寻找就业机会。有些落后国家甚至变相鼓励非法移民，即使被遣返也拒绝接受。

（3）历史上的殖民体系。欧盟多数成员国在其他地区有过殖民历史，并与殖民地在政治、经济、文化、宗教等方面保持着千丝万缕的联系，这些因素也可能导致非法移民倾向于朝宗主国迁移。20 世纪五六十年代，许多前殖民地国家的内战就引发了一波难民赴欧要求避难。[①]

（4）地理环境的复杂性。欧盟外部边境线漫长，并且有海洋、森林等各种地理环境，控制难度极大，存在许多非法移民漏洞。

其次，非法移民问题的影响非常广泛。如第二章所述，欧盟的非法移民已经在政治、经济、文化、外交等多方面给欧盟社会带来了广泛影响。这些影响有负面的，也有正面的，并且牵涉社会多个阶层和利益团体，进而影响到移民及相关政策的制定与实施。70 年代以来，各成员国限制性移民政策的相继出台就是公民、利益集团与政党之间博弈的结果。

最后，非法移民网络的复杂性。随着各国打击非法移民力度的加大，当今非法移民已基本上不是一种个体行为，而是一种集体协作的网络行为。它涉及非法移民来源国、中转国、目的国的个人、组织甚至政府等多个对象，治理牵一发而动全身。因此，非法移民的治理必然涉及欧盟社会的各个层面。

---

① Christina Boswell, *European Migration Policies in Flux: Changing Patterns of Inclusion and Exclusion*, Blackwell Publishing Ltd., 2003, p. 15.

（二）政策环境的差异性

尽管各成员国普遍认同非法移民的大量存在已成为一个社会问题，但各国的认识程度并不一样。在移民政策还基本上掌握在民族国家的背景下，各国的移民政策难以达成一致。因为各国政府对移民的偏好、政府决策机制、国内利益集团影响、公民对非法移民的反应、边界控制能力、国际关系等因素都有可能影响移民政策的制定。目前，欧盟各成员国的移民模式多元，在移民政策上没有统一的标准，尤其是在难民申请政策、入籍管理等方面存在不一致的标准。另外，各国还根据需要不断调整，时紧时松，许多合法移民有时就是因为政策发生了改变而沦落为非法移民的。这些都是导致非法移民大量出现的现实原因。因此，成员国移民政策的多样性与差异性决定了非法移民问题的解决不可能只在一个层面上进行，而要求各层次行为体加强协调与合作，共同治理共同区域内的非法移民。

（三）治理结构的不平衡性

就目前欧盟非法移民问题产生的根源及环境现状来看，治理越来越需要更多超国家层面上的努力。这就要求各成员国将更多的移民治理权力转移给欧盟超国家机构，但由于移民问题涉及双重国家主权权力问题，大部分成员国在欧盟层次上的共同合作并不积极，成员国仍坚持保有接收第三国人民与给予居留的权力并拒绝将其授权给超国家机构，而偏好由司法与内政部长理事会主导。限制的决策程序显示欧盟在移民整合上前进缓慢。欧盟成员国各不相同的国家利益通常会导致对一体化政策发展产生各不相同的需求，而过度强调一致就有可能导致政策发展的停滞。在欧洲一体化过程中，欧盟法律的弹性适用表现为成员国推进一体化进程的选择权和退出一体化进程的自主权。妥协与规避就成为不可缺少的手段。欧盟非法移民的治理需求（governing need）与治理能力（governing capacity）之间存在着不协调性。非法移民问题的复杂性特征要求治理需求和治理能力之间要有某种特定的调整过程：这就是治理力（governability）。从“能力”和“需求”的角度来看，需求和能力之间的调整过程必定是一体化的，并且很难依靠计划来达到，而需要通过对治理需求和治理能力的相互控制来达到。[①]

多层治理是一种由不同层次的参与者共同商议及合作的多中心治理方式。这一治理体系符合当前欧盟非法移民的客观现实状况，一定程度上反映了各个层面在非法移民问题上的角逐结构，有效地解决了治理进程中面临的许多复杂问题。

---

① ［美］詹·库伊曼：《治理和治理能力：利用复杂性、动态性和多样性》，参见俞可平：《治理与善治》，社会科学文献出版社，2004 年版，第 234—235 页。

尽管多层治理模式也存在着成员国政府对超国家机构的权力让渡以及成员国与欧盟治理超国家间的矛盾，但欧盟与各成员国在决策时都会相互充分考虑各行为体的利益诉求和具体情况，尽量体现欧洲一体化和政策合理性的统一。

二、欧盟非法移民多层治理的特点

欧盟非法移民的治理具有治理的基本特征，包括：多主体、多中心、多层次、多模式等。除此之外，基于欧盟地区的具体治理背景，它又有一些与众不同之处。

（一）先易后难，逐步拓展

从多层治理的视角来看，非法移民的治理始于国家间合作。1967 年，欧共体成员国订立了处理移民事务的第一个政府间合作架构——《那不勒斯公约》，但这个最初的公约并没有引起重视。直至 20 世纪 80 年代中期，统一大市场的发展，迫于消除内部限制障碍的压力以及申请避难者人数的不断增加，各国才逐步意识到加强欧共体架构内治理合作的必要性。成员国之间在非法移民事务上真正意义的多层治理是从 1993 年《马约》生效开始的。首先，它将移民事务置于司法与内务合作的第三支柱。它明确了移民政策为成员国具有共同利益的九大领域之一，并将签证政策归属到第一支柱，同时欧盟超国家机构也必须参与司法和内务合作。其次，《马约》明确增加了欧盟治理的次国家（如地区委员会的建立、辅助性原则的确立等）方向，强调多数事务在决策前必须与地区委员会沟通。但总体而言，在《马约》中的司法和内务合作领域，欧盟还只是“配角”，欧洲议会的权力更小。各成员国可以自愿决定是否接受有关决定的约束。第三支柱的这种安排相对第一支柱而言更为松散。1999 年生效的《阿约》进一步推动了多层治理的发展。首先，它提升了欧盟超国家机构在处理司法与内务合作的地位与作用，并将超国家性质的决策模式引入某些合作领域，提高了决策效率；其次，《阿约》给予了欧盟共同移民政策多层次治理的法律基础，使得超国家、政府间、次国家力量在欧盟治理中同时存在。不过，合作还是没有超出政府间性质的合作框架。《里斯本条约》则将第一和第三支柱下的司法和内务事务统一到新的框架中，单独设立《自由、安全和正义区域》部分，直接适用第一支柱的政策工具，在决策中引入特定多数表决制和共同决策程序。从欧盟非法移民的治理历程看，无论是在治理内容上，还是在治理程序上，基本上遵循了一个先易后难、逐步拓展的发展思路。

（二）内外兼治，以外为主

欧盟非法移民问题的独特性要求欧盟移民政策目标必须一方面减少和控制来自第三国的移民，形成一种外部严密控制而内部自由流通的“欧洲堡垒”；另一方面又要维护内部欧盟公民的利益。但各国的治理者们一开始主要采取“堵”的策略，试图通过构建强大的边界控制力量来防止非法移民进入，所以各国首先加强了边界巡逻力量，提高了各种出入境检测技术水平。成员国之间在 20 世纪 70 年代针对边境事务及跨国犯罪的增多，成立了特莱维小组。90 年代进一步设立了欧洲刑事警察组织，以实现与有效预防和严重打击跨国犯罪行为的各成员国刑事警察机关的合作。另外，《申根协定》和《边界公约》也相继签署，旨在加强成员国对外部共同边界的控制。与外部治理相比，内部治理相对滞后，在实现了内部人员自由流动后，对非法移民的控制难度大大增加，主要是因为国家间主权相互排斥的问题。各国难民政策、国籍政策无法统一。《都柏林公约》的签署虽然规范了成员国避难申请，但主要是一些程序性问题上的统一，对难民身份条件的审核仍然由各成员国依照国内法执行。

（三）以国家治理为主，以超国家、次国家治理为辅

非法移民问题的派生性以及移民主权的敏感性决定了多层治理体系的不平衡发展。表面上看，非法移民问题是移民政策的结果，而移民政策又被认为是政党辩论的结果。[①] 西欧国家在 20 世纪 70 年代以前的政治决策议题中，移民问题并没有引起关注。直至经济危机后，移民问题影响到各国经济、福利、安全、就业、教育等方面时，才被引入到国内政治的议政主题中。随着共同市场的发展，人口的进一步自由流动，尤其是《申根协定》实施后，移民问题逐步由“国家问题”上升为“区域问题”。与此同时，随着欧洲一体化的发展，国家主权也逐步向上、下、侧等位移，整个欧盟治理体系由单一的国家治理模式逐步朝包括国家治理、超国家治理、次国家治理以及跨国家治理并存的多层治理体系方向发展。欧盟在经济领域某些方面的超国家治理已经达到一个相当高的水平，如欧盟实现了统一的货币。但经济上的一体化并不一定能必然导致政治上的一体化，欧盟在第二、第三支柱中的超国家治理程度明显滞后于第一支柱。《里斯本条约》实施后，欧盟超国家机构虽然将在司法与内务合作方面的地位和作用有所提升，但也只是一个“量变”的进展，没有根本性的突破。而在次国家治理层面，由

① Christina Boswell, *European Migration Policies in Flux: Changing Patterns of Inclusion and Exclusion*, Blackwell Publishing Ltd., 2003, p. 9.

于其主体自身的局限性，束缚了它在非法移民治理中的地位和影响力，同时次国家行为体的很多建议、措施甚至经费都需要得到国家或超国家机构支持。因此，可能在相当长的一段时间内，欧盟的司法与内务合作将难以突破政府间性质的合作框架。在非法移民治理领域，民族国家依然是最主要的治理角色。

三、欧盟非法移民多层治理的有效性

在政治学领域，有效性①是一个非常重要的概念。其基本含义是效力，强调通过采取某种措施所产生的积极影响。利普赛特认为，执政的有效性是指世界的政绩，即该制度在大多数人民及势力集团的大商业或军队眼中能满足政府基本功能的程度。② 对治理而言，有效性主要是指人们对治理预期的功能在多大程度上得到了发挥，预期的治理目标在多大程度上得到实现。有效性是一个程度大小问题，而不是一个“不全则无”的命题。③ 国际治理的绩效，集中体现为国际机制的有效性。奥兰·扬把国际机制的有效性看作是塑造或影响国家的国际行为的一种尺度。其中有两类因素影响到国际机制的绩效：一是国际机制本身的制度安排与运行规则，如机制安排的透明度、灵活性与公正性等；二是实现这些制度安排的社会条件和其他环境条件，如权力的分配、相互依赖与科学知识等。有效的国际机制可以引起国家的利益追求、观念认识以及行动之间互动关系的变化，从而使国家遵守国际机制的约束。④ 考察地区治理的有效性实际上就是看它对地区治理机制和运行是否发挥了预期功能的评估。它具体表现在以下几个方面：①规范功能，体现为权威对地区成员的行为所施加的影响；②协调功能，包括地区内各成员利益诉求的协调，为多元主体间在地区政策的制定和利益整合过程方面建立平台，以及通过治理机制协调与其他地区组织或国家的关系；③解决冲突的功能，通过创建解决争端机制来消除和裁决各种争端和冲突，使各种不同的利益冲突得到基本的平衡和控制；⑤ ④增进公共利益，就是由追逐自我利益的行为体创

① 这里的有效性并不等同于各种绩效标准，如效率、平等和稳固性。效率是衡量在多大程度上问题获得了解决或者花费了最少数目的资源改变了行为；平等是指在多大程度上体制产生的结果遵守了公平或者正义的规范性标准；稳固性则是关于制度在面临各种动摇的情况下维持自身的能力。引自揭晓：《分散、合作与集体行动——东盟经济合作治理研究》，暨南大学博士学位论文，2009 年，第 59 页。

② ［美］利普赛特著，刘钢敏等译：《政治人：政治的社会基础》，上海商务印书馆，1993 年版，第 53 页。

③ ［美］罗伯特·基欧汉著，门洪华译：《局部全球化世界中的自由主义、权力与治理》，北京大学出版社，2004 年版，第 336 页。

④ 奥兰·扬：《国际制度的有效性》，［美］詹姆斯·罗西瑙主编，张胜军等译：《没有政府的治理》，江西人民出版社，2001 年版，第 186—215 页。

⑤ 吴昕春：《论地区一体化进程中的地区治理》，《现代国际关系》，2002 年第 6 期。

建的、用以解决或至少是改善集体行动的问题（如安全困境、贸易战、公用地悲剧等）。[①] 这些功能对内重新配置地区资源与共同利益，使各成员能够获得最大收益；对外则通过共同政策和一致行动，最大限度地保护地区整体利益。

从前面几章不同层次地对欧盟非法移民治理的考察来看，整体上，多层治理还是取得了一定成效。成员国及其欧共体/欧盟移民政策在不同历史阶段因应国内外环境变化而不断地动态发展。在非法移民问题还只是国家事务阶段，成员国各自采取不同措施，拒非法移民于国门之外，一定程度上减少了非法移民和寻求避难者的大规模涌入。随着欧洲地区一体化的发展，要求各国边界日益相互开放，非法移民也从一个国别问题演变成地区问题，并逐步成为各成员国面对的共同问题，亟须有超国家力量来协调、规范各国的非法移民治理事务，解决相互间由于不同治理而引发的冲突。由此，成员国移民治理开始部分位移至欧共体/欧盟超国家层次，并且强化了非法移民作为地区共同治理目标的认识。之后，随着次国家行为体的重要性日益显现，欧盟治理又渗透到次国家层次，进一步扩大了治理主体的范围。同时，欧盟治理的模式也不断改革创新，加强了不同层次之间的协商与合作，一定程度上满足了社会对欧盟治理的民主性需求，提高了欧盟非法移民治理的合法性和有效性。

尽管欧盟及其成员国在非法移民治理上已采取了很多有效的行动，但地区治理需要满足多方面的条件，如较普遍的地区认同、共同的问题意识、成员间较高程度的依赖性和互动性、利益诉求可以平衡满足、民族文化和宗教信仰的包容性、历史隔阂和领土纠葛已经消解、有效的治理机制等。从目前来看，已作出治理安排的地区并不是均衡发展，也不是所有地区和国家都已具备这些条件。国际政治经济中的偶发性事件也是影响治理效果的一个不可忽略的不确定因素。所以，地区治理是有限度的。[②] 从治理的一般逻辑推论而言，既然国家治理可能失效，全球治理可能失效，那么欧盟非法移民的多层治理也可能失效。欧盟各成员国、地区以及全球范围的政治、经济和社会生活领域中的大量复杂因素和变量，都可能制约着欧盟非法移民治理的进程和最终结果。的确，欧盟在扮演共同移民政策的探索者角色中超越了国家层次，但从治理的效果来看，其选择的路径似乎是值得怀疑的。[③]

---

① Russell Hardin, *Collective Action*, Baltimore: John Hopkins University Press, 1994. 转引自揭晓：《分散、合作与集体行动——东盟经济合作治理研究》，暨南大学博士学位论文，2009 年，第 59 页。

② 吴昕春：《论地区一体化进程中的地区治理》，《现代国际关系》，2002 年第 6 期。

③ Ana Becerro: The External Aspect of Migration Policy, *EUI Working Paper*, RSCAS, No. 2004/ 05.

第二节　欧盟非法移民多层治理的挑战

随着欧盟的不断扩大与深化，欧盟多层治理面临着诸多问题。例如，关于提高欧盟民主质量的潜力，多层级治理体现出很大程度上的自相矛盾。首先，当权威被超国家、国家和次国家机制纵向地分享时，行政和议会权限会发生巨大改变，对民主责任产生影响；其次，从等级制和正规程序向网络和非正规程序转变——一旦允许大量地输入时——削弱了政治平等和民主原则。[①] 有学者曾经评价欧盟移民治理至少还面临着四项难题：一是一致性。移民应当与每个成员国的国民经济和发展计划保持一致。二是协调性。移民事务相关部门和机构（政府、盈利部门和公民社会间）在行动上应当保持足够的协调。三是效率性。需要加大能力、信息、知识和机制建设，使之能从人员流动中实现利益最大化。四是需要通过政府间合作分担责任。[②] 作为复合治理体系的多层治理，在面对欧盟非法移民问题的独特性方面表现得日益复杂，存在诸多挑战。

一、欧盟治理的合法性危机与治理效率困境

治理效率要求和治理权力分散之间的矛盾被认为是欧盟治理的核心困境。欧盟多层治理结构的形成源于民族国家主权的离散性，各层次治理的有效性和协调性也取决于国家权力让渡的一致性。全球化在区域层次的反应是促使区域等级结构形成“内部全球化和外部全球化模式”[③]。内部全球化战略强调地区市场的发育，外部战略则集中于寻求从世界市场获得最大的利益。欧盟的移民问题反映出的是内部全球化过程中主权国家与欧盟超国家主权两个变量之间的博弈，并且将成为两种变量博弈最终使国家主权让渡给超国家机制的催化剂。但目前而言，欧盟民族国家仍然把移民政策看作是维护主权的关键，它与国家主权行使的空间范围和主体有着紧密的联系，因而迟迟不肯放弃对移民政策的垄断。非法移民问题的严重性使得欧盟共同的外部边界日益受到关注，但各国政府仍然倾向于国家政策而不是超国家政策，这映射出国家不愿意将权力转移至欧洲议会和欧洲法院这

① 吴昕春：《论地区一体化进程中的地区治理》，《现代国际关系》，2002 年第 6 期。

② Aderanti Adepoju, Placing, International Migration in the Contest of the 3D's: Demography, Development and Democracy, *International Migration*, 2006, Vol. 44, Issue 4, p. 4.

③ ［美］詹姆斯·H. 米特尔曼著，刘得手译.《全球化综合征》，新华出版社，2001 年版，第 51 页。

样的超国家组织。[①] 各国政府在移民政策上的保留在2001年的欧盟理事会上再次得到证实，各国尽管呼吁加强边界控制合作，但仍然否决了一项关于组建共同边界巡逻队的提议。同样的僵局也出现在难民政策上。英国希望采取共同的难民标准，可奥地利和德国反对，因为这样可能会导致更多的难民出现。

近二十年来，随着国际、地区环境以及欧盟自身的变化，欧盟的治理体系日益受到两方面的压力：一是关于民主化、合法性问题，主要指欧盟机构官僚化、与成员国职权不清等，存在政治法治重大原则问题；二是关于欧盟决策和执行机制的效率问题，表现在机构膨胀臃肿、效率低下，阻碍一体化进程。[②] 从欧盟非法移民治理现状来看，效率的提高必须使欧盟拥有更大的权限，而欧盟制度的民主赤字与合法性危机不足以为主权让渡提供充分的支持。一个提供整体欧洲共同沟通与自由交换意见的公共领域建构显然未能与政经整合同步发展，所谓"欧盟公共领域的匮乏"已然成为批评欧盟决策过程常见的用语。1992年，当《马约》的批准遇到危机时，公众对欧共体的精英及其决策不透明的忧虑就开始公开化了。公众认为决策机构间权力分配、决策体制的封闭性与技术性、政策制定机制权力等方面问题突出。欧盟政策引起的罢工、游行等抗议活动不断增多。公众希望共同体的决策能更为公开，并更多地参与到决策中。另外，欧洲认同的滞后也桎梏了治理的效率，欧盟各国公众缺乏"欧洲人"认同，虽然民族国家的功能中心在向欧盟发展，但民族国家的文化中心却固守在民族国家的边界。[③] 精英认同与大众认同、欧洲认同与国家认同、新老成员国之间的认同等存在较大差距。"当前欧洲体制的合法化最需要的就是一种认同取向和情感支持。在一体化更加深化发展的每一个回合中，仅靠工具性或输出的合法性过程在欧洲层面变得越来越难以实现。"[④] 欧盟应积极寻求对策以发展一个欧洲公共领域作为决策者与民众沟通的平台。2001年欧盟委员会发表《治理白皮书》的目的之一，就是希望与各成员国一起寻求改革欧盟治理，提高欧盟各机构合法性的途径。治理改革涉及欧盟使用由公民所赋予的权力的方式，包括事物可能和应该发生的方式。目的是开放各项政策的制定过程，不断提高参与和责任化程度，改善权力行使应能使

---

① R. Koslowsky, European Union Migration Regimes, Established and Emergent, in C. Joppke, *Challenge to the Nation-state: Immigration in Western Europe and the United States*, Oxford University Press, 1998. 转引自［英］Peter Stalker: Migration Trends and Migration Policy in Europe, *International Migration*, Vol. 40, No. 5 SI 2/2002, IOM.

② 伍贻康：《欧盟东扩与机构改革进程评析》，《现代国际关系》，2002年第3期。

③ 周弘、［德］贝娅特·科勒—科赫主编：《欧盟治理模式》，社会科学文献出版社，2008年版，第31页。

④ Joachim Schild, National vs. European Identities? French and Germans in the European Multi-level System, *Journal of Common Market Studies*, 2001, Vol. 39, No. 2, p. 335.

欧盟接近公民，并提高政策的效率。[①] 在法国与荷兰 2005 年先后公民投票否决《欧盟宪法条约》草案后，多位欧盟成员国的国家元首发表共同声明指出，重要的欧洲议题在决策前，未能充分讨论的现象过于常见，欧盟管制的压力过大，决策过程难以捉摸，决策责任归属不够明确。[②] 重新启动的欧盟整合工程必须面对"民主赤字"的议题，解决民众参与不足的问题。在放弃使用宪法概念下，欧盟 27 个会员国领袖于 2007 年 12 月 13 日在葡萄牙里斯本峰会中签署了《里斯本条约》，取代遭法国与荷兰公民投票否决的《欧盟宪法条约》草案，重新出发，以逐步化解欧盟整合危机。《里斯本条约》不得不删除了原欧洲宪法草案的若干重点，包括：放弃宪法一词、不出现外交部长头衔、去除象征欧盟统一的国旗及国歌等，并特别强调民主而透明的欧洲与公民参与权。

二、"整体性"与"条块性"：治理层级间的协调问题

《申根协定》实施后，欧盟非法移民问题的"整体性"效应凸显，也就是说，非法移民无论从哪个成员国进入的都是整个欧盟申根体系国的非法移民。这使得成员国之间及其与欧盟移民政策之间的敏感性增加。但目前由于各种原因，各国移民政策的差异性导致了非法移民治理的条块分割，从而降低了整个欧盟空间内的整体治理效力，给打击与移民相关的违法活动带来困难，为非法移民提供了生存空间。尽管欧洲各国在政治、经济、文化等各方面的相似性被认为是欧洲一体化发展的天然优势之一，但在涉及国家主权和国家利益方面，各国由于内部政治生态、历史、地理等要素的不同，仍然存在不同的政策取向和利益诉求。许多成员国认为，移民会影响到领土完整与民族团结，如果民族国家将移民管理主权完全让渡给欧盟，它们对内部边界的安全可能会更加担心。近几年来，欧盟一直致力于缩小各国差别，制定统一的移民政策，如建立统一的入关制度、严格各国入关审查、加强国家间警务合作等，但离共同的移民政策还有一定距离。一些即使通过了共同政策标准和程序，由于国内政治、法律等因素也难以真正落实。如 2008 年 12 月，欧盟针对成员国之间在非法移民的遣返问题上存在协调合作问题，通过了《关于遣返第三国非法移民的共同标准和程序》，但法令并不排斥成员国已有的相关政策规定和双边或多边约定，这就使得法令的实施效果可能大打

---

① ［法］马克西姆·蒙达尼埃著，让居易译：《论〈欧盟治理白皮书〉》，http：//www.governance.cn，2010 年 1 月 20 日。

② 张惠堂：《多层次治理与欧盟公共领域之建构：地方自治与民主发展》，2008 年台湾大选后台湾地方政治学术研讨会论文。

折扣。①

多层治理的协调问题其实就是利益协调的问题。欧盟的发展一方面要考虑各成员国利益，另一方面又要满足合作意愿，谋求共同利益。它要在制度上调和两个相互矛盾的行动原则：政治决策既要维护各国的自主性，又要有利于共同体。② 国家利益和地区利益的博弈是贯穿于地区治理过程中的一条主线。各个国家、地区、政策领域情况的差异增加了欧盟多层治理的难度。欧盟层面的很多问题是由于成员国之间的不同政策引起的。例如，欧盟成员国中关于集体劳工合同关系的规章就非常不一致。欧盟层面的政策选择并不一定在于超国家化，而是要对各成员国不同政策进行协调。在打击非法移民入境和加强边境管理上，过去经常被认为是外部边境国家的职责，成员国之间相互指责。直到 2003 年 6 月在萨洛尼卡举行的欧盟首脑会议上才达成初步共识，将非法移民入境归纳为整个欧盟层面问题，需要运用共同体的手段和资源来应对，边境管理的成本不应由边境所在国独自承担，③ 但如何分配执行依然困难。2006 年欧盟委员会移民事务委员 Frattini 认为，在申根时代，除非成员国能够共同分担移民冲击，否则所有成员国都将受到更严重的负面冲击。因此，为了降低负面冲击，不愿意在经济上对移民的成本有所贡献的成员国，就必须接受一部分移民进入该国。④ 当时的芬兰内政部长也指出，责任分摊是欧盟面对大量移民进入的唯一出路：一方面控制移民进入的措施需要加强，另一方面移民在进入欧盟之后所应受到的保护同样不可忽视。⑤ 然而以南欧国家为主的成员国所提出的责任分担呼吁，却并不为其他成员国所接受；其中反对最激烈的国家包括德国、奥地利、荷兰以及爱尔兰。这些国家一再批评西班牙与意大利先前大赦非法移民的政策，指出个别不负责任的国家的大赦做法才是造成移民大量涌入的原因，如今却要其他国家共同承担这些后果。⑥

从治理结构来看，多主体、多层次、跨支柱的综合治理模式在欧盟治理领域不断拓展，欧盟不同层面上的决策主体也在彼此的协调与合作中共同发挥作用。

---

① On common standards and procedures in Member States for returning illegally staying third-country nationals, Directive 2008/115/EC of the European Parliament and of the Council of 16 December 2008, *Official Journal of the European Union*, 24 December 2008.

② ［德］贝娅特·科勒—科赫等著，顾俊礼等译：《欧洲一体化与欧盟治理》，中国社会科学出版社，2004 年版，第 99 页。

③ ［意］雷纳托·布鲁内塔等：《安全、移民与发展援助：一种综合方法》，罗红波编：《移民与全球化》，社会科学文献出版社，2006 年版，第 10 页。

④ Judith Crosbie, Mediterranean Ministers Meet in Bid to Tackle Immigration Crisis, *European Voice*, 2006, Vol. 12, No. 35.

⑤ Kari Rajamäki, Managing Migration and Paying for It, *European Voice*, 2006, Vol. 12, No. 33.

⑥ Mark Beunderman, Eight Member States Urge EU Action on Migration, *EU Observer*, 26 September 2006.

欧盟作为一个多层面和多平台的体系结构，它不是通过权威机构的表决来进行控制，而是一种十分艰难的共识管理。然而，正是由于欧盟各个职能之间缺乏统一的协调机构，不同层面上的机构甚至存在功能重叠的现象，导致成员国之间、成员国与欧盟机构之间以及欧盟各机构之间经常出现竞争与摩擦，引起治理失灵。随着欧盟成员国数量的不断增加，各行为体利益更加分散，难以协调与平衡。欧盟制宪失败就是利益难以协调的集中体现，充分反映出欧洲化进程中民族国家体系的顽固性。另外，欧盟通过的很多法律需要成员国具体实施，但由于缺乏有利的执行和监督机制，很多政策法律并未真正落实，从而降低了治理的有效性。

三、移民控制与劳动力短缺的矛盾

移民政策的宗旨总是希望通过控制移民入境维护国家利益，并努力平衡两个相互冲突的目标。一方面，政府欢迎有价值的移民劳动力满足国家发展的需要；另一方面，考虑到国家认同与社会稳定，如果移民，尤其是非法移民带来相关的政治和社会等问题，政府就会设法限制移民。同样，在难民问题上，也存在两个相互冲突的因素。接收难民主要是出于人道主义的角度考虑，为受害者建构庇护所；限制难民则是从经济角度考虑，因为难民会增加政府的公共福利开支，从而影响社会稳定。在现实中，各国情况非常复杂，多重因素相互作用、相互影响。政府可能会面对推崇自由移民政策和限制移民进入等各种利益集团的压力。雇主们希望移民政策可以为其提供更多潜在的劳动力，而工人们却不愿因为移民而拿到更低的工资收入，但欧盟必须面对一个客观发展的人口结构变化。在欧盟，平均每个妇女只生一个孩子，现在出生率已低至 1.4%，远远低于维持人口稳定所需的 2.1%。如果将 2005 年的年龄结构（联合国人口机构 2003 年预测）与 1990 年进行比较，可以看出，38 岁以下的人群出现负增长，38 岁以上的人群中，增长率由低龄到高龄逐步提高，表明欧洲老龄化进程加快，而随之而来的养老负担给许多欧盟国家带来了危机。① 欧盟必须通过鼓励移民来补偿其人口老龄化的趋势，以维持一个持续的稳定比率。有人甚至大胆推测，日益增长的劳工移民需求将进一步推动移民和难民政策的自由化，欧盟有可能进入新的客居移民时代。Jorge Bustamante 教授通过调查发现，欧盟对劳工移民的真实需要与地区及成员国移民政策不相符，必须重新审视劳工需求与限制性移民政策之间的矛盾，以解释

① French Pension, *The Economist*, 2003, Vol. 366, No. 8310.

非法移民的原因与特征。[1]

劳动力的匮乏一定程度上销蚀了欧盟治理非法移民的决心。从欧洲移民史可以看出，在人口环境变化背景下，欧盟一直在寻求外来移民的补充。20 世纪 80 年代前半期，欧洲年均净移民数大约相当于自然增长数的 5%，后半期为 39%；到 90 年代前半期，净移民已经比自然增长超出了 10.4 倍，后半期人口年均自然减少 90 万，净移民数高达 102 万。移民对维持社会经济的可持续发展，缓解人口负增长和老龄化压力起着重要作用。2002 年联合国人口专家估算，从 2000 年到 2050 年，若要维持现有的劳动人口数量，德国每年需净迁入 49 万移民，意大利需 37 万，英国需 13 万，法国需 11 万，均比现在的实际规模大得多。[2] 当然，欧盟各国希望合法引入的是具有一定技术专长的移民，而不是纯粹的体力劳动者。但精英移民有更多的选择机会和能力，非精英移民选择移民的机会却很少，他们大多凭借传统的人际关系网络或非正规渠道来确定移民目的地，即使进入欧盟，多数也只能以非法移民的身份存在。所以，在那些移民较多的国家，就有更多的非法移民进入，如法国、英国、德国等移民大国一直是外来移民，特别是非法移民的目的地。

自 20 世纪 90 年代以来，欧洲加强了边境控制。同时，通过经济援助、外交等手段向北非国家施压，要求对非法移民的打击政策具体化。然而，这些措施没有取得良好效果，还引发了一些负面影响。例如，对移民权利的侵犯现象更加严重；横跨撒哈拉沙漠与海洋的移民路线更加多样化，控制难度加大。实际上，在漫长的沙漠与海岸线上不可能完全消灭非法移民。政府尽管面临公众压力，但实际上对打击与阻止移民兴趣不大。因为双方相互依存。欧盟需要劳动力，非洲国家需要外汇。只要没有特别的情形，这种趋势将继续发展。在没有满足经济发展需要的合适合法移民渠道出现之前，非法移民将是不可避免的。[3]

四、治理与权益保护的冲突

从 19 世纪末到 20 世纪前几十年，移民成为实现新的人口与经济平衡的关键因素之一，国际移民是当今和未来世界的一个结构性因素。但非法移民因其特殊的身份地位，往往在人权的很多方面容易遭受侵犯，例如，各种各样的歧视、不

---

① Mariya Stoyanova, Challenges of Irregular Migration, Parallel Event to the 7th Session of the Human Rights Council Geneva, 6 March 2008, http://www.fes.de/globalization.

② A Survey of Migration, *The Economist*, 2002, Vol. 365, No. 8297.

③ Hein de Haas, Irregular Migration from West Africa to the Maghreb and the European Union: An Overview of Recent Trends, http://www.iom.int.

平等待遇、人身限制、人格侮辱、劳动奴役，等等。[①] 有人认为，移民的以下权利需要维护，包括：移民自身及其家属的期望和权利；移民社区的权利；移民流出国的权利，即不能因为人力资源过分流失而受到损失；移民流入国的权利，首要的就是维护其本国人民的认同、住所和文化的权利，即维护本国人民的社会期待。[②] 1990 年的《关于劳工移民及其家人权利保护的国际协定》（The International Convention on the Protection of the Rights of All Migrant Workers and Members of Their Families）也特别详细规定了非法移民的权利，主要有行动自由、生存权、免受折磨和苦役、思想自由、宗教信仰和言论自由、领事保护权、人格尊严、紧急医疗救助、接受教育等。不过，此协定至今没有一个主要的西方移民接受国批准。[③] 另一个关注非法移民权益保护的非政府组织（PICUM）也指出，非法移民有四项权益必须关注：获得公平报酬的权利；工伤意外赔偿的权利；通过法律渠道获得权益保护的权利；结社的权利。[④] 然而在欧盟，即使是合法移民，权益也受到一定限制。例如，依照《欧盟条约》第 8 条规定，各成员国依据其各自国籍决定欧盟公民资格，而不是依据居住时间或其他形式同欧盟的连带关系来赋予欧盟公民资格。欧盟公民资格这个法律范畴原本的用意是创造一个包容性的欧洲认同，而实际上起了相反作用。正如美国社会学者雅克利娜·巴巴所言，在目前，"后国家"欧盟公民资格所起的作用却是最有效地制造内部分裂，唤起人们注意：欧盟内部尚有为数可观的永久性居民没有这种地位，得不到它的保护，享受不到大多数居民享有的自由迁移权和充分的选举权。[⑤] 因此，欧盟应该制定取得公民资格的共同纲领，否则，外来移民的融合将始终存在问题。

在严厉打击非法移民的问题上，欧盟存在着许多为保护非法移民权益而制约了治理效果的政治因素和种族因素。崇尚自由、正义和尊重人权是欧盟政治的哲学基础。在欧盟地区有很多维护人权的非政府组织。它们在维护非法移民和难民的权利方面有较高的社会声望和国际声望。包括国际移民组织在内的许多社会组织对欧洲各国政府实施的非法移民行动提出了严格的约束，从而使得欧盟对非法

---

① Mariya Stoyanova, Challenges of Irregular Migration, Parallel Event to the 7th Session of the Human Rights Council Geneva, 6 March 2008, http://www.fes.de/globalization.

② ［意］安东尼奥·格力尼：《国际移民和移民政策：聚焦意大利与欧洲联盟》，罗红波编：《移民与全球化》，社会科学文献出版社，2006 年版，第 93—94 页。

③ Mariya Stoyanova, Challenges of Irregular Migration, Parallel Event to the 7th Session of the Human Rights Council Geneva, 6 March 2008, http://www.fes.de/globalization.

④ Measures to Prevent or Reduce Irregular Labour Migration, http://www.migrantsrights.org.uk/downloads/policy_reports/irregularmigrants_fullbooklet.pdf.

⑤ 雅克利娜·巴巴著，仕琦译：《欧洲居民的归属：公民资格与后国家权利》，《国际社会科学杂志》，2000 年第 1 期。

移民采取严厉打击措施的效果大打折扣。[①] 部分人权团体一再批评欧盟在面对非法移民问题时，关切的重点永远是如何驱赶非法移民、严防其进入欧盟、与利比亚及摩洛哥等国家订立遣返协议，而寻求庇护者以及其他移民该受的保障全被欧盟视为打击非法移民的障碍，而不将善待他们视为一种义务，特别是依照双边协议将非法移民遣返回利比亚等国家，等于是在协助利比亚政府对移民施以酷刑，部分寻求庇护者因被遣送回利比亚而遭受酷刑至死。[②] 2000 年 3 月，英国内政部设立了奥金顿难民中心，规定来英国申请庇护的人需先等待 7 天，让英国内政部作出初步评估，决定申请人是留在英国，还是送到拘留中心等候遣返。但这一做法遭到了 4 名库尔德难民的控告。他们认为英国政府非法拘留他们，违反了《欧洲人权公约》。2001 年 9 月 7 日，英国最高法院作出裁定：内政部的扣留是不合法的，违反了他们应得的安全和自由的权利，其中有三个人在他们提出控告后随即就获得了难民身份。如果他们最终胜诉，不仅是他们将获得高额的赔偿费用，而且会迫使内政部释放在奥金顿难民中心拘留的上千名库尔德人。这使英国内政部严厉打击非法移民和整顿难民申请的工作陷入困境。[③] 贾格迪什·巴格瓦蒂曾经从种族因素方面针对美国的非法移民说过：“关于种族地位的社会学和政治学削弱了执法的效果。种族团体能为他们的成员提供保护性的掩护，允许非法移民消失在他们中间。然而根本的限制因素是政治性的，来自数量的增长。种族伙伴包括美国公民、合法的移民或者大赦受益人，他们运用逐渐增大的政治影响，阻止针对非法移民的严厉行动。在民主社会中，最重要的是选票。”[④] 这种情况也同样适用于欧洲国家。在德国，各主要政党非常重视 400 多万来自土耳其的穆斯林移民的政治影响；在法国，争取来自北非的穆斯林移民的支持也是左翼政党和传统的右翼政党争取选票的重要策略。

五、欧盟东扩对治理能力的挑战

尽管多样性是治理的特征，但多样性的程度与治理效果往往成反比关系。因为治理需要在成员国之间不断的互动过程中才能产生出共同接受并实施的模式与结构。长期以来，欧盟治理在各国的顺利实施与各国在政治制度、经济发展、文化传统、价值理念等方面的相似性和同质性有密切关系。欧盟 2004 年以来经历

① 宋全成、赵雪飞：《欧洲非法移民现象为何愈演愈烈》，《山东大学学报》，2007 年第 1 期。

② Judith Crosbie, Commission Seeks EU-wide Solutions to Immigration, *European Voice*, 2006, Vol. 12, No. 34.

③ 沈清编译：《从欧洲海底隧道偷渡的难民》，《国际瞭望》，2001 年第 431 期。

④ ［美］贾格迪什·巴格瓦蒂著，撷英译：《控制不住的边界》，《国外社会科学文摘》，2003 年第 5 期。

了历史性大扩展，共接纳了12个中东欧国家，达到27个国家，并且这一趋势还将进一步发展。随着欧盟成员国增多，国家间的异质性无疑增加，尤其是新老成员国之间的矛盾与分歧将会日益显现，成员国之间的协调与合作也会变得更加困难。治理是一个制度化的过程。对政治参与者来说，一定存在投资于制度创新的选择性动机。因为重大的优势必然归于制度创新者，比方说，被授予对未来规则的支配权，有权对潜在的竞争对手设置准入障碍。否则，后者会“搭便车”，坐享先驱者的成果。先行者会把握有利的思想意识阵地，赢得先机，即“先行者优势”（first-mover advantage）。[①] 欧盟是一个体现“先行者优势”的显著例子。欧盟的新成员国必须完全接受其先行者所制定的各项规则。欧盟的6个创始国从它们制定的原始规则中赢得了持续不断且是日益增多的优势。20世纪90年代，所有的欧盟成员国执行了超过75%的欧盟指令，有一半以上的成员国执行了超过85%的指令。[②] 新成员国加入欧盟后，还可能会产生新、老成员国之间在利益诉求、政策主张等方面的差异与冲突。新成员国在欧盟框架下与老成员国共事需要经过一段时间的磨合。在非法移民治理方面，欧盟的东扩加大了问题的复杂性。因为很多移民政策是在这些新成员国加入之前制定的，当时并未考虑这些新成员国的情况。而新成员加入后，多数都完全接受了已有的移民治理模式，引发了新旧政策交替的诸多问题。显然，有些新成员国的边界治理力量有限，使得欧盟共同的外部控制更加困难。同时，非法移民问题的加剧又容易引起成员国部分极右翼政党煽起国内的民族主义情绪，影响民族团结和社会稳定。另外，近年来公众针对欧盟移民治理还存在不同意见，包括：其一，共同移民政策进程太慢，如对寻求避难者的审核，非法移民的驱逐出境等重大政策法规都由各国自行制定；其二，政府间谈判没有民主公开，治理过程缺乏公众和非政府组织的监督；其三，合作的政策目标往往随各国国内政府的改变而调整；其四，关于移民政策法规问题，采取全体一致表决的方式效率较低，有时甚至难以实现。[③] 这些都对欧盟治理能力提出了挑战。

---

① ［美］罗伯特·基欧汉：《非均衡的全球化世界的治理》，［英］戴维·赫尔德、安东尼·麦克格鲁编：《治理全球化：权力、权威与全球治理》，社会科学文献出版社，2004年版，第494页。

② Martin，Lisa M.，*Democratic Commitments：Legislatures and International Co-operation*，Princeton University Press，2000，p. 174.

③ 王毅：《欧洲一体化进程中的移民政策研究》，中国社会科学院博士学位论文，2002年。

第三节　欧盟非法移民多层治理的前景

欧洲的一体化过程本身就是一个不断克服困难、战胜挑战的治理过程。欧盟多层次治理是一种基于国家治理能力有限性上的制度创新活动。在这一过程中，欧盟的超国家治理、成员国治理以及超国家治理之间相互影响、相互适应，以共同推进一体化的发展。目前，欧盟非法移民治理面临着诸多挑战，这些问题并不仅仅来自于非法移民，还有治理本身的体制结构及其他方面的原因。欧盟要提高非法移民的治理效率，必须有新的治理转向。鉴于治理是一个相对广义的概念，本书对具体的治理手段并未提出相关建议，只是对治理的发展方向给予了简单的归纳。

一、“善治”与欧盟治理改革

在欧洲一体化进程的最初阶段，人们普遍认为一体化的成功只有通过“法律实现一体化”。因为当时成员数量少，问题领域单一，直至冷战结束前，地区治理主要是通过签订条约的政府主导型模式来实现的。在过去的六十年里，欧盟内部没有发生变化的是成员国对宪政政治的控制。成员国政府继续享有“权能能力”，即是否将权能转移至欧盟的权力。成员国政府在立法过程中享有自主的行动能力，但在法律实施过程中则不享有主权。成员国的公民可以在成员国法院援引欧盟法。此制度设计的政治逻辑是，如果不能保证其他成员国政府接受同样的约束，任何成员国政府都不会接受对其决策权能的约束。[①] 但近二十年来的环境变化，推动了欧盟治理走向善治的改革。善治是政府与公民之间积极而有效的合作，这种合作成功与否的关键是参与政治管理的权力。公民必须具有足够的政治权力参与选举、决策、管理和监督，才能促使政府并与政府一道共同形成公共权威和共同秩序。因此，保证公民享有充分自由和平等的政治权力的现实机制只能是民主政治。专制政治在其最佳状态下可以有善政，但不会有善治。善治只有在民主政治的条件下才能真正实现，没有民主，善治便不可能存在。[②] 《欧盟治理白皮书》列举了欧盟善治的五个原则：①开放。要求欧盟机构内部具有更大的透明性。②参与。欧盟委员会和其他欧盟机构应当动员尽可能多的与欧盟政策相关

① ［德］贝娅特·科勒—科赫著，金玲译：《对欧盟治理的批判性评价》，《欧洲研究》，2008 年第 2 期。
② 俞可平主编：《治理与善治》，社会科学文献出版社，2000 年版，第 12 页。

的角色参与政治决策过程。③责任性。欧盟机构应当明确说明并承担它们所实施的政策责任。④效率。要求对欧盟所推行的政策和计划进行更多的评估。⑤协调性。欧盟的全部政策应当形成一个协调的整体。[①] 同时它还提出了相关建议：①加强各类角色对政治决策的参与。包括各级地方政府及所有公民，使决策的各个不同层次得到恰当的衔接与协调，加强公民社会组织在政治决策中的介入，通过网络进行合作等。②得到更多规范与监督的有效政策。要大幅度简化欧盟法，为实际使用者和公民所理解接受，把愈来愈多的任务委托给公认的“学术和其他专家”，保证欧盟委员会对它们的活动进行更好的监督。③欧盟应当加强在第三方国家以及在主要国际组织中的影响。④重新确定机构与政策重心，使其能够获得更多的合法性和效率。[②] 对此，欧盟为提高其治理效率，不断地在调整改革。

首先，欧盟对其具有集体约束力的决策形成方式进行了调整。成员国首脑在尼斯会议上对相关治理机制改革达成一致。限制一票否决权的使用范围，扩大有效多数表决制的范围，以提高欧盟决策效率，推进一体化进程。确认部分成员国之间增强合作的原则，《尼斯条约》确认了《阿约》规定的“关于更紧密合作的条款”，并将其改为“关于增强合作的条款”，凡得到八个成员国以上支持并由多数表决制通过的合作决议，其他成员国不得行使否决权；重新调整了各成员国在理事会中的加权票和“有效多数表决制”的票数比例，并对大小国家的利益进行了协调平衡；限制了欧洲议会和委员会的规模，调整了各成员国在欧洲议会和委员会中的代表数。尽管尼斯会议对欧盟机构改革的议决方式、体制模式等一些主要问题没有加以解决，但为欧盟东扩奠定了制度基础，也为提高欧盟治理的有效性提供了制度保障。而《里斯本条约》进一步扩展了有效多数表决制的适用范围，把其扩展到 21 个新的政策领域，并把原来需要一致决定的 23 个政策领域纳入有效多数表决下决策；规定了双重多数表决制，即对来自欧盟委员会的立法建议的表决必须至少获得 55% 的成员国（至少 15 个成员国）和 65% 的欧盟人口的赞同才算通过，对来自其他方面的立法建议的表决，则至少获得 72% 的成员国（至少 20 个成员国）和 65% 的欧盟人口的赞同才可，这种机制避免了欧盟每次扩大都需要重新调整成员国加权票的麻烦，也相对降低了多数表决制的门槛，使原来的三个必要条件即加权票有效多数、成员国多数、人口多数减少至两个条件，提高了决策效率；设立常任欧盟理事会主席职位，取消每半年轮换一次的欧盟主席国轮流机制，主席任期两年半，可连任一次；对部分成员国间“增强

① ［法］马克西姆·蒙达尼埃：《论〈欧盟治理白皮书〉——欧盟委员会的一项旨在加强民主、提高欧洲联盟各机构合法性的创议》，http：//www.governance.cn，2010 年 1 月 20 日。

② European Commission，European Governance：A White Paper，Brussels，COM（2001）428 final，25 July 2001.

合作”的原则性规定作了补充和修改，使原则更具可操作性，其中包括降低合作机制的启动条件等，使得欧盟治理更加灵活多样。①

其次，欧盟引进了“通过软法实现一体化”的治理方式。这里的“软法”主要是指公民和代表性社团通过软规则或软法规广泛参与治理而形成的软决议。约格斯（Christian Joerges）认为欧盟有以下五种新的治理方式：② ①专门委员会。随着更多实施政策的权能转移至欧盟委员会，成员国政府通过建立由政府代表和政府任命的专家组成专门委员会体系，保留他们的影响力。②相互承认。在彼此承认的原则之下，成员国告之其规制意图，并提供足够的理由，不需要相互之间的烦琐谈判。③半私人的监管组织。欧盟单一市场的建立，要求在欧盟层面上确立规则。欧盟将制定标准化的事务让渡给那些半私有机构，避免欧盟机构高度复杂和烦琐的技术性谈判。④共同体机构。欧盟中独立机构的主要功能是减轻欧盟委员会的行政事务，负责一些规制性技术问题，如商标设计、植物多样性、食品安全等。⑤开放式协调法（open method of co-ordination，简称 OMC）。它的理念是，只有将所有相关的国家行为体和非国家行为体都纳入协调过程，达成共识并相互监督，才能实现有效决策和结果趋同。以上五种治理手段的共同特征是：政策形成于功能上相互分离的领域；具有行政性；管理层级的向下转移以及向类似独立机构转移；专家作为主要依靠的对象；对目标群体的参与具有开放性。与传统意义上的治理相比，在新治理模式中，治理不再是权威决策，那些传统治理模式下的“目标群体”，已经转化为利益攸关者。出于对有效性和合法性的考虑，利益攸关者成为决策的参与者，并帮助制定和实施政策。③

欧盟治理体系自身的改革将为提高非法移民的治理效率提供宏观制度上的保障。从治理改革的方向来看，欧盟的治理体制将在提高制度的合法性、公众的参与度等问题上加大努力，尤其关注利益攸关者在决策过程中的参与。同时在治理的手段上也更加灵活，适宜于多层治理的广泛参与性。在决策机制上，扩大了有效多数的适用范围，提高了决策效率。这些都将有助于非法移民治理效率的提高。

二、开放协调机制：应对多样性的新治理模式

欧盟非法移民问题的多样性不仅体现在各国非法移民问题原因、表现、影响

---

① 朱贵昌：《多层治理理论与欧洲一体化》，山东大学出版社，2009 年版，第 175—184 页。

② C. Joerges, “Integration through Delegalisation? An Irritated Heckler”, European Governance Papers (EUROGOV), No. N－07－03, http://www.connex-network.org/eurogov/pdf/egp-newgov－N－07－03.pdf.

③ ［德］贝娅特·科勒—科赫著，金玲译：《对欧盟治理的批判性评价》，《欧洲研究》，2008 年第 2 期。

的不一，还反映在欧盟每次扩展后由于成员国数量的增加而导致治理体制的多样化。欧盟每次扩大后由于成员国增多，都必须面临制度改革问题，同时又要兼顾治理效率的提高，因为成员国的多样性可能对欧盟治理的统一性带来负面影响。为了在多样性和统一性之间找到适当的平衡，欧盟采取了一些更加灵活的措施，其中最主要的是发展了“开放协调机制”的新治理模式。它在2000年3月的里斯本特别首脑峰会上正式提出，当时主要是被用来协调成员国之间的就业政策。之后被逐渐推广，应用到宏观经济政策、社会包容政策、就业政策、养老金政策、信息社会政策等领域，成为继共同体方式、政府间合作方式之后的另一种治理方式。

开放协调机制包括四个基本要素：①制定欧盟的短期、中期、长期政策目标和指定方针，并设定实现这些政策目标的具体时间表；②建立满足不同成员国和部门需要的表现指标和基准标准，作为比较最佳实践的方法；③通过确定具体目标，将共同的指导性原则转化为成员国政策；④定期的监督、评价和同行评阅。[①] 开放协调机制并不是一种立法决策机制，而是一个以目标为导向的、操作灵活、倾向于政府间合作的协调机制。其运作主要靠欧洲理事会、欧盟理事会、欧盟委员会来推动，欧洲议会和法院基本被排除在外，所以其达成的决议、基准、评估报告等不具有法律强制力，一般被称作“软治理”方式或“软法”机制。[②] 它鼓励各种行为体参与，相互学习交流，相互监督评价，并具有一定的自动执行能力，推动共同目标的实现。它是介于政府间合作与超国家治理之间的一种新治理模式。其最大优点是克服了政府间合作治理难以达成一致的局限性和超国家治理中的合法性缺失质疑，实现了尊重成员国的多样性和追求欧盟治理的统一性的较好结合。在开放协调机制中，一方面确立了成员国在各自特性问题上的政策优先主导权，调动了其主动性和积极性；另一方面，各成员国的政策选择和行动计划又都围绕共同的政策目标来进行，而且接受欧盟委员会和理事会的监督和评估。这种以成员国为主的治理方式对成员国的压力较小，也符合成员国一再强调的辅助性原则，同时还把辅助性原则和欧盟层面的共同行动结合起来。另外，开放协调机制在一定程度上还突破了欧盟治理的成员国授权原则。它可以在不修改欧盟条约的情况下或者说在不需要成员国进一步向欧盟让渡权力的情况下推动欧盟在新政策领域的合作与整合。[③] 因此，开放协调机制被认为是可以在成员国不让渡主权的情况下扩展欧盟治理的权限，尽管这只是一种非正式（即没有

① European Council, Presidency Conclusions, Lisbon European Council, 23 and 24 March 2000, p. 12.
② 罗豪才等主编：《软法与公共治理》，北京大学出版社，2006年版，第143页。
③ 黄伟峰：《剖析欧洲联盟正在成型的治理体系》，《欧美研究》，2003年第2期。

成员国正式授权和法律基础）的功能扩展，但它可以解决进一步转移权限的政治限制与要求成员国进一步协调的压力之间的矛盾。[①] 有学者运用达尔（Dahl）的五个民主参与标准（无差别性的广泛参与、有效参与、充分知情、对议程的控制力以及对结果的平等影响力）进行了实证研究后认为，新的治理模式已经带来了欧盟治理的改善。欧盟制宪会议的实践证明，协商在输入合法性方面，议员的与会缩短了责任链，增加了代表利益的多样性；合法性传输过程则更加透明，协商的质量得以提升；输出合法性方面，解决了长期遗留的问题，通过制度改革提高了欧盟决策效率。[②]

开放协调机制适用到非法移民治理有助于治理效率的提高。移民政策一直被认为是国家主权的核心。欧盟各成员国非法移民情况不一，但欧盟内部的自由流动政策，使得欧盟的移民问题日益欧洲化。欧盟需要在超国家层面上制定共同的移民政策，实现欧盟移民政策的一体化，也就是欧盟各成员国将位于国家主权核心领域的移民事务逐渐让渡给欧盟超国家机构。但各成员国在移民治理权限的让渡方面进展缓慢，非法移民的治理目前仍然主要集中在民族国家的政府间合作层面，尽管双边、多边合作逐步加强。开放协调机制在一定程度上可以突破成员国授权原则的瓶颈，推动欧盟在移民政策领域的合作与整合。在缺乏外部强制力的情况下，欧盟努力建立一种欧盟移民政策磋商机制，其主要原则强调安全、自由与合作的理念，[③] 而不是一味强调强制和统一，这就是欧盟所提出的“软力量”，试图摆脱欧盟在移民问题上堡垒林立的局面。当前，政府要重视营造一种积极的氛围，引导而不是受制于公众参与移民政策的讨论。移民政策发展的基本前提是连贯、清晰、一致，要让公众在事实而不是偏见面前辩论，并尽量避免产生错误的印象而导致公众对未来政策产生更大的不满。[④]

三、从一维的双边移民政策到多维的多边移民政策

欧盟多层治理体系的成功运作关键就是各行为体之间的协调与合作。但成员国一直以来是欧盟多层治理中的重要组成部分，也是欧盟治理中的主要角色。在

---

① S. Borras and K. Jacobsson, The Open Method of Co-ordination and New Governance Patterns in the EU, *Journal of European Public Policy*, 2004, Vol. 11, No. 2, p. 201.

② Thomas Rise, International Norms and Domestic Change: Arguing and Communicative Behavior in the Human Rights Area, *Politics and Society*, 1999, Vol. 27, No. 4, pp. 529 – 559.

③ Caviedes, Alexander, The Open Method of Co-ordination in Immigration Policy: A Tool for Prying Open Fortress Europe? *Journal of European Public Policy*, 2004, Vol. 11 Issue 2, p. 289.

④ Council of Europe, 2000, Toward a Migration Management Strategy, CDMG (2000); 11rev, Strasbourg, 2001, Current Trends in International Migration in Europe, CDMG (2001) 33.

《申根协定》执行以前，欧盟的移民政策一直是维持着严格的一维的双边形态。每一个成员国制定移民政策时都是从一国角度出发，主要考虑自身利益。移民政策至多通过与一个或多个移民流出国达成双边协定来实施。这样做主要考虑两条标准，即内部安全和劳动力市场的需要，而这两个标准反过来又成为第三条标准——国际关系——的基础。每一个标准都与相关官僚管理机构的利益密切联系，它们被小心翼翼地保护和维持着：内务部负责第一个标准的管理，劳动部负责第二个标准，外交部负责第三个标准。这种情形严重影响了在国家层面和欧盟层面形成的对移民问题的整体认识。①

《申根协定》执行后，欧盟内部以及欧盟与外部国家交流的国际移民体系发生了变化。欧盟内部各成员国的移民空间已不局限于本国领土范围，而是整个申根体系国家的领土之和。欧盟的东扩又不断改变了其内部移民体系，使得非法移民问题更趋复杂化。与此同时，全球化和人口迁移的加速已使得过境国的流动人口数量大增，作用也更重要。因此，申根协议的实施彻底动摇了欧盟国家传统的移民政策根基，任何单个国家以自身的目标和情况为基础制定的移民政策必须考虑多重因素。首先，与其他移民流入国的移民政策协调。其包括：申根地区内的其他国家、申根地区之外的欧盟国家、欧盟以外的其他国家。其次，与移民流出国的移民政策协调。因为它们与移民流入国、其他移民流出国以及过境国之间的相互关联错综复杂。在一些与欧盟接壤的国家存在政治与社会上的潜在不稳定因素，使得控制流向欧盟的移民和保证边境的整体安全变得更加困难。最后，欧盟与成员国之间移民政策的协调。目前欧盟与成员国在移民政策上的权限属于共享阶段，之间还会存在一定冲突，需要加以磨合。同时，欧盟还将根据各国非法移民具体情况，调剂欧盟资源，促进治理公平。欧盟在 2007—2013 年的外部边界治理基金中就拨付给了西班牙 3.56 亿欧元。②

随着一体化程度的深化，欧盟各成员国之间在非法移民的治理方面出现更大矛盾，一是内部自由流动与外部边界控制的矛盾；二是人权保护与避难政策滥用的矛盾；三是移民限制与劳动力短缺的矛盾，等等。这些矛盾使欧盟面临诸多挑战，也引出针对移民治理的不同声音。有人提出应该开放移民流动并与世界接轨，不能再回到“堡垒欧洲”时代，反对因安全考虑而拉下另一个“铁幕”；另一些人认为应当给那些需要人道主义保护的人提供绿色通道和“避风港”，为难民来源国提供长久的解决办法；应该开放共同边界，有效管理非法移民，加强与

---

① ［意］安东尼奥·格力尼：《国际移民和移民政策：聚焦意大利与欧洲联盟》，见罗红波编：《移民与全球化》，社会科学文献出版社，2006 年版，第 82 页。

② External Borders Fund 2007 - 2013 - Spain, IP/08/1849 Brussels, 1 December 2008, http://ec.europa.eu/commission_barroso/barrot/index_en.htm.

第三国的移民合作；进一步扩大合法移民，以利于减少和预防非法移民；提高合法移民政策的可信度和透明度，使移民对合法移民行为和非法移民行为的后果都有一定的预见性。① 但“这些崇高的目标不仅需要政府间合作，还需与其他领域的政策联结起来，要充分考虑各方利益，并与第三国一起讨论。成功的移民管理需要对话”。②

四、发展与合作：非法移民治理的“根源解决法”

“根源解决法”于20世纪70年代初由工会和第三世界权力的倡导者们提出，当时的口号是“让我们在他们的国家内帮助他们”。这种方法赢得了各种政治派别的认同。1994年，欧盟委员会司法与内政事务任务小组（JHA Task Force）也提出从根源上解决或减缓移民、难民进入欧盟的情况，并指出须与第二支柱大规模整合，包括人权政策、人道协助、安全政策、人口政策、发展合作等各方面。然而尽管委员会与成员国都有认知，在执行上，欧盟的结构及传统分工方式却始终是一种限制。参与谈判决策的是各国的内政部长们。对他们而言，移民问题主要就是移民控制问题，移民控制问题主要就是将境管向外推的执行问题。同理，对于负责执行援外等对外政策官员而言，把援外当成是防止移民的工具同样令他们难以接受。因此，尽管来自委员会的政策建议不断，并且也得到欧盟理事会的通过，依赖传统的第一与第二支柱的政策工具来执行与移民根源问题相关的政策仍然面临诸多阻碍，这种情况直到90年代末期才有所改善。③ 2002年12月，欧盟委员会发布了关于移民问题《将移民问题整合到欧盟对第三国关系中来》的重要通讯，部长理事会和欧洲议会重申将始终采取这一方法，即为了合理利用资源，欧盟委员会将按照部长理事会和议会设定的目标，对其世界范围内行动的一系列欧盟计划进行整合，以解决移民入境问题。欧盟还将遵循辅助性原则，通过不同的主体，在不同的层面，确立不同的目标治理移民问题。2004年3月18日，欧盟通过埃涅阿斯计划（New Aeneas Program）将发展合作与打击非法移民入境综合起来考虑成为该计划基本原则。这一计划由意大利政府倡导，并在意大利担任欧盟轮值主席国期间很快获得了部长理事会、议会和委员会的联合批准。它以欧

① Communication from the Commission, On Policy Priorities in the Fight against Illegal Immigration of Third-country Nationals, Brussels, COM (2006) 402 final, 19 July 2006.

② The Netherlands' Ministry of Justice, The Presidency Conference on Future European Union Co-operation in the Field of Asylum, Migration and Frontiers, 31 August – 3 September 2004, Amsterdam Hilton, p. 4.

③ Christina Boswell, "*The 'External Dimension' of EU Immigration and Asylum Policy*", Wiley-Blackwell, pp. 625 – 626.

盟条约中关于合作与发展的内容（第179条款和第182条A款）为法律依据，确定在2004—2008年间拨款2.5亿欧元用于对非欧盟国家的技术和财政援助，旨在帮助它们改善对移民流的管理，增加自愿回国、有效履行重新接纳义务，以及打击非法移民出境的内容。

非法移民也存在一个成本效应的问题。研究表明，在特别贫困的国家，移民由于缺乏资金和知识，出境受到限制，“绝对贫困”对移民流出的限制性影响超过了收入差距（相对贫困）对移民流出的推动作用。随着收入的提高，这种约束逐渐减弱，移民流出的推动效应不断增强。当它超过了国内收入与预期海外收入的差距缩小（即相对贫困减弱）所带来的相反效应时，移民流出行为开始活跃。只有发展到下一阶段，即由收入差距缩小引起的相对贫困减弱对移民流出的限制效应压倒了绝对贫困降低对移民流出的推动效应时，移民流出才会减少。此外，平均收入与教育水平之间的相互作用，也会提高来自贫困国家的劳动力结构与富裕国家相适应的可能性，这对于修正移民压力与移民政策下的实际移民流动间的关系有积极作用。这种移民压力决定了移民入境政策所面临挑战的广度和非法移民的规模，而后者又有赖于移民入境政策的实施效果。移民政策必须依靠更广泛的发展合作政策才能得以持续。这种意识在所有的共同体文件中都有所体现。[①] 2006年5月，欧盟对外关系执委沃德娜（Benita Ferrero-Waldner）在演讲中指出，欧盟安全策略有三大重点：①睦邻政策；②人类安全；③综合途径。欧盟安全策略的哲理基础是：确保安全的最佳途径是发展；确保发展的最佳途径是安全；两者完全无法单独存在，因此，欧盟必须从人类安全的思维出发，保护人权、提倡民主、消除贫穷、协助经济增长，才有可能免于贫富悬殊、环境破坏、战争、非法移民等不利于欧洲社会稳定的威胁。[②] 欧盟及其成员国将进一步加强与第三国的移民伙伴关系，采取多种措施推动和帮助其合法移民，并设想采取循环移民模式（Circular Migration），使得合法移民在欧盟和来源国之间来往更加方便。[③] 在《里斯本条约》中，移民已成为一个基本要素，欧盟将进一步发展合作平台，把移民和利益相关者聚合在一起，包括：欧盟成员国、欧盟委员会、相关国际组织（如世界银行、国际移民组织、国际劳工组织等），以推动移民政策执

① ［意］雷纳托·布鲁内塔等：《安全、移民与发展援助：一种综合方法》，罗红波编：《移民与全球化》，社会科学文献出版社，2006年版，第18—21页。

② Benita Ferrero-Waldner, The EU's Role in Protecting Europe's Security, Speech Given at the Conference on Protecting Europe: Policies for Enhancing Security in the European Union, Brussels, 30 May 2006.

③ Circular Migration and Mobility Partnerships between the European Union and Third Countries, MEMO/07/197, Brussels, 16 May 2007.

行的一致性。[①]

五、"非领土治理"与非法移民权益的保护

"非领土治理"通常被用来指与民族国家治理相对应的不针对特定领土的超领土治理模式。它更适用于社会参与者及其社会关系和行动，而与其领土和地方没有多大关系。非领土治理的进程由一个组织或社会自己控制，沟通和控制是其核心。治理的动力是多向度、正式与非正式相结合的错综复杂的重叠交叉的网络，它不会在某一个层次或某个时间点达到顶点。约瑟夫·奈用三个度来描述这种治理：与全球化相适应的广度、强度和速度不断变化的领域国际联系要求国际关系领域的治理也要发生变化。[②] 国家在非法移民治理中的冲突，使得欧盟各国试图通过人权原则保护非法移民的权益，但在现实中各个成员国却很少运用，其原因主要是国内充斥了一种捍卫国家主权、反对移民的多元主义的维护国家"纯洁性"的力量。但移民的本质问题在于其利益的涉及面，各个团体通过强大的院外集团活动，或维护既得利益，或争取新利益。移民治理最终要落到公民社会的手里。[③] 欧盟多层治理的生命力也来自于各个参与者的共同努力。非政府组织、跨国家行为体也可能成为非法移民人权保护的力量来源。例如，欧盟地区的一些与移民关系密切的公民组织，就一直在努力推动欧盟以及成员国政府签署旨在保护非法移民权利的《关于移民劳工及其家人权利保护的国际协定》。非政府组织也认识到，它们目前要做的不仅仅是如何界定人权的概念和标准，而是要如何使人权保护付诸实施。为非法移民提供权益保护程序上的帮助以及非法移民权益需要保护的观念为更多公众所知，可能是目前非政府组织需要加强的工作。[④] 另外，联合国人权公约、国际公民与政治权利公约、日内瓦协定以及政府间条约等规制一定程度上也为非法移民的"非领土治理"奠定了基础，可以防止主权国家在移民事务上无限制地发挥作用，阻止国家权力在打击非法移民行动中的滥用。

当然，尽管国际政治已经进入到"多层治理"时代，非政府行为体要在多层治理中发挥重要作用的道路依然漫长。关于非法移民权益保护的文件多是一些

---

① Franco Frattini, Shaping Migration Patterns, European Commissioner Responsible for Justice, Freedom and Security, European Parliament, Brussels, 20 September 2007.

② 陈志强：《欧洲移民政治研究》，华东师范大学博士学位论文，2007 年。

③ G. Freeman, Modes of Immigration Politics in Liberal Democratic States, *International Migration Review*, 1995, No. 4, p. 881.

④ Mariya Stoyanova, Challenges of Irregular Migration, Parallel Event to the 7th Session of the Human Rights Council Geneva, 6 March 2008, http://www.fes.de/globalization.

约束力很弱的多边框架性协定，这本身反映出民族国家不愿意接受法律标准的约束。这与其自身的“脆弱性”以及国际社会中的现实主义有关，在主权国家还占主导地位的国际社会中，国际规制的作用依然有限，非领土治理只是欧盟治理的补充。

六、欧盟非法移民治理的“超国家”发展趋势

基于国家主权的顽固性，欧盟的超国家发展将可能建立一个不取代国家权力的非国家政治体系，或是扩大政治范围超越国家主权。[①] 欧盟政治整合的最终完成某种程度上也意味着成员国需要最大限度地放弃主权，不过这在实践上高度困难，因此采取维持成员国家主权的欧盟超国家体系是一个较可行的结果。在可预见的将来，欧盟的“多国家地区”（a region of states）特征可能进一步凸显，而“地区国家”（a region state）特征则会受到较大程度的弱化。欧盟内部“联邦主义”式微，“政府间主义”的治理状态仍然占据主导地位。

欧盟在移民治理上是一个充满矛盾的实体。一方面，它顺应历史发展的方向和全球化的要求，认为移民对欧盟发展发挥了很大的作用；另一方面，它又与主权国家一起对来自本土外的不符合安全、秩序的移民加以限制。欧盟的主流意识是：欧盟市场的全球化是可以无限扩大、没有边界的，但欧盟移民的全球化则是有边界的，它止于欧盟的外部地理边界，对于来自边界内的移民，可以按照共同市场的原则自由流动，对于来自边界外的移民则要限制。[②] 但欧盟非法移民问题的超国家性使得成员国充分感受到了政府间治理的不足和局限性。欧盟走向共同的移民政策势在必行。从特莱维小组成立开始，共同体成员国就启动了司法与内务合作：《马约》正式确立了共同移民治理的基本框架；《阿约》进一步将移民治理的部分内容移至第一支柱，并将申根公约并入欧洲联盟框架，使得移民治理纯粹的政府间合作模式有所改变；《尼斯条约》后将有效多数表决机制的适用范围扩大到 35 个，涉及人口自由流动等领域，并且决定成立欧洲刑事司法合作组织；2004 年，欧盟专门针对非法移民问题的《海牙计划》出台并付诸实施，旨在进一步强化欧盟的安全司法建设；《里斯本条约》进一步将所有司法与内务合作事务整合至统一的“自由、安全与正义区域”框架下，并在决策中引入多数表决制和共同决策程序，欧盟委员会和欧洲议会也参与到决策中来。移民治理的

---

① Beate Kohler-Koch, The Evolution and Transformation of European Governance, in: *The Transformation of European Governance in the European Union*, Beate Kohler-Koch and Rainer Eising, London: Routldege, 1999, p. 15.

② 陈志强：《欧盟移民政治研究》，华东师范大学博士学位论文，2007 年。

“共同化”也反映了欧盟公民的强烈要求。2003 年 12 月，一个称作“欧洲晴雨表”的机构进行了几项针对移民、避难、边界控制的民意调查。结果被调查的欧盟 15 国公民有 85% 支持“共同的针对移民避难者的法规”，其中 60% 对此表示完全同意，70% 支持关于避难申请的共同程序。[①]

这一系列进程表明各成员国已经在非法移民的超国家治理上达成了广泛的共识，并展开了实际行动，逐步提升了欧盟超国家机构在移民治理领域的地位和作用。欧盟委员会一份针对非法移民的优先政策报告显示，欧盟将在与第三国合作、外部边界的一体化管理、打击人口贩卖、惩治非法雇用、遣返、信息交流、旅游和身份证件安全管理、大赦、运输者责任等九大领域加强成员国的共同行动。[②] 欧盟在非法移民超国家层面上的治理将越来越重要，越来越必要。

小　结

治理是一个动态的过程，也是一个不断自我调整、完善的过程。欧盟的非法移民与欧洲一体化进程密切关联，非法移民的治理与欧盟治理的发展密不可分。非法移民问题因其在经济与政治上的不同动机加剧了治理的复杂性，而欧盟的不断扩展以及制度上的变革又增加了治理的多样性。与其他问题的治理一样，欧盟的非法移民治理同样存在着诸多需要突破的瓶颈，这些困境有些来自于欧盟内部，有些可能需要与外部国家合作才能解决。欧盟内部统一市场的建立，使得欧盟非法移民的超国家性日益明显，也改变了欧盟与外部移民体系的关系，任何一成员国无法单独解决本国的非法移民问题。欧盟在非法移民的治理与经济上的治理一样，起着探索者的作用。

---

① Flash Eurobarometer 155, Justice and Home Affairs (08/12/2003 – 16/12/2003) – Report, pp. 22 – 25.

② Communication from the Commission, On Policy Priorities in the Fight against Illegal Immigration of Third-country Nationals, Brussels, COM (2006) 402 final, 19 July 2006.

结　语

“二战”结束至今，欧洲的移民潮体现了“不变”与“变”的两大特点。所谓“不变”，是指在半个多世纪以来，大规模进入欧盟的移民现象一直未变；“变”则是指，尽管移民潮一直存在，但各阶段移民特点不同，并且呈现出非法移民愈演愈烈的趋势。

20世纪五六十年代，为恢复经济，西欧各国采取了相当宽松的移民政策，并由此引发了“二战”后欧洲的第一波劳工移民潮。60年代末至70年代中期，由于经济危机的影响，移民开始成为欧洲公众关注的焦点，各国移民政策逐渐从非约束性政策转向以限制为主的紧缩性政策。当时，从尊重人权的角度出发，欧共体多数国家原则上都承认合法移民享有和家庭团聚的权利，从而在80年代又迎来了第二波移民潮——家庭团聚移民。90年代，苏联解体，东欧剧变，波黑战争接踵而至，大量难民、申请避难者和非法移民直接涌向欧洲，形成第三波移民潮。随着各国合法移民和难民申请政策的紧缩，非法移民开始大量出现，并给各国造成多方面的影响，最终走向问题化。

作为移民中的一部分，欧盟非法移民具有与其他移民一样的共性特征，其最基本的根源也是欧盟的拉力与来源国的推力等因素相互作用的结果。这是欧盟非法移民研究的基本立足点。但从非法移民的历史来看，欧盟非法移民问题又是政策与治理的结果。欧共体/欧盟的非法移民问题与欧洲一体化的发展紧密相连。与经济、政治等一样，非法移民问题也贯穿于欧盟治理的各个层面。通过对欧盟非法移民的多层治理体系与过程的描述，我们可以得出以下几个初步的结论。

第一，欧盟的非法移民经历了一个从“国家问题”到“欧盟问题”的渐变过程。这一转变主要是欧洲一体化进程的发展所致。欧共体从劳动力自由流动政策执行时起，就意味着移民在共同体范围内超国家特征的出现。随着单一市场的建立以及《申根协定》的实施，区域内人口进一步自由流动，内部边境检查被取消，欧盟成员国传统的边界意义发生改变，外部边界国家的外部边界成为所有申根成员国的共同边界。从移民的角度来看，欧盟事实上成为一个内部没有边界障碍、外部拥有共同边界的“国家联合体”。非法移民只要进入任何一个申根国家，就等于进入了这个“国家联合体”。因此，联合体内任何一个国家都难以单独治理本国的非法移民，需要国家、欧盟以及其他次国家行为体的共同参与。非法移民问题的欧盟化则主要表现为入境的欧盟化、影响的欧盟化以及治理的欧盟化。

第二，在欧盟非法移民多层治理体系中，国家治理依然是最重要的主体，但超国家机构的作用日益凸显，而次国家行为体的治理则是有益的补充。欧盟非法移民治理经历了一个从国家治理到国家、超国家、次国家多层治理的演变。欧盟多层治理的形成，是一个国家主权不断向上、向下让渡的过程。尽管多层治理强调国家政府和欧盟组织机构在治理方面的主导作用，但由于移民涉及国家领土主权和公民权等核心主权问题的特殊性，欧共体的非法移民治理一直主要在国家间合作层面。只是随着欧盟的进一步发展以及《申根协定》的执行与扩大，各成员国才逐渐发现非法移民问题愈益复杂化。当成员国允许人员自由流动，并且消除内部边界时，就会出现协调外部边界控制的功能需要。① 成员国承受着自上欧盟层面移民政策协调和自下大量非法移民涌入的双重压力，各国政府意识到在各国传统移民政策决策系统中难以制定有效的移民政策。非法移民问题的超国家特征日益明显。问题的解决必须有更多超国家层次上的治理才能提高效率，各成员国必须努力实现共同的“一体化”移民政策，它是欧洲一体化的本质要求和必然结果。从《马约》到《里斯本条约》，欧盟成员国在司法与内务合作事务方面一步步的整合，表明欧盟非法移民的超国家治理程度在逐渐提升，欧盟将逐步走向统一的移民政策。欧盟移民政策一体化是成员国跨越根深蒂固的国家主权观念，将位于国家主权核心领域的移民事务逐渐让渡给欧盟超国家机构的过程。这种联合不仅可以达成相互间共同利益的共识，更是关于移民和避难事务的共同标准和行为规范。当然，移民政策的超国家程度也取决于欧洲一体化的发展程度，因为欧盟移民政策的一体化本身也是欧盟一体化政策的一个组成部分。②

第三，欧盟非法移民的多层治理是有效的，也是有限的。多层治理是一种由不同层次的参与者共同商议及合作的多中心治理方式。这一治理体系符合当前欧盟的现实，有效地解决了一体化进程中面临的许多复杂问题。例如，开放协调机制可以缓解当前非法移民治理过程中政府间主义与非法移民的超国家性质之间的不对称问题。在欧洲一体化这一最重要的历史背景下，多层治理的适应性不仅表现在国家层面符合成员国国情的发展，还表现在超国家层面的协调与合作。但是，多层治理作为一种理论，也存在着一些不足之处：首先，多层治理的概念比较模糊；其次，多层治理理论缺乏理论上的彻底性。因此，多层治理也遭到些许

① Stephan Stetter, Regulating Migration: Authority Delegation in Justice and Home Affairs, *Journal of European Public Policy*, 1 March 2000, pp. 80 – 103.

② 陈菲：《欧盟的移民政策一体化进程》，《国际资料信息》，2005 年第 9 期。

批评：它强调较多的仍然是权威的各种正式形式即成员国及欧盟组织机构，而对次国家机构、非政府行为体的参与没有作充分探讨；多层治理忽视了外部环境对欧盟多层治理的影响；多层治理强调国家主权的淡化和权威的分散化及多行为体的参与，被认为是一种不现实的理想主义。① 制度作为一种软力量具有长效性和根本性，但再好的制度模式也有一定的时空局限性，必须随着客观环境的发展不断演进。从目前治理的效果来看，欧盟的非法移民问题并未消除。欧洲道路和欧洲模式作为区域特征的国际公共产品，其最主要的贡献是提供了一种创新的思维、思路和理念。也许，欧盟也应该对当前的非法移民治理有一个深刻的反思。正如安娜·柏克柔（Ana Becerro）教授所言，欧盟旨在构建一个稳定的外围，但它必须正视它在当前移民政策下将要采取的措施和行动与此目标是相矛盾的。构建一个可渗透的边境也许才是欧盟推动地中海地区稳定的可行之路。欧盟必须开始重视移民所产生的积极影响，在现实可能性的基础上开展与移民及其来源国之间新的合作网络。② 从长远角度来看，非法移民治理与欧盟治理是紧密相连的，多层治理将随着欧洲一体化进程的发展不断拓展，对新的治理模式的探索也在不断进行当中。

尽管非法移民在不同国家、不同地区的表现与影响都不一样，各国对非法移民的治理也不尽相同，但是通过对欧盟非法移民多层治理体系的分析，可以得出一些值得其他国家和地区非法移民治理借鉴的启示。

（1）非法移民的直接原因是国家政策，但其间接原因与根本原因却极其复杂。其中经济是最重要的因素之一，政治、战争、环境、文化、地理等都可以成为非法移民的诱因。很多时候是间接原因或根本原因导致了直接原因的出现。在全球化时代，非法移民可能成为一种普遍现象，不仅发达国家往往成为非法移民的目的国，发展中国家也可能存在严重的非法移民问题。

（2）非法移民接受国难以单独完成非法移民治理问题，要加强与非法移民来源国、中转国等多国的共同治理。由于国际移民问题涉及两国或两国以上问题，因此，非法移民治理必须摒弃仅立足于本国的单向思维。只有从非法移民行为的各个环节上加以考虑，充分调动各相关主体共同参与，才能更加有效地治理非法移民。

（3）非法移民治理手段不仅限于政治、法律方面，更要借助于经济、文化等手段。虽然政治和法律工具是治理非法移民最强有力和有效的手段，但从非法移民更深层次的原因来看，它并不能完全解决非法移民产生的根源问题。因此，

① 朱贵昌：《多层治理理论与欧洲一体化》，山东大学出版社，2009年版，第48—50页。

② Ana Becerro：The External Aspect of Migration Policy，*EUI Working Paper*，RSCAS，No. 2004/05.

从更广义的角度来思考，经济手段、文化手段等也是非法移民治理不可或缺的治理工具。

国际移民潮影响着欧盟每个成员国。制定欧盟统一移民政策已成为各国的共同愿望。欧盟委员会正在积极推动这一进程，并且考虑到欧盟的经济和人口状况，不断调整，朝着这一目标前进。[①] 不过，欧盟移民治理要从民族国家的包围中“突围”，并通过与民族国家的博弈确立自己的权威，走向共同的移民政策，还有太多的事情要做。在期冀欧盟更加有效地治理移民的道路上，作者认为在欧盟非法移民治理方面还有很多问题值得进一步深入研究。

第一，欧盟移民治理中的成员国主权让渡问题。主权让渡问题一直是欧洲一体化进程中最核心的问题，它决定着欧盟到底可以走多远。移民政策与现代政治学意义上民族国家的形成和发展中的民族、民族统一性和国家的边界三个概念有密切的关系。民族是一个在固定的领土上存在的人类群体，民族国家在政治上和人类学上对公民有一个统一的概念，国土边界则决定了一个民族国家主权行使的空间范围。人民作为政治上的共同体，被认为是在国界内享有政治合法性的源泉。国际间的移民问题，涉及民族国家的三个方面。它与国家主权行使的空间范围和主体有着紧密联系。移民政策不仅属于民族国家主权的一个核心部分，而且是民族自主权的一个根本因素，具有双重的国家主权权力，即民族国家的国家主权和人民的主权。[②] 目前，欧盟的统一移民政策已经启动，尤其是《阿约》以后，欧盟在边界控制、共同签证、避难申请等问题上达成了很多共识。但欧盟在统一移民政策过程中仍然存在很多坎坷，包括：民族国家主权的各国政府，仍然是制定和实施一体化的欧洲移民政策框架的主导力量；欧盟的移民政策在实施上仍然缺乏执行力，以至于某些成员国可以不承担共同遵守的义务。因此，在移民政策的主权让渡上到底该怎么样进行，到底要让渡到何种程度等，这些问题的解决都需要欧盟各成员国有进一步的认识。

第二，外部国家对欧盟非法移民治理的影响。多层治理的一个重要缺陷就是它忽视了外部环境对欧盟多层治理的影响。的确，内部国家移民政策的统一与外部国家移民政策的协调相比可能更加容易一点。从全球移民框架来看欧盟移民问题，跟从欧盟视角看各成员国移民问题有很大相似之处。既然治理成员国非法移民必须站到更高的视野，那么欧盟非法移民的治理也必须更多地考虑外部国家政策的影响。欧盟的外部边界越长，外部成员国也越具多样性。就欧盟而言，其移

① Towards a Common European Union Immigration Policy，http：//ec. europa. eu/justice_ home /fsj/immigration/fsj_ immigration_ intro_ en. htm.

② 宋全成、葛谨雁：《移民政策中的民族国家主权的部分让渡与欧洲一体化》，《欧洲》，2000 年第 5 期。

民政策需要考虑的外部国家可能涉及欧洲、亚洲、非洲甚至拉美等诸多国家，它们或者是非法移民的来源国，或者是中转国。它们的政治、经济、文化、宗教、环境等问题都可能影响到非法移民的规模、方式以及流向等。随着欧盟统一移民政策机制的确立，欧盟可能将会更多地关注非法移民的域外治理。

参考文献

一、中文专著及译著

1. ［德］贝娅特·科勒—科赫等著，顾俊礼等译：《欧洲一体化与欧盟治理》，北京：中国社会科学出版社，2004 年版。

2. 陈玉刚：《国家与超国家》，上海：上海人民出版社，2001 年版。

3. ［英］戴维·赫尔德等著，杨雪冬等译：《全球大变革：全球化时代的政治、经济与文化》，北京：社会科学文献出版社，2001 年版。

4. ［英］戴维·赫尔德、安东尼·麦克格鲁著，曹荣湘、龙虎等译：《治理全球化：权力、权威与全球治理》，北京：社会科学文献出版社，2004 年版。

5. ［法］德尼·西蒙著，王玉芳、李滨等译：《欧盟法律体系》，北京：北京大学出版社，2007 年版。

6. 但伟：《偷渡犯罪比较研究》，北京：法律出版社，2004 年版。

7. ［美］塞缪尔·亨廷顿著，周琪等译：《文明的冲突与世界秩序的重建》，北京：新华出版社，2002 年版。

8. 何志鹏编著：《欧洲联盟法发展进程与制度结构》，长春：吉林大学出版社，2007 年版。

9. 梁西主编：《国际法》，武汉：武汉大学出版社，2000 年版。

10. 李明欢：《欧洲华侨华人史》，北京：中国华侨出版社，2002 年版。

11. 李慎明、王逸舟主编：《全球政治与安全报告（2009）》，北京：社会科学文献出版社，2008 年版。

12. 刘秀文、［英］埃米尔·J. 科什纳：《欧洲联盟政策及政策过程研究》，北京：法律出版社，2003 年版。

13. 刘军宁编：《民主与民主化》，北京：商务印书馆，1999 年版。

14. 刘国富：《移民出入境权研究》，北京：中国经济出版社，2006 年版。

15. 罗豪才等主编：《软法与公共治理》，北京：北京大学出版社，2006 年版。

16. ［美］罗伯特·基欧汉著，门洪华译：《局部全球化世界中的自由主义、权力与治理》，北京：北京大学出版社，2004 年版。

17. 罗红波编：《移民与全球化》，北京：社会科学文献出版社，2006 年版。

18. 罗志刚、严双伍主编：《欧洲一体化进程中的政治建设——国家关系的新构建》，北京：人民出版社，2009 年版。

19. ［美］罗伯特·S. 克拉夫丘克、戴维·H. 罗森布鲁姆著，张成福等校译：《公共行政学：管理、政治和法律的途径》，北京：中国人民大学出版社，2002 年版。

20. 刘国富主编：《移民法：理论与实践》，北京：法律出版社，2009 年版。

21. ［美］肯尼思·华尔兹著，信强译：《国际政治理论》，上海：上海人民出版社，2003 年版。

22. 梁茂信：《美国移民政策研究》，长春：东北师范大学出版社，1996 年版。

23. 梁淑英：《国际难民法》，北京：知识产权出版社，2009 年版。

24. 林勋健主编：《政党与欧洲一体化》，北京：当代世界出版社，2000 年版。

25. ［美］马丁·N. 麦格著，祖力亚提·司马义译：《族群社会学》，北京：华夏出版社，2007 年版。

26. 马胜利、邝杨：《欧洲认同研究》，北京：社会科学文献出版社，2008 年版。

27. 欧共体官方出版局编，苏明忠译：《欧洲联盟法典》（第一、二、三卷），北京：国际文化出版公司，2005 年版。

28. ［美］卡赞斯坦著，李小华译：《文化规范与国家安全》，北京：新华出版社，2002 年版。

29. ［美］彼得·邝著，王冰等译：《黑着——在美国的中国非法移民》，北京：世界知识出版社，2001 年版。

30. ［荷］普伦德著，翁里译：《国际移民法》，北京：中国人民公安大学出版社，2006 年版。

31. 钱再见：《现代公共政策科学》，南京：南京师范大学出版社，2007 年版。

32. 宋全成：《欧洲移民研究》，济南：山东大学出版社，2007 年版。

33. ［英］安特耶·维纳、［德］托马斯·迪兹主编，朱立群等译：《欧洲一体化理论》，北京：世界知识出版社，2009 年版。

34. 田德文：《欧盟社会政策与欧洲一体化》，北京：社会科学文献出版社，2004 年版。

35. 翁里：《国际移民法理论与实践》，北京：法律出版社，2001 年版。

36. 吴志成：《治理创新——欧洲治理的历史、理论与实践》，天津：天津人民出版社，2003 年版。

37. 王杰：《国际机制论》，北京：新华出版社，2002 年版。

38. 徐军华：《非法移民的法律控制问题》，武汉：华中科技大学出版社，2007 年版。

39. ［美］亚历山大·温特著，秦亚青译：《国际政治的社会理论》，上海：上海人民出版社，2000 年版。

40. ［美］约瑟夫·S. 奈、约翰·D. 唐纳胡主编，王勇等译：《全球化世界的治理》，北京：世界知识出版社，2003 年版。

41. 杨豫主编：《运行在国家与超国家之间——欧盟的立法制度》，南昌：江西高校出版社，2006 年版。

42. 杨伟民：《社会政策导论》，北京：中国人民大学出版社，2004 年版。

43. 俞可平：《治理与善治》，北京：社会科学文献出版社，2000 年版。

44. ［美］詹姆斯·罗西瑙主编，张胜军译：《没有政府的治理》，南昌：江西人民出版社，2001 年版。

45. ［美］詹姆斯·H. 米特尔曼著，刘得手译：《全球化综合征》，北京：新华出版社，2001 年版。

46. 周弘、［德］贝娅特·科勒—科赫主编：《欧盟治理模式》，北京：社会科学文献出版社，2008 年版。

47. ［美］詹姆斯·多尔蒂等著，阎学通、陈寒溪等译：《争论中的国际关系理论》（第五版），北京：世界知识出版社，2003 年版。

48. 朱贵昌：《多层治理理论与欧洲一体化》，济南：山东大学出版社，2009 年版。

49. 张小平：《全球环境治理的法律框架》，北京：法律出版社，2008 年版。

50. 张庆栋：《全球化时代的恐怖主义及其治理》，上海：上海三联书店，2007 年版。

二、外文专著

1. Andrew Geddes, *Immigration and European Integration: Toward Fortress Europe*, Manchester University Press, 2000.

2. Bill Jordan and Franck Düvell, *Irregular Migration: The Dilemmas of Transnational Mobility*, Edward Elgar Publishing, Inc. USA, 2002.

3. Ben Rosamond, *Theory of European Integration*, Macmillan Press Ltd., 2000.

4. Christina Boswell, *European Migration Policies in Flux: Changing Patterns of*

Inclusion and Exclusion, Blackwell Publishing Ltd. , 2003.

5. Giacomo Luciani, *Migration Policies in Europe and the United States*, Kluwer Academic Publishers, 1993.

6. A. Geddes, *Immigration and European Integration: Towards Fortress Europe?* Manchester University Press, 2000.

7. Helen Wallace and William Wallace, *Policy-making in the European Union*, Oxford University Press, 2000.

8. I. Bache, and M. Flinders, *Multi-level Governance*, Oxford University Press, 2004.

9. Ige F. Dekker and Wouter G. Werner, *Governance and International Legal Theory*, Leiden, Boston: Nijhoff, 2004.

10. Joly and Nettleton, *Refugees in Europe*, *The Minority Right Group*, Russell Press Ltd. Nottinghom, 1996.

11. John Keane, *Global Civil Society?* Cambridge University Press, 2003.

12. John Van Qudenaren, *Uniting Europea: European Integration and the Post-Code War World*, Lanham: Rowman & Littlefield, 2000.

13. Klaus F. Zimmermann, *European Migration: What Do We Know?* Oxford University Press, 2005.

14. Robin Cohon, *Theories of Migration*, Edward Elger Publishing Ltd. , 1996.

15. Kapteyn, J. G. Paul, *Lessons of European Integration*, Bonn: Friedrich Ebert—Stiftung, 2000.

16. K. Featherstone and C. Radaelli, *The Politics of Europeanization*, Oxford University Press, 2003.

17. L. Hooghe and G. Marks, *Muli-level Governance and European Integration*, Lanham: Rowman & Littlefield, 2001.

18. Oran R. Young, *Governance in World Affairs*, Cornell University Press, 1999.

19. Michael Peter Smith, Luis EDUARDO Guarnizo, *Transnationalism from Below*, Transaction Publishers New Brunswick (USA) and London (UK), 1998.

20. M. Kritz, L. Lim and H. Zlotnik, *International Migration Systems: A Global Approach*, Oxford: Clarendon Press, 1992.

21. Stephen Castles, Mark J. Miller, *Age of Migration*, *International Population Movements in the Modern World*, Houndmills: Macmills Press, 1993.

22. Tito Boeri, Gordon Hanson, Barry McCormick, *Immigration Policy and Welfare System*, Oxford University Press, 2002.

23. Tomas Hammar, *European Immigration Policy: A Comparative Study*, Cam-

bridge University Press, 1985.

24. Woods, Ngaire, *Good Governance in International Organizations*, *Global Governance in a Turbulent World*, Cambridge University Press, 2000.

25. World Bank, *Governance and Development*, Washington DC, 1992.

三、中文论文

1. 安宇光:《浅析德国移民政策》,《德国研究》, 2001 年第 4 期。

2. [德] 贝娅特·科勒—科赫、波特霍尔德·利特伯格著, 吴志成、潘超译:《欧盟研究中的“治理转向”》,《马克思主义与现实》, 2007 年第 4 期。

3. [德] 贝娅特·科勒—科赫著, 金玲译:《对欧盟治理的批判性评价》,《欧洲研究》, 2008 年第 2 期。

4. [英] 鲍勃·杰索普著, 漆燕译:《治理的兴起及其失败的风险: 以经济发展为例的论述》,《国际社会科学杂志》, 1999 年第 1 期。

5. 曹云华:《论东盟的区域经济一体化战略》,《暨南学报》(人文科学与社会科学版), 2005 年第 1 期。

6. 陈志强:《欧洲移民问题: 研究史回顾及中国视角构建》,《上海商学院学报》, 2008 年第 3 期。

7. 陈志强:《欧盟移民政治研究》, 华东师范大学博士学位论文, 2007 年。

8. 陈菲:《欧盟的移民政策一体化进程》,《国际资料信息》, 2005 年第 9 期。

9. 池正杰:《欧盟与德国人的外国人政策——现状、异同及变化趋势》,《德国研究》, 1997 年第 4 期。

10. 傅义强:《欧盟移民政策与中国大陆新移民》, 暨南大学博士学位论文, 2006 年。

11. 傅义强:《欧盟国家的移民问题与移民政策》,《世界民族》, 2008 年第 1 期。

12. 高鉴国:《欧盟的国际移民和社会整合政策》,《欧洲》, 2000 年第 5 期。

13. [美] 贾格迪什·巴格瓦蒂著, 撷英译:《控制不住的边界》,《国外社会科学文摘》, 2003 年第 5 期。

14. 金旭:《欧盟移民政策探析: 管理、政治和法律途径的多元分析》,《中国行政管理》, 2006 年第 8 期。

15. 金喜在, 孔德威:《全球化时代欧洲各国移民政策的调整》,《社会科学战线》, 2004 年第 2 期。

16. 揭晓:《分散、合作与集体行动——东盟经济合作治理研究》, 暨南大学博士学位论文，2009 年。

17. ［法］卡琳·杰拉西莫芙著，陈欣译：《法国移民政策与近五年华人移民》，《华侨华人历史研究》，2000 年第 1 期。

18. 李明欢：《20 世纪西方国际移民理论》，《厦门大学学报》（哲学社会科学版），2000 年第 4 期。

19. 李明欢、［法］卡琳娜·盖哈西莫夫：《“共和模式”的困境——法国移民政策研究》，《欧洲研究》，2003 年第 4 期。

20. 李明欢：《国际移民学研究：范畴、框架及意义》，《厦门大学学报》，2005 年第 3 期。

21. 李华：《浅析欧盟的治理结构》，《国际问题研究》，2005 年第 2 期。

22. 李明欢：《 9·11 之后欧洲移民政策的若干思考》，《华侨华人历史研究》，2002 年第 4 期。

23. 梁茂信：《欧盟一体化进程中的移民政策及其效用》，《陕西师范大学学报》（哲学社会科学版），2007 年第 1 期。

24. 刘文秀、汪曙申：《欧洲联盟多层治理的理论与实践》，《中国人民大学学报》，2005 年第 4 期。

25. 刘中民：《中东伊斯兰地区与国际体系的关系缘何紧张？——次国家行为体视角的分析》，《国际观察》，2009 年第 5 期。

26. 刘清才、张农寿：《非政府组织在全球治理中的角色分析》，《国际问题研究》，2006 年第 1 期。

27. 吕晓莉：《全球治理：模式比较与现实选择》，《现代国际关系》，2005 年第 3 期。

28. 龙向阳：《世界体系中的华侨华人：一种历史的分析与反思》，暨南大学博士学位论文，2003 年。

29. 林胜：《“非法移民”一词辨析》，《世界民族》，2009 年第 3 期。

30. 卢祥：《欧盟移民治理：多层级移民治理模式的建立》，华东师范大学硕士学位论文，2006 年。

31. 马胜利：《“共和同化原则”面临挑战——法国移民问题》，《欧洲研究》，2003 年第 3 期。

32. 牛海彬：《欧盟治理的变量与困境》，《现代国际关系》，2004 年第 7 期。

33. 丘立本：《国际移民趋势、学术前沿动向与华侨华人研究》，《华侨华人历史研究》，2007 年第 3 期。

34. 乔卫兵：《全球治理及其制度化》，《欧洲》，2002 年第 6 期。

35. 庞中英：《全球化、欧洲、中欧关系》，《世界知识》，2005 年第 23 期。

36. 阮征宇：《跨国人口迁移与国家安全》，暨南大学博士学位论文，2003 年。

37. ［澳］斯蒂芬·卡斯尔斯著，黄语生译：《全球化与移民：若干紧迫的矛盾》，《国际社会科学杂志》，1999 年第 3 期。

38. ［澳］斯蒂芬·卡斯尔斯著，凤兮译：《21 世纪初的国际移民：全球性的趋势和问题》，《国际社会科学杂志》，2001 年第 3 期。

39. 宋全成、葛谨雁：《移民政策中的民族国家主权的部分让渡与欧洲一体化》，《欧洲》，2000 年第 5 期。

40. 宋全成：《欧洲的移民问题与欧洲一体化——以德国为例》，《北京大学学报》，2002 年第 1 期。

41. 宋全成：《德国移民问题与无移民政策的移民国家》，《齐鲁学刊》，2004 年第 1 期。

42. 宋全成：《简论德国移民的历史进程》，《文史哲》，2005 年第 3 期。

43. 宋全成、赵雪飞：《欧洲非法移民现象为何愈演愈烈》，《山东大学学报》，2007 年第 1 期。

44. 石刚：《全球非法移民问题综述》，《国际资料信息》，2004 年第 5 期。

45. 孙柏瑛：《当代发达国家地方治理的兴起》，《中国行政管理》，2003 年第 4 期。

46. 孙格勤：《欧盟国家安全的新隐忧——移民问题》，《现代国际关系》，2001 年第 3 期。

47. 伍贻康：《欧盟东扩与机构改革进程评析》，《现代国际关系》，2002 年第 3 期。

48. 伍贻康：《欧盟软力量探析——欧盟治理模式的效应评价》，《世界政治》，2008 年第 7 期。

49. 吴昕春：《论地区一体化进程中的地区治理》，《现代国际关系》，2002 年第 6 期。

50. 吴志成、李客循：《欧盟治理与制度创新》，《马克思主义与现实》，2004 年第 6 期。

51. 吴前进：《跨国主义：全球化时代移民问题研究的新视野》，《国际观察》，2004 年第 3 期。

52. 王毅：《欧洲一体化进程中的移民政策研究》，中国社会科学院博士学位论文，2002 年。

53. 王志锋：《区域经济一体化中的治理机制创新》，《天津社会科学》，2006 年第 3 期。

54. 徐静：《欧洲联盟多层级治理体系及主要论点》，《世界经济与政治论坛》，2008 年第 5 期。

55. ［美］雅克利娜・巴巴著，仕琦译：《欧洲居民的归属：公民资格与后国家权利》，《国际社会科学杂志》，2000 年第 1 期。

56. 杨烨、卢祥：《欧盟移民治理：建立统一移民政策的尝试》，《国际观察》，2006 年第 4 期。

57. 杨文兵、王晓双：《全球治理语境下非政府组织角色定位新探》，《学术论坛》，2008 年第 4 期。

58. 杨毅：《区域治理：地区主义视角下的治理模式》，《云南行政学院学报》，2004 年第 2 期。

59. 俞正梁：《区域化、区域政治与区域治理》，《国际观察》，2001 年第 6 期。

60. 俞可平：《全球治理引论》，《马克思主义与现实》，2002 年第 1 期。

61. ［英］约翰・索尔特、詹姆斯・克拉克著，黄仕琦译：《UNECE 地区的国际移民：模式、趋势与政策》，《国际社会科学杂志》（中文版），2001 年第 3 期。

62. 庄国土：《近 30 年来的中国海外移民：以福州移民为例》，《世界民族》，2006 年第 3 期。

63. 庄国土：《对近 20 年来华人国际移民活动的几点思考》，《华侨华人历史研究》，1997 年第 2 期。

64. 周聿峨、阮征宇：《当代国际移民理论研究的现状与趋势》，《暨南学报》（哲学社会科学版），2003 年第 2 期。

65. 周聿峨、王显峰：《当代中国非法移民活动的特征——以福建沿海地区非法移民为例》，《暨南学报》（人文科学与社会科学版），2004 年第 2 期。

66. 周皓：《国外移民模式》，《人口研究》，1999 年第 3 期。

67. 张迎红：《试论欧盟多重治理结构中的民主机制》，《德国研究》，2006 年第 2 期。

68. 张秀明：《国际移民体系中的中国大陆新移民——也谈新移民问题》，《华侨华人历史研究》，2001 年第 1 期。

69. 张晓青：《国际人口迁移理论述评》，《人口学刊》，2001 年第 3 期。

70. 张善余、陈暄：《当代国际人口迁移的新形势》，《世界地理研究》，2000 年第 4 期。

71. 赵敏：《国际人口迁移理论评述》，《上海社会科学院学术季刊》，1997 年第 4 期。

72. 赵锦元：《当代欧洲民族问题的新趋向——移民问题与种族主义》，《世界民族》, 1995 年第 1 期。

四、外文论文和相关文件报告

1. A. Zolberg, Next Waves: Migration Theory for World, *International Migration Review*, 1989, Vo1. 23, No. 3.

2. Ana Becerro: The External Aspect of Migration Policy, *EUI Working Paper*, RSCAS, No. 2004/05.

3. Aderanti Adepoju, Placing, International Migration in the Contest of the 3D's: Demography, Development, and Democracy, *International Migration*, 2006, Vol. 44, Issue 4.

4. Andrew Geddes, Europe's Border Relationships and International Migration Relations, *Journal of Common Market Studies*, 2005, Vol. 43, No. 4.

5. Communication from the Commission, On Policy Priorities in the Fight against Illegal Immigration of Third-country Nationals, Brussels, COM (2006) 402 final, 2006.

6. Cleon Tsimbos, The Impact of Migration on Growth and Ageing of the Population in a New Receiving Country: The Case of Greece, *International Migration*, 2006, Vol. 44, Issue 4.

7. Caviedes, Alexander, The Open Method of Co-ordination in Immigration Policy: A Tool for Prying Open Fortress Europe? *Journal of European Public Policy*, 2004, Vol. 11, Issue 2.

8. European Integration and Migration Policy: Vertical Policy-making as Venue Shopping, *Journal of Common Market Studies*, 2000, No. 38.

9. P. M. Futo and L. Karsakova, A Survey of Illegal Migration and Human Smuggling in Central and Eastern Europe, *Migration and Ethnic Studies*, 2005, Vol. 21, No. 1 -2.

10. Hein de Haas, Irregular Migration from West Africa to the Maghreband the European Union: An Overview of Recent Trends, 2008 *International Organization for Migration*.

11. Independent Commission on Migration to Germany, Structuring Immigration, *Fostering Integration*, Berlin, 4 July, 2001.

12. G. Freeman, Modes of Immigration Politics in Liberal Democratic States, *International Migration Review*, 1995, No. 4.

13. Graziano Battistella, Irregular Migration, *World Migration*, 2008.

14. James A. Caporaso, The European Union and Forms of State: Westphalian, Regulatory or Post-modern ? *Journal of Common Studies*, 1996, Vol. 34.

15. Joachim Schild, National v. European Identities? French and Germans in the European Multi-level System, *Journal of Common Market Studies*, 2001, Vol. 39.

16. Kerstin Rosenow, The Europeanisation of Integration Policies, Journal Compilation 2009 IOM, *International Migration*, 2009, Vol. 47, No. 1.

17. John Salt, Trafficking and Human Smuggling: A European Perspective, *International Migration*, Special Issue 2000/1.

18. Lobbying for Migrant Inclusion in the European Union: New Opportunities for Transnational Advocacy? *Journal of European Public Policy*, 2000b, Vol. 7, No. 4.

19. Michael Jandl, Estimate on the Numbers of Illegal and Smuggle Immigrants in Europe, International Centre for Migration Policy Development, 2003.

20. Peter Futo, Michael Jandl, On Illegal Migration, Human Smuggling and Trafficking in Central and Eastern Europe: A Survey and Analysis of Border Management and Border Apprehension Data from 20 States, 2006 Year Book, International Centre for Migration Policy Development, Vienna, 2007.

21. Peter Stalker, The Work of Strangers: A Survey of International Labour Migration, International Labour Organization, Geneva. 1994.

22. G. Marks, L. Hooghe, K. Blank, European Integration from the 1980s: State-Centric v. Multi-level Governance, *Journal of Common Market Studies*, September 1996.

23. Peter Stalker, Migration Trends and Migration Policy in Europe, *International Migration*, Vol. 40, No. 5, SI 2/2002.

24. Rogers, The Politics of Migration in the Contemporary World, *International Migration*, 1992, Vol. 30.

25. S. Borras and K. Jacobsson, The Open Method of Co-ordination and New Governance Patterns in the EU, *Journal of European Public Policy*, 2004, Vol. 11, No. 2.

26. Sergio Carrera and Florian Ceyer, The Reform Treaty & Justice and Home Affairs: Implications for the Common Area of Freedom, Security & Justice, *CEPS Policy Briefs*, 2007, No. 141.

27. Stephan Stetter, Regulating Migration: Authority Delegation in Justice and Home Affairs, *Journal of European Public Policy*, 1 March 2000.

28. Sydney Tarrow, Transnational Politics: Contention and Institutions in Inter-

national Politics, *Annual Review of Political Science* 4, 2001, No. 1.

29. Thomas Rise, International Norms and Domestic Change: Arguing and Communicative Behavior in the Human Rights Area, Politics and Society, 1999, Vol. 27, No. 4.

30. Measures to Prevent or Reduce Irregular Labour Migration, http://www.Migrantsrights.org.uk/downloads/policy_reports/irregularmigrants_fullbooklet.pdf.

31. Facilitated Illegal Immigration into the European Union, Europol, 2009.

32. Circular Migration and Mobility Partnerships between the European Union and Third Countries, MEMO/07/197, Brussels, 16 May 2007.

33. Communication from the Commission, on Policy Priorities in the Fight against Illegal Immigration of Third-country Nationals, Brussels, COM (2006) 402 final.

34. Communication from the Commission to the Council and the European Parliament, Report on Implementation of the Hague Programme for 2006, Presented by the Commission, Brussels, 3 June 2007.

35. Convention Implementing the Schengen Agreement of 14 June 1985, Official Journal of the European Communities, 22 September 2000.

36. Consolidated Versions of the Treaty on European Union and Treaty on the Functioning of the European Union, *Official Journal of European Union*, 2008, Vol. 51.

37. Council of the European Union, 2794th Justice and Home Affairs Council Meeting Press Release, Luxembourg, 19 –20 April 2007.

38. Judith Crosbie, Mediterranean Ministers Meet in Bid to Tackle Immigration Crisis, *European Voice*, 2006, Vol. 12, No. 35.

39. Kari Rajamäki, Managing Migration and Paying for It, *European Voice*, 2006, Vol. 12, No. 33.

40. European Commission, European Governance: A White Paper, Brussels, COM (2001), 428 final, 25 July 2001.

41. European Commission Working Group. Multi-level Governance: Linking and Networking the Various Regional and Local Level, Report by Governance-Working Group 4a, European Commission, 2001.

42. European Commission, Communication from the Commission to the Council and the European Parliament on a Concerted Strategy for Immigration and Asylum, Brussels, COM (2000).

43. European Commission, Communication from the Commission to the Council

and the European Parliament on a Common Policy on Illegal Immigration, Brussels, COM (2001).

44. Franco Frattini, Shaping Migration Patterns, European Commissioner Responsible for Justice, Freedom and Security, European Parliament, Brussels, 20 September 2007.

45. Ferruccio Pastore, Paola Monzini, Schengen's Soft Underbelly? Irregular Migration and Smuggling across Land and Sea Borders to Italy, *International Migration*, 2006, Vol. 44, Issue4.

46. Flash Eurobarometer 155 Justice and Home Affairs (08/12/2003 – 16/12/2003) – Report.

47. Jain Niessen, Overlapping Interests and Conflicting Agendas: The Knocking into of EU Immigration Policies, *Journal of Migration and Law*, 3, Issue3/4. 2001.

48. Mariya Stoyanova, Challenges of Irregular Migration, Parallel Event to the 7th Session of the Human Rights Council Geneva, 6 March 2008.

49. Michael Jandl, Irregular Migration, Human Smuggling, and the Eastern Enlargement of the European Union, *International Migration Review*, 2007, Vol. 41, No. 2.

50. On Common Standards and Procedures in Member States for Returning Illegally Staying Third-country Nationals, Presented by the Commission, Brussels, COM (2005) 391 final.

51. Reinforcing the Fight against Illegal Immigration—Secure Web-based Network for the Co-ordination and Exchange of Information on Irregular Migration, IP/06/57Brussels, 20 January 2006.

52. Schengen Agreement.

53. Treaty of Lisbon.

54. The Netherlands' Ministry of Justice, The Presidency Conference on Future European Union Co-operation in the Field of Asylum, Migration and Frontiers 31 August – 3 September, 2004, Amsterdam Hilton.

55. Wide-ranging Common Actions to Combat Illegal Immigration at EU Level and Promote Return of Illegal Immigrants.

五、网络资源

1. 维也纳移民与发展研究中心网站：http：//www. icmpd. org。

2. 欧盟委员会网站：http：//ec. europa. eu。

3. 国际移民组织网站：http：//www. iom. int。
4. 治理网站：http：//www. governance. cn。
5. 移民政策团体：http：//www. migpolgroup. com。
6. 移民研究网：http：//www. migrationsrecht. net。
7. 非法移民研究网：http：//irregular-migration. hwwi. net。
8. 美国公民与移民服务网：http：//www. uscis. gov。
9. 国际移民、一体化与社会团结网：http：//www. imiscoe. org/index. html。
10. 移民研究中心：http：//www. cis. org/。

后 记

记得有位知名学者曾经教导过，做学问要有饥饿感。对此，本人感触颇深。没有感觉，竟然连后记都憋不出来。

全球化时代的到来无疑大大推动了人口的跨国流动，人类也将可能面临有史以来最复杂的人口迁移问题，移民问题必然成为愈益关注的热点。学道如商道，把握趋势，才有未来。这是当年论文写作的初衷，也是之后克服一切困难的动力。

对于拙作的出版，我主要有两点感受。一是感恩。感谢老师，感谢领导，感谢编辑，感谢朋友，感谢家人。没有你们全心全意的支持，学业难以完成，拙著无以出版。在此，衷心祝你们及你们所爱的人身体健康，一切顺意！二是惶恐。对于我这个新手而言，国际移民问题研究太深广了。以至于面对浩渺的资料，自己一开始竟无从入手。在浏览相关文献及与多位老师和学友反复交流后，才试定从治理的视角探讨欧盟的非法移民问题。一是因为治理是当前国际问题研究的热点；二是鉴于欧盟的非法移民治理最有特点，值得深入研究。无论如何，本书最终得以完成，但不尽完善之处实在太多，尤其是次国家治理等方面，由于本人水平有限及资料存在局限性，本书显得非常单薄。在校稿过程中，又感文字功底之疏浅，语句频现生硬之处。在这里，我怀着一颗真诚而又惶恐的心求教于各位专家前辈，希不吝赐教！

寥寥数语，难吐心声，是为记。

2012 年 6 月于暨南园